18 명의 대표 철학자와의 만남

철학 지도 그리기

18 명의 대표 철학자와의 만남

철학지도 그리기

데릭 존스턴 지음 | 김영희 옮김

지식나이테

18 명의 대표 철학자와의 만남 철학 지도 그리기

원제_ A Brief History of Philosophy

초판 1쇄 발행_ 2007년 8월 13일
초판 2쇄 발행_ 2007년 10월 20일

글쓴이_ 데릭 존스턴
옮긴이_ 김영희

펴낸곳_ 지식나이테
펴낸이_ 윤보승

편집팀장_ 임종민
책임편집_ 곽종정
편집팀_ 이성현, 김주범, 이정환, 김한나
디자인팀장_ 최승협
책임디자인_ 김승이
디자인팀_ 김경란, 이봉희, 이지현

등록_ 2005. 06. 30 | 105-90-92825호
ISBN_ 978-89-957255-6-6 43100

서울시 마포구 동교동 203-9 4층
전화_ 편집 02)333-0812 마케팅 02)333-9077 | 팩스 02)333-9960
이메일 postmaster@jisik-naite.com
홈페이지 www.jisik-naite.com

값은 뒤표지에 있습니다.

지식나이테는 꿈을 채워가는 여러분의 동반자입니다.
책을 읽는 사람들의 든든한 '지기' - 지식나이테

| 머리말 |

즐거운 철학 여행이 되기를

철학책을 한 번이라도 읽어본 사람들은 '철학이란 도
대체 무엇일까?' 궁금해한다. 사람들은 '철학'이란 말을
다양한 방식으로 사용한다. 예컨대 철학을 '추상적으로
사고하는 것'이라고 생각하는 사람이 있는가 하면 '일상의 삶을 인도
하는 일련의 근본적인 생각'이라고 하는 사람도 있다. 혹은 '삶에서
자신이 얻고 싶은 것'을 철학이라고 지칭하기도 한다. 어쨌든 철학에
대한 이 모든 정의는 일상 경험 속에서 나온 것이다. 철학은 사고와
관련된 영역임에는 틀림없지만 전문 지식을 갖춘 철학자들조차도 그
정의에 대해 서로의 견해가 항상 일치하지 않는다.

철학이란 무엇인가

이 책은 철학이 무엇인지 한마디로 정의 내리지 않는다. 그 대신 역
사상 위대한 철학자들이 이 주제에 어떻게 접근했는지를 보여준다.
그리고 특정 시기에 주류를 이루었던 철학을 논한다.

인식론epistemology은 우리가 사물을 어떻게 아는지를 묻는 철학의 한 영역이다. 예를 들어 우리가 '안다'라고 말할 수 있는 때는 언제일까? 그리고 '안다'라는 말은 무슨 뜻일까? 이 말이 아래 문장에서 어떻게 사용되는지 한번 살펴보자.

나는 2 더하기 2는 4임을 안다.

나는 지구가 태양의 주위를 돈다는 사실을 안다.

나는 존을 안다.

나는 런던을 잘 안다.

나는 현금입출금기의 사용법을 안다.

나는 방에 13명의 학생이 있음을 안다.

'안다'는 지식, 친밀성, 기술, 법칙의 적용, 그리고 개인적으로 조사한 어떤 것을 가리키기도 하고 고정불변의 실재를 지칭하기도 한다. 간혹 발생한 사건들의 일시적이고 변화무쌍한 상태를 나타내기도 한다. 그런데 인식하기 쉽지는 않지만 이 모든 것은 의미가 서로 다르다.

논리학logic은 우리의 사고가 신중하고 확고해지는 데 필요한 규칙과 그 규칙을 언제, 어떻게, 적용해야 하는지를 다룬다.

형이상학metaphysics은 존재로서의 존재being as being를 연구하는 것으로 제1원리, 원인과 관련이 있다. 또한 이성을 우리 현실 너머에 있는 실체에 적용해서 물자체를 연구한다. 이처럼 형이상학은 설명하기가 상당히 어렵기 때문에 이 용어가 언제 어떻게 사용되는지 해

당 텍스트를 통해 산발적으로 흩어져 있는 사례를 면밀히 살펴보는
것이 가장 효과적이다.

윤리학ethics은 옳고 그름을 다룬다. 즉 어떤 행동이 올바르고 어떤
행동이 그릇된 것인가? 그리고 그것을 내가 어떻게 아는가? 인생의
올바른 목표는 무엇이고 이를 달성하는 올바른 방법은 또 무엇인가?
나의 목표와 의도가 올바르다면 그것을 어떤 식으로 성취하든 상관
없는가? 나의 의무와 책임은 무엇인가? 이런 물음들을 제기한다.

정치철학political philosophy은 윤리학의 한 분파로 우리가 공동체의
일원으로 어떻게 함께 살아가는지를 논한다. 예컨대 정부 형태와 법
을 제정할 권리가 누구에게 있는지, 그 권리는 어디에서 오는지를 연
구한다. 국민과 국가의 의무와 책임은 무엇인가? 그리고 국민의 권리
는 무엇인가? 권리와 책임은 또 어떻게 연관되어 있는가? 타인에게
권력을 행사하는 권리가 누구에게 있으며 그것은 어떤 조건에서 이
루어지는가?

미학aesthetics은 예술과 아름다움, 그리고 그것에 반응하는 인간과
관련이 있다.

방금 언급한 것들은 철학의 주요 분파들이며, 과학철학도 빼놓을
수 없다. 그런데 과거에 철학의 일부로 간주했던 상당수의 이론적·
기술적 학문 분과들이 오늘날에는 독립된 분과로 자리매김한 경우가
많다. 심리학과 수학, 언어학 등이 대표적이다.

지금쯤 독자들은 철학자들이 평소에 던지는 질문을 굉장히 다양하
게 언급했음을 알아차렸을 것이다. 그러나 그 질문들의 양에 비해 철
학자들의 답변이 너무 적고 그나마 제시된 답변에서도 철학자들의

의견이 일치하지 않는다. 심지어 어떤 질문을 최우선으로 해야 할지에 관해서도 의견이 분분하다. 그런데 바로 이 점이 철학이 끊임없이 사람들을 매료시키는 부분이기도 하다. 어쩌면 "바로 이거야! 이번만큼은 의심할 여지가 없어"라고 말할 수 있는 상황에는 그 근처에라도 가지 못할 수도 있다.

그런데도 철학 때문에 머리 싸매고 고민할 필요가 있는 걸까? 물론 철학자들은 '그렇다'고 대답한다. 그렇다면 왜 철학이 그럴 만한 가치가 있는 걸까? 이 질문에는 철학자마다 생각이 다르기 때문에 책을 읽으면서 그 질문의 답을 독자 스스로 고민해야 한다. 그래야만 하는 두 가지 이유를 들자면, 하나는 인생의 모든 국면에서 우리 앞에 놓인 제안들을 항상 비판적으로 검토해야 하기 때문이며, 다른 하나는 항상 다르게 생각할 만반의 준비를 갖춰야 하기 때문이다.

철학의 방법론에 대해 짧게 얘기해보자. 철학자들은 자기 맘대로, 혹은 우연성에 근거해서 연구하지 않는다. 철학자들은 "저는 여러분의 의견에 동의하지 않습니다. 그래서 그렇게 하지 않을 것이고, 여러분도 그런 저를 어쩔 수 없습니다. 그러니까 더 이상 아무 말도 하지 마십시오!"라고 말하는 일이 절대 없다. 요컨대 철학은 학문이고 명료하며 이성적이다. 또한 주어진 문제를 심사숙고해서 사고하며, 신중하게 판단하고 비평한다. 여기서 비평은 부정적인 단어가 아니며 비교·평가해서 이성에 근거한 결론에 도달하는 것을 뜻한다. 여기서 중요한 말은 '이성'이다.

이 책에서 무엇을 얻을 것인가

이 책은 역사적으로 아주 중요한 18명의 철학자를 다룬다. 이들은 각자의 분야에서 철학에 크게 기여했으며 철학에 관한 우리의 사고방식을 변화시켰다. 이들은 앞서 살았던 철학자를 비판함으로써 철학자로서 이력을 시작했다. 또한 천 년의 세월이 흐르더라도 이들 대부분은 철학에 대한 특정 정의에 동의하지 않을 것이다. 이들의 사상이 각기 다른 것처럼 말이다.

철학을 공부하는 사람이라면 아마 책을 펼쳐보고는 "참 터무니없이 선별했네. 심지어 누구누구를, 이러저러한 것을 언급하지도 않았잖아!"라고 말할 것이다. 물론 글을 쓴 나 역시 그 의견에 동의한다. 그럼 왜 이 철학자들을 선택했을까?

나는 세 가지 기준에 입각해서 철학자들을 선별했다. 첫째, 서양철학의 주요 사상가들을 쉽게 이해할 수 있는 개론서를 쓰고 싶었다. 그래서 철학 경향을 광범위하게 포함하는 범위에서 대표적인 한 명의 사상가를 내세웠다. 이 과정을 거쳐 18명을 선별했고, 18명 정도면 무난히 다룰 수 있고 다양성도 제공할 수 있다는 생각이 들었다(간혹 규칙을 어기고 두 명의 사상가를 동시에 다룬 장도 있어서 장으로는 15장까지 있다). 또한 기본 사상만 요약하는 것이 아니라 사상의 전개 과정도 어느 정도 다룰 수 있다는 생각이 들었다. 비판적인 사고에 적극 동참하지 않으면 그 누구도 철학을 할 수 없기에 15장에 걸쳐 제시된 사상들을 평가할 수 있는 여지도 남겨두었다.

둘째, 무수히 많은 철학 분야에서 중심이 되는 개념들을 소개하는 데 적합한 철학자를 선별했다. 셋째, 개인적인 선호도와 인식, 지식을 따랐다. 그렇다고 해서 이 책에 나온 모든 철학자에게 공감한다는 뜻은 아니다. 몇 명은 너무 지루해서, 쓰면서 눈물이 날 지경이었다. 어쨌든 이들은 모두 서구 세계의 사고방식에 흥미로운 기여를 했을 뿐만 아니라 우리의 인식을 구체화했으며 우리가 현재의 모습을 갖추는 데 일조했다.

많은 사람들이 이 책에서 제외된 부분 때문에 실망하고 화낼지도 모르겠다. 그럼에도 독자들이 책 속에서 유용하고 고무적인 것을 찾기를 바라며, 더 나아가 부족한 부분을 독자 스스로가 채워 넣을 수 있기를 바란다.

책의 구성에 관해

책을 쓰면서 각각의 장을 동일한 형태로 구성하기 위해 상당히 애를 썼다. 우선 각 장은 해당 철학자의 연대표로 시작한다. 이를 통해 철학자의 일생에 일어났던 중요한 사건과 주요 작품 목록뿐만 아니라 당시 과학계의 중요한 발견과 역사상 중요한 사건, 그 외에 철학, 문학, 예술 작품 또한 알 수 있다. 그리고 나서 그 사상가의 생애를 대략적으로 기술했다. 철학자를 다룰 때 무엇보다 중요한 것은 그의 사상이기 때문에 이 점에 초점을 맞춰 지면의 상당 부분을 할애했다.

철학자의 주요 사상과 핵심 용어들을 살펴본 뒤에는, 철학자의 대표 저서를 요약 형식으로 소개해보았다. 각 장은 '철학자 바라보기'라는 지면으로 끝맺는다. 이 공간은 제시된 문제들을 단호하게 매듭짓기 위한 것이 아니라 독자가 그 견해를 받아들이거나 거부함으로써 철학자처럼 사고할 수 있는 방법들을 제시하고자 했다.

목차를 읽어보면 알게 되겠지만 이 책은 시대순으로 정렬되어 있다. 하지만 독자가 어디서부터 읽든 별 상관이 없도록 짜여 있다.

애석한 점은 여성 철학자를 다루지 않은 것이다. 여성들이 철학계에서 점점 두각을 나타내고 있지만 아직까지 서양철학사에서 여성은 혁신적인 인물로 인식되지 않고 있다. 철학은 과거에도, 현재에도 머물러 있지 않다. 따라서 앞으로 철학과 관련된 흥미로운 주제 중 하나가 여성 철학자들이 철학에 미칠 기여도가 될 것이다. 특히 신학 분야에서 이러한 조짐이 벌써 나타나고 있다.

철학은 사람들의 사고방식을 판단하고 다르게 생각하는 가능성을 활짝 열어놓는다. 바로 이 책에서 여러분에게 요구하는 것이다. 그러나 아직 시작에 불과하기 때문에 더 많은 시간과 노력이 필요하다. 독자들이 부디 기꺼운 마음으로 즐기기를 바랄 뿐이다.

사랑하는 준June에게 이 책을 바친다.

데릭 존스턴

차례

소크라테스와
플라톤 대화

Socrates

Platon

소크라테스

플라톤

소크라테스

인류 역사상 가장 위대한 사상가였던 플라톤을 만나보려면 그의 친구이자 스승이 었던 소크라테스를 먼저 살펴봐야 한다. 소크라테스 없는 플라톤은 생각조차 할 수 없기 때문이다. 소크라테스는 성인으로 불릴 만큼 위대한 철학자였고 철학계 최초의 순교자이기도 했다. 진리에 대한 믿음과 스스로에게 정직해야 함을 끝까지 굽히지 않음으로써 결국 독배를 마시고 말았다. 그의 죄목은 아테네 청년들을 타락시켰다는 것과 국가가 인정한 신을 숭배하지 않고 새로운 신을 들여왔다는 것이었다.

고대 그리스

철학 여행을 떠나기 전에, 우선 인류 역사상 가장 위대한 철학자 세 명을 배출한 곳부터 살펴보자. 그곳은 다름 아닌 고대 그리스다. 영 토도 작은 데다 산이 많아서 기름진 평야는 거의 찾아볼 수 없는 곳. 이런 지리적 여건 때문에 그곳에 사는 사람들은 독립심과 투지가 강 했으며 체력도 튼튼했다. 주로 배를 타고 이동했으며 도시들은 밀집 되어 있었지만 험난한 지세로 그 경계가 명확하게 분리되어 있었다. 이렇다 할 채소는 물론 과일도 몇 종류 없었다. 어종도 북부 지역보 다 풍부하지 않았으며 고기류도 기껏해야 염소고기였다. 그 대신에 올리브나무가 많아서 포도주만큼이나 올리브유가 풍부했다. 기후는 온난한 편이었지만 여름에는 너무 덥고 건조해서 물이 턱없이 부족했다. 이 같은 환경이 그리스인을 '강인하고 활동적이며 진취적이고 지적인' 사람으로 키웠다.

고대 그리스는 오늘날과 같은 국가 형태가 아니라 각 도시가 독립된 단위로 이루어져 있었다. 그중에서 아테네는 인구가 대략 24만 명에 이르렀는데 대부분이 노예였다. 자유 시민으로 구성된 민주 의회가 통치했으며 그 밖에 건축, 음악, 문학, 철학 등으로 유명했다. 반면에 스파르타는 아테네와 공통점이 거의 없었다. 강력한 군사 국가였으며 아이들은 어릴 때부터 부모 품을 떠나 군사훈련을 받으며 성장했다. 물론 문학이나 건축, 예술은 중시되지 못했다. 경제생활은 전적으로 노예노동에 의존했으며 시민권이 있는 남성들은 오로지 전쟁에 대비해서 군사 훈련만을 받았다.

소크라테스의 생애

소크라테스는 기원전 470년경에 태어나서 399년에 사망했다. 그가 청년이었을 당시 아테네는 황금기에 접어들면서 주변 도시국가에 대한 위세가 절정에 달했고 문화 역시 크게 융성했다. 그는 아테네 군대에 중갑 보병(중무장한 보병)으로 참전하기도 했다. 외모는 못생긴 편이었던 것 같다. 그리스 신화에 나오는 반인반수(반은 사람, 반은 염소) 괴물인 사티로스Satyros처럼 생겼다는 기록이 있는가 하면, 눈동자를 굴리면서 물새처럼 뒤뚱거리며 걸어 다녔다는 기록도 있다. 그리고 일 년 내내 같은 옷을 입고 다녔고 항상 맨발이었다고 한다. 게다가 오랫동안 기이한 자세로 꼼짝 않고 있곤 했는데 아마 물아物我와 몰아沒我의 경지에 자주 빠졌던 것 같다.

델피는 그리스 신 아폴론을 모시
는 신전이 있는 곳으로 그리스의
종교적 중심지였다. 그곳의 사제는
아폴론이 신탁을 내렸다면서 그
메시지를 사람들에게 전했다. 델피
는 델포이의 옛 이름.

델피의 신탁은 "소크라테스보다 현명한 사
람은 없다"라고 말했다. 소크라테스 스스로도
자신이 현명한 사람이라고 생각했다. 스스로가
얼마나 무지한지 알고 있기 때문이다. 그는 다
소 냉소적인 도덕철학자였으며, 주로 사람들에
게 자신이 옳다는 것을 어떻게 아는지를 묻는
전술을 썼다. 따라서 특정한 철학 체계를 확립
하기보다는 다른 사람의 사고를 혹독하게 비난하는 게 초점이었다.
그리고 인생의 올바른 목표는 무엇인지, 그 목표를 달성하려면 어떻
게 시작해야 하는지를 제시함으로써 윤리학 개념을 최초로 만들었
다. 그는 내면의 양심을 통해 알 수 있는 것은 자신이 무엇을 해야 하
는지가 아니라 자신이 해야 한다고 주장하는 것이 옳은지 그른지를
아는 것이라고 말했다.

그 밖에 소크라테스 아내인 크산티페Xanthippe 는 대단한 독설가여
서 소크라테스에게 거침없이 독설을 퍼부었다는 이야기도 전해 온
다. 하지만 크산티페가 소크라테스와 살면서 참아야 할 일이 한두 가
지가 아니었을 것이라는 주장도 있다.

소피스트의 성행

소크라테스가 젊었을 때 아테네는 물자가 풍부하고 대외적으로도 강
력했을 뿐 아니라 사회 분위기도 창의력이 넘쳐났다. 게다가 민주적
법체계를 갖추고 있었으며 애국심이 충만한 귀족들이 국가를 통치했
다. 시민들은 법정에서 자신을 직접 변호했으며 재판관은 제비뽑기

로 선출했다. 따라서 자신의 의견을 설득력 있게 진술하는 능력을 무엇보다 중요하게 여겼다. 이 때문에 기원전 5세기에는 그리스 전역을 돌아다니면서 설득력 있는 수사법을 가르치는 교사가 유명세를 타기 시작했는데, 이들을 소피스트Sophist 라고 부른다. 소피스트는 젊은이들을 정계에서 성공할 수 있게 훈련시키는 전문 교사였으나 때로는 부도덕한 방법으로 자신들의 기술을 활용하기도 했다. 그리고 대부분 종교나 윤리 문제, 철학적인 삶의 방식 등에는 무관심했다. 최초로 소피스트를 자칭한 프로타고라스Protagoras, BC 485?~410? 는 "인간은 만물의 척도로서 존재하는 것은 존재하는 대로, 존재하지 않는 것은 존재하지 않는 대로 척도가 된다"라고 가르쳤다. 사람들은 이 말을 '독립된 진리는 결코 존재하지 않는다' 는 뜻으로 이해했다. 즉 어떤 사람의 의견은 또 다른 사람의 의견만큼이나 훌륭하다는 것이었다. 그러나 소크라테스는 이 같은 소피스트의 주장에 반대했기 때문에 그들과 치열한 논쟁을 벌였다. 소크라테스에겐 윤리 문제가 항상 중요했고 그가 지향하는 목표 역시 훌륭한 시민을 양성하는 것이었다.

소크라테스를 기록하다

소크라테스는 자신이 쓴 책을 한 권도 남기지 않아 그의 사상을 직접 읽을 순 없다. 하지만 우리는 주요 인물이 두 명을 통해 그를 간접적으로나마 알 수 있다. 한 명은 크세노폰Xenophōn, BC 430?~355? 이라는 작가로 도시의 젊은이들을 타락시킨다는 소크라테스의 죄가 부당하다는 것을 밝혀내고자 애썼다. 다른 한 명이 바로 플라톤이다. 천재 작가였으며 최초로 철학 체계를 확립한 위대한 철학자 플라톤은 등장

인물 두 명이 철학과 관련한 질문들을 놓고 논쟁을 벌이는 일련의 대화체 형식의 작품을 썼다. 이 대화에 거의 빠짐없이 등장하는 인물이 바로 소크라테스다. 따라서 플라톤의 작품을 읽다 보면 이것이 소크라테스의 가르침을 전달하는 것인지, 아니면 플라톤 자신의 사상을 전달하는 것인지 정확하게 구별하기가 어렵다. 아마도 초기에 쓴 대화들은 소크라테스의 가르침을 반영한 것이고, 후기에 쓴 대화들은 플라톤 자신의 사상을 드러낸 것으로 보인다.

사 상

소크라테스는 덕arete을 최고선으로 여겼기 때문에 외부 세계의 그 어떤 이유로도 한 인간의 덕을 빼앗아 갈 수 없다고 생각했다. 그리고 세속적인 부를 경멸하면서 자신의 관심사를 도덕 문제에 집중했다. 그는 항상 자신이 무지하다고 주장했다. 그리고 자신은 스스로 무지함을 알기 때문에 다른 사람보다는 현명하다고 생각했다. 그는 인간이 덕을 갖추려면 지식을 탐구하고 습득해야 한다고 주장했다. 그는 지식 탐구를 위해서 질문과 대답을 주고받는 걸 즐겼는데 이것이 이른바 변증법 dialectic이다. 그 외에도 그는 지식을 가르칠 때 기억을 상기시키는 방법을 이용했다. 이에 따르면, 우리가 '배운다'고 하는 것은 (우리의 불멸한) 영혼이 전생에서 배웠던 것을 현생에서 기억해내는 것이다.

소크라테스는 질문과 대답을 주고받으면서 선, 정의, 진실, 미 같은 용어의 참의미를 발견하려고 노력했다. 그리고 논증이 부당하다고 여겨질 때는 언제나 거침없이 폭로했다. 물론 기존의 신념에 가차 없이 의심을 던지는 그의 행동을 모든 사람이 좋아했던 것은 아니지만 소크라테스는 전혀 개의치 않았다.

당시 논리학은 아직 걸음마 단계에 불과했지만 소크라테스는 누구와 논쟁이 붙든 지는 법이 없었다. 그렇다고 그의 논리가 완벽했다는 뜻은 아니다.

무엇보다도 소크라테스는 덕이 곧 지식이라고 믿었다. 즉 올바른 행동은 합리적인 통찰력에서 나온다고 생각했다. 예컨대 모든 사람이 선을 추구하면서도 악을 행하는 것은 결국 선이 무엇인지 잘 모르기 때문인 것이다. 그는 자신이 유일하게 아는 것은 자신의 무지함이라고 주장하면서, 자신의 사명은 지식을 전달하는 것이 아니라 사람들에게 그들 자신의 주장과 가정을 꼼꼼히 살펴보게 한 뒤 이성이 정당화할 수 없는 것은 버리도록 요구하는 것이라고 생각했다.

독배를 마시다

아테네는 스파르타와의 전쟁에서 패한 이후 한동안 과두정을 실시했다. 과두정은 '참주'라고 하는 소수의 개인이나 권문세가가 권력을 쥐는 정치체제다. 아테네는 기원전 399년에 다시 민주정으로 복고했고 복고한 민주정의 지도자들은 소크라테스를 재판에 회부했다. 그는 정치 문제에 연루되어 있었다. 당시 일어났던 정치 혼란에 책임이 있었던 알키비아데스Alkibiades, BC 450?~404와 무자비한 참주였던 크리티아스Critias, BC 460~403의 스승이었던 것이다. 소크라테스를 고발한 사람들은 그가 재판을 기다리는 동안에 해외로 도피할 것이라고 기대했지만 소크라테스는 끝까지 아테네에 남아 자신을 변호했다. 당시 재판관 대부분이 그에게 사형을 선고했는데, 관례에 따라 소크라테스는 사형 이외의 처벌을 제기할 수 있는 권리가 있었다. 만일 그가 무거운 벌금형이나 추방형 정도로 제기했더라면 쉽게 받아들여졌을 것이다. 소크라테스를 법정으로 내몬 이들은 그가 아테네를 떠나기를 바랐기 때문이다. 그러나 소크라테스는 오히려 터무니없이 적은 벌금형을 제기해 거부됐다. 게다가 그의 사형 집행이 아테네의 종교 관행 때문에 한 달 정도 연기됨에 따라 그 틈을 이용해서 달아날 수도 있었지만 이마저 거절했다.

플라톤의 대화편 『파이돈Phaidon』에는 소크라테스가 이승에서 보내는 마지막 날이 잘 묘사되어 있다. 그는 친구들과 영혼의 불멸을 주제로 토론하며 시간을 보낸 뒤, 교도관이 가지고 온 '헴록hemlock'이라는 독배를 침착하게 들이켰다. 그러고는 "크리톤Criton, 우리는 아스클레피오스Asklēpios(그리스 신화에 나오는 의술의 신)에게 닭 한 마리를 빚졌으니 잊지 말고 갚아주게나"라는 마지막 말을 남기고 죽었다.

진리 추구

소크라테스는 자신의 현명함을 부인했다. 자신이 최고선으로 여겼던 덕이 무엇으로 구성되어 있는지도 알아내지 못했다. 그러나 자신의 말에 귀 기울이는 청중들과 협력해서 혼동된 주장에 내재되어 있는 진리에 도달하고자 애썼다. 그리고 보편타당한 진리가 존재하는 것은 물론이고 지식만이 올바른 행동의 토대가 되며, 선한 삶은 선이 무엇인지를 알아내 실천하는 데 있다는 강한 신념에 고무되어 있었다. 그는 지식에 대한 철저함과 진리에 대한 헌신, 그리고 부와 명성에 대한 무관심으로 다른 이들의 모범이 되었다.

소크라테스가 무엇을 어떻게 가르쳤는지 알아보기 위해 플라톤이 소크라테스를 주인공으로 해서 쓴 대화편 세 작품을 가능한 한 간략하게 기술했다. 세 작품 모두 플라톤의 초기 작품이라 소크라테스의 사상을 반영하고 있을 가능성이 높다.

메논 (Menon)

메논은 소크라테스에게 덕을 어떻게 획득할 수 있는지 묻는다. 소크라테스는 메논에게 질문을 하는데 메논이 토론 주제를 제대로 이해하지 못하고 있음을 발견한다. 메논이 내린 덕의 정의를 보면 덕이란 단어를 이용해서 재차 덕을 정의한다든지, 단순히 예만 든다든지, 혹은 그 정의가 계속 순환하기만 했던 것이다.

소크라테스는 자신이 무엇을 묻는지도 모르면서 어떻게 그와 관련된 다른 어떤 것을 물을 수 있는지 묻는다. 그러고 나서 인간의 영혼은 불멸하기 때문에 육체가 환생하는 사이사이에 사람들은 모든 것에 대한 지식을 습득한다고 말한다. 따라서 현생의 지식이란 다른 세상에서 배웠던 것을 기억해내는 행위인 것이다. 이로써 덕이 지식이라면 덕은 습득 가능하다고 소크라테스는 결론짓는다. 그러나 덕을 갖춘 교사가 한 명도 없기 때문에 덕은 신이 내린 재능이 틀림없다고 말한다.

고르기아스 (Gorgias)

소크라테스와 고르기아스는 설득의 기술인 변론술rhetoric을 주제로 토론한다. 소크라테스는 화자가 자신이 토론하는 것을 알지 못하는 것은, 무지한 사람이 다른 무지한 사람을 가르치기 위해 애쓰는 것과 같다고 주장한다. 예컨대 화자가 정의를 주제로 토론한다면 반드시 정의가 무엇인지 알고 있어야 한다. 변론술은 법정에서 소송 건을 놓고 논쟁을 벌일 때 주로 사용되었기 때문에 정의의 문제에 유독 관심이 많았다. 정의에 정통한 사람이라면 당연히 정의로운 사람일 것이고, 불의를 보고 참지 않을 것이다. 역으로, 불의를 보고도 모른 척하는 사람이라면 자신이 토론하는 주제를 전혀 알지 못한 채 토론하는 것이다. 사람들은 모두 어느 정도 선하게 행동하고 싶어 하지만 선에 무지하다면 자신이 원하는 대로 행동할 수 없다. 마찬가지로, 그릇된 행동을 하는 사람은 자신이 행하는 악에 무지하기 때문에 그러는 것이다. 따라서 처벌은 사회 갱생을 목표로 행해져야 하며 사람들은 자신의 잘못된 행동에 대해 처벌을 모면하려고 하기보다는 처벌을 받는 것이 훨씬 더 바람직하다.

소크라테스는 변론술을 사람들이 불의가 무엇인지, 그 불의를 어떻게 바로잡을 수 있는지 깨닫게 하는 데 이용해야 한다고 말한다.

칼리클레스Kallikles는 정의란 강자의 원리라고 주장하지만, 소크라테스는 현자가 곧 강자라고 말한다. 칼리클레스가 현자는 자신의 쾌락을 추구한다고 되받아치자, 소크라테스는 쾌락과 고통은 선악과 동일한 것이 아님을 보여준다.

소크라테스의 변명 (Apologia Sōkratous)

(여기서 Apologia는 용서를 구하는 것이 아니라 자신의 행동을 변호하는 것을 의미한다.)

델피의 신탁은 소크라테스가 당대 최고의 현자라고 선언했다. 그러자 소크라테스는 자신이 다른 이들보다 현명하다면 단지 자신의 무지함을 알고 있기 때문이라고 말한다. 이 대화편은 소크라테스가 끝내 사형을 언도받을 수밖에 없었던 혐의에 대해 자기 자신을 어떻게 변호했는지를 보여준다. 소크라테스는 현자라고 자부하면서도 스스로 자신의 지혜가 얼마나 부족한지를 드러낸 사람들이 그를 폄하하고자 거짓 소문을 퍼뜨린다고 주장한다. 게다가 부패하고 사악한 사람들은 심지어 자신의 동료들에게까지 해를 끼치지만, 자신은 자신과 관계를 맺은 젊은이들을 타락시키는 어리석은 행동을 할 리가 없다고 주장한다. 그리고 자신이 국가의 약점을 폭로했다면 이는 국가를 위해 한 일이기 때문에 국가를 귀찮게 한 자신의 행동은 오히려 보상을 받아야 한다고 지적한다. 사형 선고를 받은 뒤에는 죽음이 단지 소멸을 의미한다면 두려워할 일이 아니라고 말한다. 죽음이 더 나은 세상으로 전환하는 것을 의미한다면 고귀한 영혼들을 만나는 기쁨을 누리게 될 것이라고 단언한다.

플라톤

소크라테스가 확립한 철학 체계는 건설적이기보다는 비판적인 경향이 강했다. 반면 플라톤은 이 한계를 초월함으로써 위대한 철학 체계를 확립했다.
플라톤은 이미 기원전 4세기에 현대 전체주의 국가와 전통 남자기숙학교 이론에 정당성을 부여한 최초의 사상가였다. 또한 최초로 인식론을 주창했고, (소크라테스와 플라톤 중에서 누가 최초인지 명확하지는 않지만) '왜'라는 질문을 통해 윤리 문제를 다루어야 한다고 주장했다.

플라톤의 생애

플라톤은 기원전 427년경 아테네 근교의 귀족 가문에서 태어났다. 건장한 남자였던 플라톤은 펠로폰네소스 전쟁 후반에 벌어진 전투에도 몇 차례 참전했다고 한다. 젊은 시절에는 시, 그림, 비극 등에 관심을 보였지만 나중에는 그런 예술들을 불신했다.

정치사상에서 플라톤은 민주정을 비난하고 국가라는 '배'를 통치할 강력한 리더십을 선호했다. 이것은 아마도 귀족 출신인 자신의 배경에서 비롯된 선입견보다는 민주주의를 표방했던 정부의 감상적이고 쇠약한 태도를 목격하면서 축적한 경험 때문이었던 것 같다.

플라톤은 원래 정계에 입문할 예정이었다. 그러나 젊은 시절 경험한 아테네의 과두정 정부가 억압과 폭력 일색의 정책을 펴자 정치가가 되는 꿈을 단념하게 되었던 것 같다. 더욱이 복고된 민주정 정부가 자신의 스승인 소크라테스를 사형시키자 정치인에 대한 불신감은 더욱 커졌다. 그는 재판까지 참석해서 소크라테스가 벌금형을 제안하도록 설득했을 뿐만 아니라 그 제안에 보증까지 서겠다고 했다. 그러나 막상 소크라테스가 사형당하는 현장에는 병 때문에 참석하지 못했다.

소크라테스가 죽자 플라톤은 여행을 떠나 외지에서 생활하면서 다른 철학자들과 토론을 벌이곤 했지만 결국엔 아테네로 다시 돌아왔다. 그 후 다시 이탈리아와 시칠리아로 여행을 떠났지만 시라쿠사 Siracusa의 독재자 가문과 갈등을 겪게 되고 그에 대한 처벌로 노예로 팔려 가게 된다. 몸값을 지불하고 풀려난 그는 다시 아테네로 돌아와 유럽 최초의 대학인 아카데메이아 Akadēmeia를 설립했다.

아카데메이아의 설립 목적은 정치인과 통치자를 교육하기 위함이었다. 그러나 교과과정이 광범위했기 때문에 바로 효과가 있을 것처럼 보이지는 않았다. 아카데메이아에서는 철학, 수학, 천문학, 자연과학, 수사학 등을 가르쳤으며 사심이 개입되지 않은 지식 그 자체를 추구하도록 독려했다. 그는 이런 교육을 받은 통치자라면 편협한 정치가 아닌 영원불변의 진리에 의거해 거침없이 행동하는, 신념이 확고한 정치가가 될 것이라고 생각했다. 플라톤은 아카데메이아에서 강의도 했는데, 강의 내용을 학생들이 받아 적기는 했으나 책으로 묶어 출간하지는 않았기 때문에 모두 분실되었다. 지금 남아 있는 그의 대화편들은 일반인을 대상으로 출판한 것이었다. 그가 가르친 학생 중 가장 유명한 사람이 기원전 367년에 입학한 아리스토텔레스다.

플라톤은 시라쿠사의 새 독재자를 교육시키기 위해 그곳에 두 번 더 갔지만 교육을 통해 '철인왕philosopher-king'을 만들어보겠다는 그의 꿈은 결국 실현되지 못했다. 플라톤은 기원전 347년경 아테네에서 사망했다. 그는 평생 결혼은 하지 않은 것으로 알려져 있다.

소크라테스 죽음에 격노한 플라톤

플라톤은 형이상학, 인식론, 정치사상 등을 통해 철학에 지대한 공헌을 했다. 그리고 이 모두에 대해 소크라테스가 끼친 영향력은 대단했다. 따라서 민주주의 일파가 소크라테스를 사형시키는 것을 본 플라톤은 엄청난 충격을 받았고 민주주의 신념에 강한 불신감을 드러냈다. 그런데 플라톤이 반대했던 당시 체제는 민주주의보다는 '민중 선동' 정치로 표현하는 것이 바람직할 듯하다.

변화와 영원불변

플라톤은 사물 그 자체를 알게 하는 영원불변의 것을 추구했던 철학자들의 영향을 많이 받았는데, 주변에서 목격하는 모든 것이 항상 유전하며 변화를 거듭했기 때문이었다.

작가였던 헤라클레이토스Herakleitos, BC 540?~480?는 만물은 항상 변한다고 생각했으며 "그 누구도 같은 강물에 두 번 발을 담글 수 없다"라고 말했다. 단, 끊임없이 타오르는 불은 영원하다고 생각했다.

파르메니데스Parmenidēs, BC 515?~445?는 감각이란 사람들을 현혹시키는 것에 불과하며 진실된 존재는 일자一者, the One가 유일무이하다고 단언했다. 그리고 총체로서 일자는 어디에나 존재한다고 생각했다.

만약 사물이 존재하지 않으면 사고도 존재하지 않기 때문에 사고하는 것은 무엇이든 반드시 존재해야 하며, 항상 존재해야 한다고 주장했다. 이로써 변화는 있을 수 없는 현상으로 여겼다. 즉 그에게는 생성도, 소멸도 존재하지 않았다.

어떤 사람이 어릴 때 넘어져서 생긴 무릎 상처가 아직도 남아 있다고 해보자. 이것은 그의 몸에 존재하는 세포들이 어릴 때부터 지금까지 무수히 바뀌었어도 그 상처는 그대로 남아 있음을 뜻한다. 왜 그럴까? 이를 해명하고자 플라톤은 변화에 대한 지각과 영원불변의 증거를 조화하려고 심혈을 기울였다.

동굴의 비유

플라톤은 사물을 깊이 생각하면 그 사물을 알 수 있다고 믿었다. 물론 그것은 쉽지 않을뿐더러 단시일에 이루어지지도 않는다. 사물의 실체란 즉석에서 포착될 수 있는 영역 밖에 놓여 있는데도 사람들은 대부분 사물을 처음 보고 느낀 그대로 받아들이는 데 만족하고 있음을 일깨워주고자 했다. 그리고 이에 만족하지 않고 일반 사람들이 사물을 외양만 보고 부주의하게 받아들이는 것과 철학자들이 그 실체를 깊이 고찰하는 것이 얼마나 큰 차이를 낳는지도 보여주고자 했다. 이를 위해 플라톤이 이야기를 하나 지어냈는데 이것이 '동굴의 비유'다.

플라톤은 사람들이 동굴에 앉아 있다고 말한다. 그들은 동굴 안쪽의 벽을 바라보고 앉아 있는데 그들 바로 뒤에는 낮은 벽이 하나 더 있다. 그리고 물체들이 이 벽을 따라 지나가고, 벽 뒤에는 횃불이 타오른다. 동굴 벽을 바라보는 사람들은 무엇을 보게 될까? 그들은 횃

불을 통해 동굴 안쪽의 벽에 비치는 물체들의 그림자를 보게 된다. 그러나 그 그림자는 사물의 진정한 실체를 보여주지 않는다. 따라서 사물의 진정한 실체를 보려면 햇빛이 비치는 동굴 밖으로 나와야만 한다. 그런데 사람들이 동굴 밖으로 나오고 싶어 할까? 그렇지 않다. 사람들은 사물의 실체를 두려워한 나머지 동굴 밖으로 나오지 않고 그 속에서 그럭저럭 지내는 것에 만족한다. 게다가 자신의 눈에 보이는 사물에 오히려 편안함을 느끼고 그 외양에 만족한다. 따라서 사람들은 사물의 진정한 실체를 파악하는 것은 물론, 동굴 밖으로 나왔다가 강렬한 햇빛 때문에 장님이 되고 싶어 하지도 않는다. 반면에 사물의 외양과 실체를 탐구하느라 기꺼이 여러 해를 보낸 철학자들만이 동굴 밖으로 나와 사물의 실체를 목격하게 된다. 비록 그 실체가 그들이 처음에 생각했던 것과 다를지라도 말이다.

'동굴의 비유'는 간혹 '고상한 거짓말noble lie'로 불리기도 한다. 동굴의 비유를 통해, 글자 그대로의 사실은 아니지만 사물의 존재 방식을 설명하고 있기 때문이다.

플라톤에게 영향을 미친 요소들

플라톤에게 영향을 미친 요소들은 매우 다양하다. 우선 그리스 세계의 일부 신비 종교의 영향을 받았다. 또 그는 수학을 아주 높이 평가했다. 그런데 당시에는 신비주의와 수학이 상호 연관된 것으로 간주되었다. 그리고 실체는 시간을 초월해서 영원불변하며 변화란 환영에 불과하다고 믿었다. 플라톤은 소크라테스를 통해 윤리학에 관심을 두게 되었으며 세계를 원인보다는 목적의 측면에서 설명하고자 애썼다. 플라톤은 선은 지식과 도덕 규율이 결합됨으로써 인식될 수 있다고 생각했다.

통 치 자 의 조 건

이러한 가정을 통해 플라톤은 선과 실체는 시간을 초월하기 때문에 최상의 국가는 불변하며 거의 완벽하다는 결론에 이르렀다. 그리고 최상의 국가를 통치하는 지배자는 영원불변의 선을 이해하는 사람이 며, 이 훈련을 마친 사람만이 국가의 정부에서 일할 수 있다고 주장 했다. 그런데 통치자 교육은 장기적 · 포괄적으로 이뤄져야 하고 근면 을 요구하며 수학 지식이 없으면 현자가 되는 것은 불가능하기 때문 에 반드시 수학을 포함해야 한다고 생각했다. 그리고 지혜란 천천히 획득된다 뿐이지 누구나 가진 자질로서, 이를 통해 국가를 현명하게 통치할 수 있다고 주장했다. 그런데 생계를 유지해야 하는 사람은 시 간적으로 생각할 여유가 없기 때문에 지혜를 얻기 위해서는 반드시 여가 시간이 수반되어야 한다고 믿었다.

영 혼 삼 분 설

플라톤은 인간의 영혼이 세 부분으로 나뉘어 있다고 믿었다. 첫째는 이성과 합리성으로 채워진 부분으로 여기에서 가장 명백한 덕은 지 혜다. 둘째는 기개와 정력으로 채워진 부분으로 여기에서 고유한 덕 은 용기다. 마지막은 욕망과 욕구로 채워진 부분으로 절제와 통제에 대한 복종이 덕이 된다.

이데아론

플라톤이 쓴 『국가Politeia』의 중간 부분은 철학을 성찰하는 내용으로 가득 차 있다. 여기에서 플라톤이 주요하게 다루는 쟁점은 철학자가 왕이 되어야 국가가 평온을 유지할 수 있다는 것이다. 『국가』는 비록 주인공이 소크라테스이기는 하지만 플라톤이 후기에 쓴 작품이기 때문에 그 자신의 사상을 대표하는 작품으로 꼽힌다.

이 책은 철학자를 '살면서 진리를 체득하는 사람'으로 정의한다. 그리고 철학자는 아름다운 것, 선한 것, 정의로운 행동을 사랑하는 사람이 아니라 절대미, 절대선, 절대정의를 사랑하는 사람이라고 말한다. 전자를 사랑하는 사람은 단지 의견만 있을 뿐, 지식을 소유한 것이 아니기 때문이다. 의견은 존재하는 것과 존재하지 않는 것을 다루기 때문에 착각을 일으킬 수 있고, 존재와 비존재 사이를 매개하는 개별적인 것에 속한다. 그리고 감각이 지각하는 사물의 세계와 관련이 있다. 그러나 철학자는 지식을 소유한다. 지식이란 존재하는 것에 관한 것이기 때문에 착각을 일으키지 않는다. 그리고 초감각적인 영원불변의 세계와 관련된다.

이데아론은 플라톤이 직접 확립한 이론으로 형상론이라고도 하며, 일반 명사의 의미를 다룬다. 예컨대 '탁자'라는 단어는 지금 내가 일하는, 혹은 내 앞에 놓여 있는 탁자를 가리키는 것이 아니라 '탁자' 일반을 뜻한다. 즉 '탁자'란 참된 실체를 상징하지만 내 앞에 놓여 있거나 혹은 가까이에 있는 탁자는 단지 '탁자'라는 '이데아idea' 또는 '형상form'의 개별 사례에 불과하다.

철학자는 '탁자'라는 '이데아'나 '형상'에 관심을 기울이지만 구체화한 탁자나 개, 국가 등에는 관심이 없다. 철학은 진리와 지식을 꿰뚫어 보는 통찰이고 지고지순한 최상의 것을 향한 열정적인 욕구에 의해 고취된다.

플라톤의 이상향, 스파르타

플라톤의 이상 국가는 스파르타에 상당한 영향을 받았다. 당시 스파르타는 아테네와의 기나긴 전쟁 끝에 승리를 거둔 참이었고, 누가 봐도 명백히 성공한 스파르타 사회의 지극히 단순한 체제는 사람들에게 깊은 인상을 심어주었다. 스파르타의 시민들은 전쟁에 대비해 군사훈련을 받았는데 국가 전체가 무적의 전사를 양성하는 것을 목표로 삼았다. 심지어 소녀들도 소년들과 동일한 신체 훈련을 받았다. 그뿐 아니라 국민 전체가 전문화되어 있었다. 예를 들어, 스파르타에서는 노예마저도 땅을 일구고 식량을 생산함으로써 또 하나의 전문 집단을 형성했다. 토지는 시민들에게 균등하게 분배되었기 때문에 빈부 격차가 적었고 먹는 것도 동일했다. 자녀 교육을 중요시했고 다산多産을 권장했다. 그러나 아이들은 부모가 아닌 공동체에 속해 있었다.

『국가』와 『향연』은 플라톤의 사상을 대표하는 후기 작품이다. 플라톤은 두 작품 모두에 등장하는 소크라테스의 입을 통해 자신의 사상을 갈파한다.

국가 [Politeia]

플라톤은 『국가』에서 자신의 이상 국가론에 관한 세부사항을 펼쳐놓는다. 소크라테스는 정의란 불의보다 우월하고 그것이 내놓는 결과 때문이 아니라 그 자체로 가치가 있음을 보여준다. 그리고 개인적인 측면보다는 국가적인 측면에서 살펴볼 때 정의를 잘 인식할 수 있다고 주장한다. 소크라테스는 정의가 통치 규범이 되는 이상 국가를 묘사하기 시작한다.

우선 시민은 수호자, 군인, 생산자의 세 계급으로 나뉜다.

수호자(남성과 여성이 동일한 대접을 받는다)는 이성의 지배를 받는 사람으로, 국가를 통치하지만 이는 장기간 정신과 신체를 단련한 후에야 가능하다. 특히 플라톤은 이 작품에서 수호자의 훈련에 집중한다. 그들은 공동체 생활을 하기 때문에 재산 때문에 정신이 흐트러지는 일도 없고 부의 축적이 야기하는 유혹에 넘어가지도 않는다. 초기 훈련을 끝마친 뒤에는 매년 인원을 발탁해서 전문 교육을 실시하며 이들은 곧 통치자나 군인이 된다.

군인은 기개가 가장 높은 사람들을 뽑으며, 그런 다음 용기를 기르고 국가를 지키는 훈련을 받는다.

생산자의 주요 덕은 영혼 중에서 욕망과 욕구로 가득한 부분에 해당하는 덕과 동일하다. 그들은 국가의 부와 식량을 생산하는 일에 종사한다. 이로써 노동이 엄격히 구분된 국가 형태를 갖추게 된다.

즉 각 계급은 훈련과 적성에 따라 가장 적합한 의무와 기능을 부여받으며 이 전문화한 의무와 기능을 훌륭히 수행할 때 비로소 정의가 실현된다. 계급 간의 이동은 법에 명시된다.

국가는 반드시 교육에 관여해 사실인 것과 선한 것만을 가르치도록 해야 한다. 예컨대 시는 아름다운 언어와 이미지를 사용하지만 글자 그대로 사실이 아닐뿐더러 간혹 비윤리적인 이야기를 담아내기도 한다. 그런데 단순한 사람들은 시에 내재된 이런 미묘하고 위험한 '독'에 쉽게 중독되기 때문에 플라톤은 자신의 이상 국가에서 시인을 추방한다.

플라톤은 『국가』에서 남녀 간의 결혼 문제는 때에 따라 제비뽑기로 결정할 수도 있다고 주장한다. 최고의 배우자끼리 결합해서 유전자와 국민 건강을 증진하도록 제비뽑기를 조작할 수도 있다. 자녀가 태어나면 바로 부모 품을 떠나 공동체에서 양육해야 하며 부모가 누군지도 몰라야 한다. 이것은 개인의 복지보다 국가의 복지를 최우선해야 한다는 생각에서 비롯된 것이다.

향연 (Symposion)

이 작품은 지고지순한 사랑을 이야기한다. 흔히 관념론적이고 이상주의적인 사랑을 '플라토닉 러브'라고 하는데 왜 그렇게 부르는지 궁금해해본 적이 있는가? 플라톤이 바로 『향연』에서 지지했던 사랑의 한 형태이기 때문이다. 그리스어에서 '심포시온Symposion'은 '잔치'라는 뜻인데 오늘날 현대 영어에서는('심포지엄')'학구적인 목적을 위한 모임'을 뜻한다. 아마 당시 사람들이 잔치에서 다양한 연설을 하고 학구적인 문제들을 토론했기 때문일 것이다.

파이드로스Phaidros 는 덕이 높은 사람과 젊은이 간의 사랑이 가장 고귀한 것이며, 그런 사랑은 가치 있는 삶에 대한 강렬한 충동에서 비롯된다고 한다.

파우사니아스Pausanias 는 덕과 철학을 향한 사랑을 천상의 사랑이라 하여 육체적인 사랑과 구별한다.

에릭시마코스Eryximachos 는 사랑이란 몸속에서 서로 대립하는 요소들이 조화를 이루게 하는 것이라고 주장한다.

사랑을 주제로 한 이 진지한 토론에 야유를 퍼붓던 아리스토파네스Aristophanes 는 육체란 원래 팔과 귀 네 개, 얼굴 두 개로 이루어진 둥그스름한 것이었는데 신이 우리에게 벌을 내려 그것을 둘로 분리했으며 그 후로 반쪽들이 서로를 찾아내 사랑으로 재결합한 것이라고 주장한다.

아가톤Agathon 은 사랑이란 신이 가진 가장 젊고 아름다운 것으로 모든 덕을 소유한다고 주장한다.

소크라테스는 사람들이 육체의 아름다움을 사랑한다면 아름다움 그 자체가 지닌 숭고한 정신을 알게 되고 사랑의 신성함을 공유하게 된다고 주장한다.

철학자 바라보기

소크라테스는 과학적 발견보다는 도덕적 탐구에 훨씬 관심이 많았다.

어떤 문제든 항상 토론하거나 변증법을 이용하는 습관을 갖게 되면 논리의 신뢰성과 정의의 정확성을 높일 수는 있지만, 상대방의 흠을 잡는다거나 정확성을 기하기 위해 사소한 문제에 지나치게 집착할 수도 있다. 게다가 사람들이 그런 역할에만 매몰된 나머지, 상황에 따라 경쟁과 반목을 일으킬 수도 있다. 따라서 이와 같은 토론 습관을 통해 과연 새로운 사실을 발견해낼 수 있을지, 혹은 그보다 더 나은 방법은 정말 없을까 하는 의구심이 든다.

소크라테스는 정의, 즉 의미의 명확성이 무엇보다 중요하다고 강조했다. 그리고 도덕과 관련한 용어의 정의를 찾는 데 많은 시간을 보냈다. 그럼에도 명확한 결론에 도달한 경우가 거의 없었다. 왜 그랬을까? 여러분의 경우는 어떤지 생각해보자. 누군가와 도덕과 관련된 쟁점을 논의할 때 지식이나 논증을 진척시키기보다 상대방의 주장은 그릇되고 자신의 주장은 옳음을 입증하는 데 여념이 없지 않은가?

소크라테스는 덕은 곧 지식이라고 주장한다. 과연 그의 주장은 옳은 것일까? 무엇을 해야 하는지 알면서도 다른 일을 하는 것이 가능할까? 게다가 눈앞에 보이는 자신의 이익에 반하는데도 덕을 통해 올바르게 행동해야 한다고 결정해야 할까?

철학은 플라톤을 통해 가장 원대한 한 발을 내디딤으로써 종교와 신비주의에 머물러 있었던 초기의 사고방식에서 벗어나게 된다. 물론 완벽하게 벗어던지지는 못했다. 플라톤은 환원주의자가 아니었기 때문에 이른바 지식이라고 일컫던 것들을 축소하지는 않았다. 그 대신 인간이 지닌 초월성의 여지를 항상 남겨두었다. 즉 인간은 이미 명백한 것이나 알려진 것, 혹은 성취된 것을 노력을 통해 초월할 수 있다고 생각했다. 그럼 이것은 플라톤 철학의 강점일까, 약점일까?

플라톤은 명백한 것보다는 참된 것에 관한 지식 탐구에 심혈을 기울였으며 이는 곧 훈련받은 자만이 접근할 수 있는 참된 세계가 있다는 주장으로 이어졌다. 그럼 플라톤은 자신이 내린 결론을 제외하면, 명백한 세계 너머에 참된 세계가 존재함을 입증할 또 다른 증거가 있을까?

영혼을 유형별로 분류하고, 적성에 기초해서 사람들을 계급으로 나눈 것에 대해서도 생각해보자. 너무 경직되고 정교하지 못할 뿐만 아니라 사람들마다의 습관, 관심, 생각 같은 다양성과 풍부함을 인정하지 않는 것은 아닐까? 운동선수도 예술을 감상할 수 있고 철학자도 욕구가 있는 데 말이다.

그의 이데아론은 형이상학이 아니라 차라리 논리와 언어의 문제를 다루는 논리학의 차원에서 제시되었다면 훨씬 받아들이기 수월했을 것이다. 플라톤은 사람들이 어떻게 변화와 영원불변의 세계를 모두 경험하는지를 설명하기 위해 이데아론을 제기했다. 사람들은 감각을 통해 변화를 경험하고 이성을 통해 변화 속에서도 영구히 존재하는 실체를 이해하고자 노력한다고 주장했다. 그렇다면 다른 철학자들은 이 질문에 어떤 식으로 접근하는지 책을 찬찬히 읽으면서 주목해보자.

그런데 우리가 추상적인 관념들을 활용하면서 절대진리나 절대미 혹은 절대정의 등을 논의할 때 플라톤의 이데아론을 무의식적으로 그대로 흉내 내고 있는 것은 아닐까?

플라톤이 민주주의를 불신했던 것은 민주주의가 드러낸 약점을 목격했기 때문이다. 그는 민주주의를 어떻게 향상시킬지에 대해서도 별 관심이 없었다. 이것은 그가 언어를 사용하는 방식과 별반 다를 것이 없다. 예컨대 정의는 불의와 전혀 관계없다고 생각한다. 하지만 예의 바른 사람이 무례를 범할 수도 있고, 효율적인 사람도 가끔 비효율적인 행동을 하는데 이 같은 경험상의 사실은 어떻게 설명할 수 있을까? 그는 또한 일반적인 정의를 효율적으로 내리는 데 대해서도 지나친 관심을 쏟은 나머지, 결국 엄격하게 분류될 수 없는 언어를 쓰는 것을 극도로 불신하게 되었다.

플라톤은 스파르타와 스파르타가 일궈낸 성공에 찬사를 보냄으로써 스파르타의 체제 운영 방식에 내재된 수많은 결점을 깨닫지 못했다.

특화한 계급들이 조화롭게 제 기능을 다할 때 정의가 실현된다는 그의 주장은 어떤가? 고대 그리스 시대에 도덕 교육을 담당했던 주요 기관은 국가였다. 서유럽의 중세 시대에는 교회가 그 역할을 담당했다. 그리고 그 역할이 개인에게 주어진다면 근대성을 나타내는 표식이 된다. 이것은 우리에게 이득일까, 손해일까? 과연 우리가 얻은 것은 무엇이고 잃은 것은 무엇일까?

2

아리스토텔레스

이성에 근거한 탐구 정신

Aristoteles

아리스토텔레스는 거의 천 년 동안 서유럽의 지식 풍토를 지배해왔다. 한때는 그의 업적이 의심할 여지가 없는 경외의 대상이었다. 일례로 갈릴레이Galileo Galilei, 1564~1642는 지구가 태양의 주위를 돈다고 주장해서 이단으로 몰려 유죄판결을 받은 바 있다. 그 이유가 무엇일까? 그가 성경을 반박했기 때문에? 그렇지 않다. 감히 아리스토텔레스를 반박했기 때문이다. 도대체 아리스토텔레스가 어떤 사람이었기에 이처럼 숭상했을까? 그는 아테네의 교사였으며 저술가였다. 지식을 향한 열정 또한 대단해서 세상의 모든 것에 관심을 기울였다. 게다가 자신의 스승이었던 플라톤과 달리 신비주의 요소도 없었다. 그의 작품들은 훨씬 체계화되어 있으며 스타일 역시 훨씬 절제되어 있다. 그뿐이 아니다. 현대의 한 비평가의 말을 빌리자면 그는 교수처럼 글을 썼다(학교에서 서론, 본론, 결론으로 이어지는 글을 쓰라고 하는 것도 따지고 보면 모두 아리스토텔레스 탓이다).

아리스토텔레스의 생애

아리스토텔레스는 기원전 384년에 고대 그리스의 북동부 지역인 스타게이로스Stageiros에서 의사의 아들로 태어났다. 열일곱 살에 아테네로 와서 플라톤이 세운 아카데메이아에 입학했다. 당시 플라톤은 신비주의적이고 종교적인 차원의 철학에 마음을 뺏긴 상태였다. 반면에 아리스토텔레스는 (오늘날에 와서 '경험과학'이라 불리는) 관찰과 묘사에 더 관심을 두고 있었다. 결국 아리스토텔레스는 플라톤과 여러 면에서 상당히 다른 면모를 지니게 되지만 그렇다고 플라톤에게 적대적이었다거나 감사하는 마음이 없었던 것은 아니다. 오히려 정반대로 스승에게 더없이 따뜻한 존경심을 표했다.

플라톤 사망 이후에는 아카데메이아를 떠나 한동안 소아시아 북서쪽의 아소스Assos에서 살았으며, 그곳에 아카데메이아의 분원을 세웠다. 그리고 그 지방 통치자의 조카딸인 피티아스Pythias와 결혼했다(피티아스가 통치자의 정부였다는 추문이 있었지만, 그 통치자가 거세됐다는 소문이 돌았기 때문에 사실이 아닐 확률이 높다). 이후 아리스토텔레스 부부는 레스보스 섬으로 이주했다.

그리고 얼마 후 마케도니아의 필리포스 2세Philippos II, 재위 BC 359~336가 그리스 북부의 산악 지대에 위치한 수도로 아리스토텔레스를 초청했다. 왕은 그에게 열세 살인 왕자의 교육을 부탁했는데 이 왕자가 바로 알렉산드로스 왕Megas Alexandros, 재위 BC 336~323이다. 아리스토텔레스는 4년간 왕실의 가정교사로 그 지위를 누렸지만 이 경험 때문에 제국을 높이 평가하게 되지는 않았다. 그에게 이상적인 정치 단위는 여전히 그리스 도시국가였다.

기원전 335년에 아리스토텔레스는 아테네로 돌아와 도시 외곽에 리케이온Lykeion이라는 학교를 설립했다. 이곳에서 강의가 행해지자 이름난 학자와 사상가가 대거 몰려들었으며, 훌륭한 도서관도 지어졌다. 리케이온의 뜰에는 가로수와 그늘진 통로가 많아 햇빛을 피할 수 있었기 때문에 회원들은 종종 이곳을 거닐며 토론회를 개최했다. 이처럼 산책로를 오가며 강의와 토론을 했으므로 아리스토텔레스의 사상을 '소요逍遙학파'라고 부르기도 한다. 아리스토텔레스의 책들도 대부분 이 무렵에 나왔다. 플라톤의 아카데메이아가 종교적이고 신비주의적인 색채에서 완전히 벗어나지 못했다면, 리케이온은 연구와 정보 수집 센터로서의 성격이 훨씬 강했다.

기원전 323년에 알렉산드로스 왕이 죽자 그리스 전역을 통제해오던 마케도니아에 대한 반발이 더욱 거세졌다. 마케도니아와 관련이 깊었던 아리스토텔레스는 이러한 상황 때문에 고통을 받았고 결국 현명하게 아테네를 떠났다. 그리고 예순두 살이던 기원전 322년에 병사했다.

자연학과 형이상학

플라톤의 이데아론에 모든 사람이 만족한 것은 아니었다. 이데아론은 눈으로 지각할 수 있는 사물에 대한 이중적 사고방식이었고, 플라톤은 이를 통해 이 세상에 왜 그토록 많은 사물이 존재하는지를 설명하고자 했다. 그러나 이것만으로는 그 사물에 필적하는 수많은 형상(이데아)이 존재한다고 가정하기가 쉽지 않았다. 예컨대 형상 때문에 사물이 존재한다면 생성과 소멸을 설명하지 못한다. 따라서 플라톤이 형상과 그 외관이 되는 사물이 어떻게 부합하는지를 설명할 때는 낭만적인 연설 정도에 그치는 경우가 많았다.

아리스토텔레스는 플라톤 사상의 이런 약점을 자신의 보편자 universalia 이론으로 반박하기 시작했다.

보편자

'타지마할'이나 '알렉산드로스 왕' 같은 고유 사물을 지칭하는 단어가 있는가 하면 '침대', '책상', '개', '검다', '달콤하다' 등처럼 공통된 성질이나 보기를 지닌 사물을 지칭하는 단어도 있다. 보편자는 후자를 가리킨다. 아리스토텔레스는 실체substance와 보편자를 구별했는데, 실체는 고유명사에 해당하고, 보편자는 보통명사나 형용사에 해당한다. 보편자란 어떤 것이 그런 종류의 것으로 되게 하는 것을 가리키는데, 그렇다고 각각의 개별자를 뜻하는 것이 아니며 수많은 개별자가 공통으로 가진 것을 뜻한다. 예를 들어, 내가 공부할 때 앉는 의자와 내 침대 옆에 있는 의자, 정원에 있는 의자는 모양도, 재료도 다르다. 그럼에도 이것들은 '의자'로 인식할 수 있는 공통점이 있는데 이것이 바로 보편자다. 오늘날에는 이 같은 유사점이 실체에 대한 분석이나 형이상학보다는 언어와 관련이 깊다고 보는 경향이 많다.

본질

아리스토텔레스를 추종하는 철학자들은 본질essence이란 말도 자주 사용한다. 그런데 본질은 보편자와 동일한 것이 아니다. 여기서 본질이란 어떤 물체나 사건이 그 특성이 있음으로 해서 그것이 되게 하는 것으로, 그것이 그것이기를 그만두면 그 특성도 잃게 되는 것이다. 따라서 본질은 존재에 앞선다.

형상과 질료

아이들이 가지고 노는 점토에서 한 점을 떼어 공을 만들면 이 점토가 질료hylē가 되고 질료로 만든 공이 형상eidos이 된다. 이렇게 형상은 질료에 실체를 제공한다.

아리스토텔레스는 영혼은 육체의 형상이기 때문에 영혼은 각각의 육체를 육체이게 하며 육체에 그 목적을 제공한다고 말한다. 사물의 형상은 그 사물의 본질이며 제1의 실체다. 결국 형상은 실체가 된다. 그러나 보편자는 실체가 아니다. 즉 사물의 형상과 질료는 모두 그 사물이 만들어지기 이전에 존재한다.

형상이 없는 질료는 단지 가능태dynamis에 불과하다. 사물은 형상을 많이 가질수록 더 많은 현실태energeia를 갖는다. 가능태와 현실태에 관한 이러한 견해들은 아리스토텔레스가 변화를 설명할 때 매우 중요한 부분이다. 그는 존재에는 서열이 있다고 주장한다. 예컨대 쪼개지 않은 벽돌은 쪼갠 벽돌의 측면에서 가능태로 남아 있고 쪼갠 벽돌은 쪼개지 않은 벽돌의 측면에서 현실태로 존재한다. 그리고 쪼갠 벽돌은 집의 측면에서는 아직 가능태로 남아 있다. 따라서 아리스토텔레스가 변화를 어떻게 설명하는지를 이해하려면 반드시 '원인'에 대한 그의 주장을 먼저 살펴봐야 한다.

원인

아리스토텔레스는 원인을 네 가지로 구분했다.

질료인質料因은 사물을 구성하는 물질과 말을 구성하는 소리, 논리적 결론을 구성하는 증거 등을 말한다.

형상인形相因은 사물이 그 사물이게 하는 데 필요한 형상을 말한다. 예컨대 공은 질료인으로 고무가 필요하고 형상인으로 둥근 모양이 필요하다. 게임은 형상인으로 일련의 규칙이 필요하다.

작용인作用因은 어떤 사건이나 과정을 시작하게 하는 것을 말한다. 예를 들어, 어떤 사람이 기술자가 되라는 충고를 받아들였다면 그 충고는 그가 그와 같은 결정을 내리도록 만든 작용인이 된다. 또 다른 예로 어떤 사람이 교사에게서 시적 영감을 받았다면 그 영감은 그가 시에 흥미를 느끼도록 한 작용인이 되는 것이다. 그리고 누군가가 담배꽁초를 차창 밖으로 내던지는 바람에 산불이 났다면 그 담배꽁초가 작용인이 된다.

목적인目的因은 성취하고자 하는 목적이나 목표를 말한다. 이를테면 오늘 오후에 있을 훈련의 목적인은 '다음 주말 시합에서 이기는 것'과 같은 식으로 말할 수 있다.

목적론

사람들은 원인을 어떤 일이 일어나기 '이전에' 일어난 일이라고 생각한다. 예컨대 활활 타는 불의 원인을 '성냥을 켰기 때문'이라는 식으로 생각하는 것이다. 그런데 아리스토텔레스는 목적인을 가장 중요하게 생각했다. 즉 불이 타고 있는 것은 추위에 떨던 누군가가 몸을 따뜻하게 하려고 했기 때문이라고 생각하는 것이다. 이 경우 몸이 따뜻해진다는 '목적인'은 '불'이라는 사건이 일어난 '이후에' 일어난다. 따라서 원인을 일의 목적이란 측면에서 바라볼 수 있다. 이것이 바로 목적론teleology이다.

또 다른 예로 자연을 들 수 있다. 사람들은 보통 자연을 기계와 같다고 바라봄으로써 작용인의 측면에서 생각한다. 반면에 아리스토텔레스는 자연을 자신의 아이디어를 실현하기 위해 애쓰는 예술가와 같다고 생각했다.

이로써 아리스토텔레스가 형상과 질료, 원인 개념을 사용해서 어떻게 변화를 설명했는지 이해가 될 것이다.

모든 자연 현상에는 두 가지 기본 요소가 있는데, 하나는 변화에 영향을 받더라도 항상 동일하게 남아 있는 요소이고 다른 하나는 특성의 참된 변화다.

질료는 다양한 형상을 제공받는다. 특정 순간에 존재하는 물체나 사건의 형상은 그것의 현실태로서 바로 그 순간에 그것이 된다. 씨앗이 좋은 예다. 그러나 씨앗은 가능태 또한 갖고 있다. 따라서 모든 물체, 또는 사건은 그것의 질료와 형상을 동시에 고려할 때만 이해할 수 있다. 씨앗이 꽃이 되는 것처럼, 하나의 형상이 또 다른 형상으로 대체되면서 움직이고 변화한다. 결국 각각의 물체나 사건은 항상 어떤 상태로 존재함과 동시에 또 다른 어떤 상태로 변화하는 과정에 있다. 즉 '형상'이라는 변화의 측면과 '질료'라는 불변의 측면을 동시에 지닌다.

아리스토텔레스가 이런 주제들을 어떻게 생각했는지는 『자연학Physica』과 『형이상학Metaphysica』에 잘 나타나 있다. 특히 그는 인류의 언어에 '형이상학'이라는 말을 추가했는데, 이것은 '자연을 초월하는' 모든 것을 통칭한 아리스토텔레스의 사상을 지칭한다. 『형이상학』은 '자연학Physica 다음에meta' 책으로 묶여 있기도 했다. 따라서 이 두 가지 의미가 모두 형이상학의 어원으로 제기되고 있다.

논리학

지금의 시각으로 보면 아리스토텔레스의 논리학 연구 업적은 진부하지만 당시에는 감탄의 대상이었다. 그는 권위자가 되었고 그 누구도 그의 주장에 의문을 제기할 수 없었다. 물론 이는 철학적 사고방식이 아니었지만 실제로 그랬다. 그 탓에 아리스토텔레스 이후 논리학은 2,000년간 사실상 아무런 발전이 없었다.

아리스토텔레스는 주로 연역추리에 관심이 많았다. 이는 이미 입증된 일반 사실들을 통해 구체적인 사례나 또 다른 일반 사례를 논증하는 것이다. 이를 위해 그는 삼단논법을 사용했다. 이런 유형의 추론에서는 증거가 사실이고 논증 방법이 타당하면 결론은 반드시 참이다.

아리스토텔레스의 논리학 관련 저술을 최초로 편집한 사람들은 그의 논리학 연구 업적을 『오르가논Organon』이라는 표제 밑에 분류해놓았다. 오르가논은 '도구' 또는 '기관'이란 뜻이다. 아리스토텔레스 자신이 논리학을 지식이 아니라 과정으로 여겼으며, 내용과 관계없이 효력을 나타낼 수 있는 과정 또는 절차에 도달하고 싶어 했다.

ˎ연역추리

이제 좀더 전문적인 용어들을 살펴보자.

명제란 '그 강아지는 흥분했다'처럼 주어와 술어로 이루어진 문장을 말한다. 이때 주어는 '그 강아지는'처럼 말하는 대상을 가리키며 술어는 '흥분했다'처럼 그 대상에 관해 말하고 있는 것을 뜻한다. 명제는 한 집단에 속하는 구성원들이 또 다른 집단의 구성원이다, 또는 아니다라는 형식으로 되어 있어야 한다. 예컨대 앞의 명제에서 '강아지들' 집단의 이 구성원은 '흥분한 존재들'이란 집단의 구성원이기도 하다.

명제에는 다음과 같은 네 가지 유형이 있다.

모든 사람은 죽는다. (전칭 긍정)

어떤 사람은 죽는다. (특칭 긍정)

어떤 사람은 죽지 않는다. (특칭 부정)

어떠한 사람도 죽지 않는다. (전칭 부정)

명제는 참 아니면 거짓이다. 그리고 이런 명제를 증거로 삼아 결론을 내리는 논증 과정을 '추론'이라 한다. 주의해야 할 것은 명제는 참인 명제와 거짓인 명제가 있지만, 추론은 명제의 참·거짓에 관계없이 그 추론 자체가 타당한가, 부당한가의 여부가 중요하다는 사실이다.

삼단논법

아리스토텔레스가 선호했던 논증 형태가 삼단논법이다. 삼단논법은 세 개의 명제로 이루어지는데, 이 중 두 개가 증거로 제시되는 명제 즉 전제이며, 나머지 하나는 이 두 전제에서 도출되는 명제 즉 결론이다. 삼단논법의 예를 하나 들어보자.

모든 잠수함은 수중 선박이다.

모든 유람선은 수중 선박이 아니다.

따라서 모든 잠수함은 유람선이 아니다.

결론이 참이 되려면 두 전제가 모두 참이어야 하고 추론 역시 타당해야 한다.

귀납추리

그러나 처음부터 전칭적으로 참인 명제에 도달할 수는 없다. 전칭적으로 참인 명제를 도출하기 위해서는 귀납추리라는 또 다른 유형의 논증을 사용한다. 이는 개별적인 사례들을 토대로 그 사례들을 포함하는 일반 명제(전칭적으로 참인 명제)를 유도해내는 논증이다.

소크라테스는 사람이고 죽는다.

플라톤은 사람이고 죽는다.

아리스토텔레스는 사람이고 죽는다.

따라서 모든 사람은 죽는다.

귀납추리는 결론이 대체로 개연적이며, 이 결론으로 또 다른 결론이 추론될 수도 있고, 현실과 맞지 않아 시험대에 오를 수도 있다. 그래서 아리스토텔레스는 귀납추리를 발전시키지 않았고 결국 프랜시스 베이컨Francis Bacon, 1561~1626과 존 스튜어트 밀John Stuart Mill, 1806~1873이 등장하기 전까지 이 방법은 빛을 보지 못했다.

아리스토텔레스의 논리학은 매우 낡은 것이기 때문에 최근에는 배우는 사람들이 많지 않다. 오늘날 논리학을 배우고자 하는 사람들은 수학 개념을 도입한 기호 논리학을 배워야 한다. 아리스토텔레스의 논리학 연구 성과는 『분석론 전서Analytica priora』를 보면 자세히 알 수 있다.

아름다움을 강론한 아리스토텔레스의 미학은 『시학Poietica』에 담겨
있다. 아쉽게도 현재는 텍스트의 절반만 전해진다.

아리스토텔레스는 시란 인간의 삶을 보편성에 입각해 모방한 것이
라고 주장한다. 그리고 희극은 '추한 것'을 모방한 것이라 말한다(사
람들은 뭔가가 볼품없이 일그러지는 모습을 볼 때 웃는다는 것을 생각하면
이 말이 이해가 될 것이다). 반면 비극은 연민과 공포로써 감정이 정화
되는 것(카타르시스)을 목적으로 삼기 때문에 인간의 진지한 행위를
모방한 것이라고 말한다.

아리스토텔레스에 따르면, 비극에 등장하는 영웅이 성격상의 결함
으로 파멸의 길을 걷지만, 그럼에도 그 어떤 이들보다 고귀하기 때문
에 영웅이 된다.

비극에는 세 번의 중요한 순간이 있다. 운명의 반전, 결말을 야기
하는 결정적 요인의 발견, 그리고 영웅의 고뇌가 이에 해당한다.

『시학』의 대부분은 비극론이 차지하고 있으며 희극론 부분은 분실
되어 남아 있지 않다.

아리스토텔레스는 실체에는 세 종류가 있다고 가르쳤다. 동물과 식
물처럼 감각이 지각하지만 쉽게 소멸하는 실체가 있고, 별과 행성처
럼 감각이 지각하지만 소멸하지 않는 실체도 있다. 마지막으로 감각
이 지각하지도 소멸하지도 않는 실체가 있는데, 신이 이에 해당하고
인간 내부에 존재하는 이성적인 영혼도 이에 해당한다.

아리스토텔레스가 영혼은 불멸하다고 가르쳤는지는 그가 쓴 글이 모호하기 때문에 확실치 않다. 『영혼에 관하여De Anima』를 살펴보면 그는 영혼 윤회설을 비판하면서 영혼은 육체와 밀접한 관계를 맺고 있다고 주장한다. 육체는 인간의 질료이며 영혼은 그 육체의 형상이기 때문에 영혼은 육체의 본질이고 현실태며 목적이다. 한편 정신은 육체보다 우위에 있기 때문에 영혼 중에서 사색하는 부분에 속한다. 그는 또한 『니코마코스 윤리학Ethica Nikomacheia』에서 영혼을 이성적인 부분과 비이성적인 부분으로 나누었으며, 이성은 신성하기 때문에 이성과 조화를 이루는 삶 역시 신성하다고 말한다. 이런 삶을 영위하는 사람은 불멸하게 된다. 그러나 이것은 개개인의 불멸성이 아니라 신의 불멸성에 해당하는 얘기다. 개개인의 실체는 육체와 영혼의 비이성적인 부분과 연관되어 있기 때문이다.

물론 낯선 측면도 없지 않지만 영혼의 불멸성을 논한 아리스토텔레스의 사상은 현대의 독자들에게도 공감을 불러일으킨다. 예컨대 기독교는 초기 그리스 사상을 여럿 수용해서 기독교관을 형성했다. 따라서 소크라테스와 플라톤, 아리스토텔레스가 없었다면 기독교 신학은 지금과 꽤 다른 모습으로 발전했을 것이다. 그 후에도 기독교 사상가들은 기독교관과 세계관을 확립하기 위해 그리스의 사상 체계에 상당히 의존했다. 그 결과 기독교 문명이라는 거대한 체제를 일구어냈고, 현대 유럽과 미국은 물론 그 외 지역까지 지대한 영향을 미쳤다. 이 같은 전통은 현대를 살아가는 서구인들의 문화적 배경인 과학적 사고방식과 세속적인 전통, 인권 옹호 등을 낳았다.

아리스토텔레스는 또한 신의 존재를 입증하기 위한 논쟁을 전개했다. 그리고 훗날 중세의 위대한 철학자 토마스 아퀴나스Thomas Aquinas, 1225?~1274가 이 논쟁들을 발전시켜 정교한 형태를 확립했다. 유신론 논쟁으로도 알려진 이 문제는 아퀴나스 편에서 자세히 살펴볼 것이다.

중용

『니코마코스 윤리학』의 강론은 옳고 그름을 결정하는 원리를 탐구하는 윤리학에 중점을 두고 있다. 특히 아리스토텔레스는 행복을 토대로 삼고 강론을 펼쳤다. 인간에게 바람직한 삶은 무엇일까? 그는 행복한 삶이라고 말한다. 그럼 행복이란 무엇일까? 그는 행복을 "완전한 덕에 순응하는 영혼의 활동"이라고 정의한다. 행복은 목적이 아니라 활동인 것이다. 따라서 행복은 다양한 활동을 수반할 뿐만 아니라 이 활동에 열중할 수 있는 방법이다. 그럼 우리는 어떻게 행동해야 할까? 당연히 행복을 성취할 수 있도록 행동해야 한다.

이로써 우리는 아리스토텔레스의 가장 유명한 학설인 '중용中庸'에 다가가게 된다. 여기서 '중中'은 '편안함을 주는 균형'을 뜻한다. 예컨대 내가 술자리에 가서 술을 어느 정도 마셔야 할까? 아리스토텔레스라면 너무 적지도, 그렇다고 너무 많지도 않은 중간쯤으로 해서 적절하게 균형을 유지하라고 말할 것이다. 그렇다면 행동은 어떻게 해야 할까? 그 역시 너무 부끄러워 쥐 죽은 듯이 있지도, 그렇다고 너무 시끄럽게 떠들어대지도 않는 적절한 균형을 원할 것이다.

중용을 지키는 방법은 사람마다 다르다. 어떤 사람에게 바람직한 것이 다른 사람에게는 그렇지 않을 수도 있다. 따라서 중용은 어느 정도의 시행착오가 있을 수밖에 없다. 적절하게 행동하고, 양극단의 중용을 찾아야 한다. 양극단은 모두 악덕에 속한다.

용기는 두려움과 무모함의 중용이다. 또 관용의 덕은 방탕함과 인색함의 중용이다. 지나침은 수학적으로 계산할 수 있는 것이 아니다. 진실로 현명한 사람만이 명확하게 구분하고 중용을 찾을 수 있다.

이쯤 되면 중용에 관한 아리스토텔레스의 주장 대부분이 말장난의 형식을 취하고 있음을 알 수 있다. 즉 중용의 예를 들면서 재치 있고 우스운 예를 생각해내는 일이 얼마든지 가능하다. 예컨대 '예의 바른 행동이란 옳고 그름의 중용'이고 '덕이 높은 사람은 어리석음과 지혜로움의 중용으로 평범함을 실천한다'고 할 수 있다. 즉 중용은 이미 만들어져 있는 정형화한 규칙이 아니다.

아리스토텔레스의 윤리학은 신중한 사람의 상식관을 대표한다고 할 수 있다. 이 부류의 사람들은 자신의 가치를 알고 있고, 다른 사람도 그 가치를 알아주기를 기대하며, 여유와 교양으로 자신이 속한 사회에 봉사한다. 오늘날 아리스토텔레스의 윤리학이 새롭게 부각되고 있는데, 이는 사회가 점점 다각화하고 구성원의 배경이 다양해지면서 사람들이 서로 존중하고 조화를 이루는 새 삶의 방식을 확립해야 함을 절실히 느끼고 있기 때문이다. 이는 결국 서로 상충되고 때로는 모순되기조차 하는 요구들을 서로 타협해서 균형과 조화를 이룸으로써 해결할 수 있다.

그 외의 윤리규범

아리스토텔레스의 윤리학은 목적론에 기초하기 때문에 목적이나 목표를 중시한다. 그 외에도 고려해야 하는 중요한 규범이 몇 가지 더 있다. 예를 들어, 사람들은 특정 행동이나 제안이 그 자체로 정의롭고 선한지를 판단해야 한다. 그리고 제기된 행동은 반드시 선하고 정의로운 명분이 있어야 하며 그 목적 역시 바람직해야 한다. 그 행동에 따른 결과도 선해야 하고 제기한 것 이외에 초래될 가능성이 있는 결과까지 고려해야 한다.

정치학

아리스토텔레스의 정치사상은 당시에 가장 일반적인 정치 단위였던 도시국가에 초점을 맞추고 있다. 국사國事를 논하는 그의 사상은 『정치학Politica』에 잘 나타나 있다. 그는 정부의 메커니즘에는 거의 관심을 보이지 않았지만, 국가는 최고의 정치 및 도덕 유기체로서 가정과 개인보다 도덕적인 우위에 있다고 주장했다. 따라서 개인은 국가의 일부로 존재하지 않으면 자신의 목적을 실현할 수 없다.

국가는 개별 가정이 모여 이루어진다. 그리고 노예는 가정의 일부이며 전쟁 포로를 노예로 삼는 것은 정당하다. 열등하게 태어난 사람들은 그들보다 우수한 사람들의 지배를 받을 때 더 잘살 수 있다. 아리스토텔레스는 상업을 부정적인 시각으로 바라본다. 물건이란 단지 사용을 목적으로 만든 것에 불과하기 때문이며, 부富는 토지를 효율적으로 관리하기만 해도 자연스럽게 획득할 수 있기 때문이다.

그는 플라톤의 이상 국가가 내세운 공산주의도 비판한다. 그는 국가의 근간을 가정과 사유재산이라고 생각했기 때문에 가정을 폐지하는 것은 있을 수 없었다. 예컨대 아내를 공동으로 소유하면 가정을 돌볼 사람이 없게 되고 사유재산이 없으면 자비라는 덕목이 사라져

버린다.

　아리스토텔레스는 혁명을 미연에 방지하려면 세 가지가 필요하다고 주장한다. 첫째, 국가는 교육의 중요성을 선전해야 한다. 둘째, 통치할 때 법과 정의를 존중해야 한다. 법과 정의는 바람직한 정부의 본질로서, 법에 근거한 통치가 이루어질 때만이 시민들이 자발적으로 구성한 정부가 나올 수 있다. 셋째, 국가는 경제적으로 자립을 유지할 수 있을 만큼 커야 하는 동시에, 시민들이 서로를 알 만큼 작아야 한다.

　시민들은 자신에게 유용한 것을 교육받아야 하지만 그 교육의 목적은 덕을 갖추는 것이다. 당시 그리스인들에게 덕은 '인간의 우수성'을 뜻하는 말이었다. 아리스토텔레스는 토지를 소유한 자만이 시민의 자격이 있다고 했다. 이들은 노예 제도 덕택에 토지를 경작하지 않아도 됐고 우수한 교육을 받은 이들로, 여가를 활용하고 교양과 덕이 있는 사람들이며 정부가 책임을 다하고 덕을 실행할 수 있도록 돕는 역할을 한다.

국가 정체 분류

아리스토텔레스의 국가 정체政體 분류는 매우 유명하다. 당시에 158개 국가 정체를 (오늘날 표현을 빌리자면) '데이터베이스'화했다. 다만 아테네의 정체 이외에는 모든 자료가 소실되었다.

　아리스토텔레스는 이 정체들을 여섯 가지 큰 유형으로 다시 묶었다. 첫 번째 분석에서 그는 크게 참된 국가와 타락한 국가를 구별했다. 우선 덕을 목표로 삼는 참된 국가가 있는데, 이 국가는 시민 다수의 선을 추구한다. 반면에 타락한 국가는 다수의 희생을 바탕으로 권력과 부, 지배계급의 복지를 추구한다. 두 번째 분석으로 넘어가면, 첫 분석의 결과로 나온 두 부류를 각각 세 유형으로 다시 분류한다. 즉 권력이 한 사람에게 집중된 국가, 소수의 사람이나 가문에 집중된 국가, 그리고 다수의 시민에게 집중된 국가로 구별한다.

	참된 국가	타락한 국가
한 사람이 권력을 행사하는 국가	군주정	독재정
소수의 사람이 권력을 행사하는 국가	귀족정	참주정
다수의 사람이 권력을 행사하는 국가	혼합정	민주정

아리스토텔레스는 권력에는 부와 최대 다수의 복지가 요구됨을 인식했다. 여기서 부는 권력의 절대적인 요건은 아니지만 여가와 혈통, 교육 등에서 중대한 결과를 초래한다. 의사 결정에 영향을 받는 사람의 수 역시 중요하며 절도 있고 진지한 시민의 의견도 반드시 필요하다.

아리스토텔레스는 덕을 갖춘 군주는 "다수의 사람 속에 존재하는 신"이라고 생각했기 때문에 덕을 갖춘 군주정을 최고의 정체로 여겼다. 그가 민주정을 사악한 형태의 국가 정체로 여겼다는 사실에 놀라는 사람도 있을 것이다. 하지만 그의 분류에서 오늘날 민주정이라고 불리는 것과 거의 유사한 것을 고르자면 그것은 '혼합정polity'이다. 즉 그가 당시에 사용했던 '민주정'은 선동 정치나 폭도의 통치를 의미했다.

오늘날 민주주의는 아리스토텔레스가 살았던 당시에는 없던 요소들을 많이 포함한다. 개인 인권, 사법부 독립, 공평한 법의 독립적이고 보편적인 운영, 소수자 보호, 공공 정책을 토론하고 장기 계획을 세우기 위해 유권자의 권한으로 선출된 의회, 그리고 이런 정책을 실행하는 행정기관 등이 좋은 예다. 이 기관들은 쉽게 변하는 변덕스러운 군중 심리에 영향받지 않고 독립적으로 운용되는 것을 지향한다.

철학자 바라보기

'이성적 논증'이라고 하는 철학적인 측면에서 살펴보면, 아리스토텔레스는 플라톤에게 있던 신비주의 요소를 배제했다는 점에서 스승보다 한층 진일보했다고 할 수 있다. 만약 이를 진보라고 말할 수 있는지 의구심이 든다면, 다른 사상가들이 인간이란 존재를 이해하는 과정에서 어떤 신비주의 요소에 바탕을 두고 자신의 주장을 피력하는지 한번 유심히 살펴보라. 게다가 아리스토텔레스가 쓴 책들은 (플라톤의 책들 같은) 대화체 형식이 갖는 극적인 요소와 산만함이 없기 때문에 훨씬 체계적이고 과장도 덜하다.

오늘날 물질을 분석하는 방법은 당시와 다르기 때문에 아리스토텔레스의 자연학과 형이상학 대부분이 낯설게 느껴질 것이다. 그러나 그가 자연학과 형이상학을 통해 비판성과 객관성을 겸비한 어휘를 도입하려고 시도한 최초의 인물이었다는 점에 상당한 의의가 있다.

그리고 자연학, 형이상학, 논리학, 윤리학 등을 통해 당시에 이미 20세기 분석철학자들의 과제가 무엇인지도 보여주었다. 그것이 바로 언어 비평인데, 사람들이 언어의 구조에 속아 존재하지도 않는 문제를 상상하는 일을 방지해준다.

아리스토텔레스의 논리학은 오늘날 부적절한 것으로 간주하지만 사고의 법칙을 최초로 체계화했다는 점에서 의미가 있다. 그중에서도 원인을 분석하는 그의 능력은 굉장히 탁월했다. 특히 작용인 개념은 아직까지도 현대 과학에서 활용하고 있다. 추리소설만 읽어봐도 원인 분석이 얼마나 중요한지 알게 된다. 또 목적론이나 목적인 개념은 오늘날 생물학자와 진화론자들이 중요한 연구 도구로 사용하고 있다. 물론 18세기에 데이비드 흄David Hume, 1711~1776이 나타나 인과관계 개념 전반에 의혹을 제기해 현대의 수많은 과학자에게 골칫거리를 안겨주고 있기는 하다(이에 대해선 8장에서 살필 예정이다).

아리스토텔레스는 영혼의 활동 중에서 명상을 최고로 쳤는데 이 점을 어떻게 생각하는가? 명상보다 더 높은 가치를 지닌 활동이 따로 있지 않을까? 영혼을 대하는 아리스토텔레스의 견해는 현대를 사는 우리에게 낯설뿐만 아니라 기독교 신학과 현대 심리학 때문에 상당히 변형되기까지 했다. 그러나 아리스토텔레스가 정립한 일부 용어들은 아직도 쓰이고 있다.

현대 윤리학에서 가장 널리 퍼진 학설이 공리주의인데, 공리주의는 아리스토텔레스가 강조했던 행복과 최대 다수의 중요성 개념을 모두 수용한다. 따라서 공리주의자들은 아리스토텔레스에게 감사해야 한다.

아리스토텔레스의 윤리학은 지금도 새롭게 조명받고 있다. 현대 사상가들이 빈번하게 '거대 담론', 즉 모든 것을 총괄해서 설명하려는 학설에 불신을 표명하고 대신에 '개별 사례'를 통해 도덕적 의사 결정에 접근하는 방법을 선호하기 때문이다. 아리스토텔레스의 윤리 사상은 '비본질주의'에 해당하기 때문에 유익하다고 여겨지는 것 같다.

아리스토텔레스의 정치사상은 대부분 구시대적이며, 고대 그리스인들이 사용했던 언어도 상당히 변형되어 오늘날에는 전혀 다른 의미로 사용된다. 그럼에도 규모가 작은 도시국가에 대한 아리스토텔레스의 관심은 현대의 지역 민주주의와 일맥상통하는 점이 많다. 예컨대 현대 유럽연합의

특징인 '보충성의 원칙'처럼 오늘날에는 인접 지역의 복지에 책임을 느끼는 공동체가 중요시되고 있는데, 아마도 아리스토텔레스가 살아 있다면 대단한 관심을 보였을 것이다. 따라서 이와 유사한 사안을 다루는 그의 사상을 살펴보는 것이 오늘날에도 많은 도움이 될 것이다.

그는 여가가 명상은 물론 의견을 교환하는 시간을 제공하기 때문에 여가 증진이 매우 가치 있는 활동이라고 생각했다. 그리고 여가 시간을 통해 자유 시민들이 국가의 통치와 사법부의 행정, 그리고 전시의 국가 방어에 참여할 수 있다고 생각했다. 그렇다면 여러분은 아리스토텔레스가 제시한 여가의 이런 가치에 동의하는가? 그리고 국가를 통치하고 방어하는 일과 사법 체제를 운영하는 일은 누가 담당해야 한다고 생각하는가? 그럼 그들을 누가, 어떻게 지지해야 한다고 생각하는가?

아리스토텔레스의 시각이 인류사에서 너무 오랫동안 세력을 떨쳤다고 생각하는가? 만약 그렇다면 그것은 그의 잘못이 아니라 후대 사상가들 잘못이다. 이들은 아리스토텔레스가 중요시했던 비판 정신을 따르지 않았고 독단에 빠져 있었다.

아리스토텔레스의 영향력은 대단하다. 그가 세운 리케이온은 로마 제국이 기독교를 국교화할 때까지 유지되다가 그 직후에 이교도 교육의 중심지라는 이유로 폐쇄되었다. 플라톤의 저서들이 꾸준히 알려지고 기독교 사상의 근간으로 채택되어 더욱 발전한 반면, 논리학 저서를 비롯한 아리스토텔레스의 저서 대부분은 소실되고 잊혔다. 그래서 중세 초기의 사상가들은 아리스토텔레스가 이미 다루었던 문제들을 원점에서부터 해결하느라 안간힘을 썼다. 그러나 그의 저서를 높이 평가해서 소중히 간직한 곳이 있었으니, 바로 이슬람 세계였다. 특히 바그다드의 유명 교육 기관들은 그의 저서를 보존하는 데 크게 이바지했다. 사실 아리스토텔레스의 사상은 서구 기독교 학자들과 이슬람 학자들의 접촉이 활발해지기 전까지는 유럽 세계에 거의 알려지지 않았다. 이러한 접촉은 주로 스페인의 이슬람 문화 중심지들을 통해 이루어졌다.

영국의 철학자 버트런드 러셀Bertrand Russell, 1872~1970은 사람들에게 그리스인을 미신적인 경외심으로 바라보는 경향이 있음을 인식했다. 그러나 러셀은 그리스인들의 정신적인 기질이 과학적이기보다는 추상적이라고 생각했다. 그리스인들은 귀납 추론으로 새로운 사실을 입증하기보다는 자명한 사실에서 연역 추론을 이끌어내는 경향이 강했기 때문이다. 그럼에도 그들은 현대 과학에 꼭 필요한 기하학을 정립했다. 그리고 철학계를 지배해온 거의 모든 가설을 수립한 장본인이었으며, 가설 수립 과정에서 종교와 추론, 도덕적 영감과 논리를 융합했다.

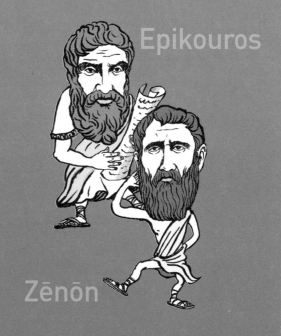

에피쿠로스와
제논 올바르게 사는 법

Epikouros

Zēnōn

에피쿠로스

제논

에피쿠로스

에피쿠로스와 제논은 후기 그리스 사상을 대표하는 사상가들이다. 거의 동시대에 살았던 이들은 각각 철학계의 새로운 경향을 구축했으며 수 세기 동안 지속적으로 대중의 관심을 받았다.

에피쿠로스는 에피쿠로스 철학, 또는 쾌락주의hedonism로 알려진 자신의 사상을 확립했다. 그러나 오늘날 사람들이 사용하는 의미의 쾌락주의를 가르쳤던 것은 아니다. 또 순전히 철학적 측면에서만 보면 그의 사상은 후대의 문하생들에 의해 변경된 것이 거의 없다. 사상에 약간 변화를 주었다.

에피쿠로스의 생애

에피쿠로스는 에게 해에 있는 그리스 섬 가운데 터키 해안 가까이에 위치한 사모스에서 기원전 342년경 태어났다. 열여덟 살에 아테네로 건너가 군에서 복무했고 이후 그리스의 여러 도시를 돌며 수많은 교사들에게서 배웠다. 30대 중반에 다시 아테네로 돌아온 그는 철학 학원을 열었다.

그런데 이 학원은 좀 유별났다. 건물이 마치 정원을 벽으로 둘러싸 놓은 것처럼 보였고, 떠들썩한 도시의 소음을 차단할 수 있었다. 에피쿠로스는 유언을 통해 사후에 학원을 자신의 추종자들에게 양도했다. 그는 아주 엄격한 교사였다. 자신의 가르침을 학생들에게 암기하도록 했으며 만약 자신이 쓴 것을 바꾸거나 의문을 제기하면 배반 행위로 여겼다. 이것은 철학자에게 치명적인 결점이 아닐 수 없다.

에피쿠로스의 저서 중에 지금까지 전해 내려오는 것은 거의 없다. 어떤 고대 작가는 그가 300권이 넘는 책을 썼다고 단언했지만 지금은 단지 몇 권만이 남아 있을 뿐이다. 그의 가르침을 알 수 있는 주요 출처로 로마의 시인인 루크레티우스Lucretius, BC 94?~55?를 꼽는다. 루크레티우스가 쓴 시의 내용들이 300년 전 자신의 스승이 쓴 글을 거의 그대로 보존하고 있었기 때문이다. 에피쿠로스의 주요 사상은 인간은 영혼의 평화를 통해서 죽음과 신을 두려워하는 마음으로부터 자유로워질 수 있게 도움을 받아야 한다는 것이다.

에피쿠로스는 말년에 상당한 고통을 받았지만 이를 유쾌하게 참아냈다. 또 첫 제자 가운데 한 사람인 메트로도로스Metrodoros의 자녀들을 돌봐주어야 한다는 자신의 주장을 끝까지 고수했다. 이것은 그의 학원이 단순한 학원이 아니라 오히려 공동체에 가까웠다는 점을 시사해준다. 즉 그곳에서는 어떤 부류에 속하든지, 어떤 처지에 놓여 있든지 함께 우정을 공유하는 사람이라면 누구나가 학생이 될 수 있었다. 따라서 제자들과 친구들, 자녀들은 물론 심지어 노예와 매춘부까지 그곳 학생이었다. 생활방식 역시 매우 검소했으며 빵과 물만으로 식사하는 일이 있을 정도로 식단도 간소했다. 간혹 주연이 벌어지면 치즈를 제공하기도 했다. 아마 이와 같은 단출한 식단 때문에 에피쿠로스의 건강이 점차 악화되었던 것 같다. 에피쿠로스는 기원전 270년에 사망했으며 결혼은 하지 않았다.

에피쿠로스는 소심하고 모험심도 없었으며, 자기중심적인 성격에 겁도 많았다고 한다. 아마 오늘날 태어났다면 자신의 모든 재산을 은 행에 쏟아 붓고는 인생을 즐기지도 못하면서 살았을 것이다.

쾌락주의

쾌락주의는 쾌락만이 유일한 선이라고 가르친다. 플라톤은 선한 삶과 쾌락의 관련성을 부인했고, 아리스토텔레스는 쾌락이 행복에 어느 정도 기여해야 한다고 생각했다. 그러나 쾌락주의자는 쾌락 이외의 선은 없다고 주장한다. 그렇다고 해서 쾌락주의자들이 무절제한 쾌락을 주장한 것은 아니다. 그들은 절제된 쾌락을 추구하면서 삶을 영위하는 방법을 주로 가르쳤으며, 쾌락을 극단으로 추구하면 의심할 여지 없이 고통만 초래한다고 생각했다. 예컨대 술에 만취해서 쾌락에 지나치게 탐닉하면 숙취 탓에 고통을 겪을 것이 분명하다. 하지만 술을 적당히 즐기면 고통 없이 쾌락을 느낄 수 있다. 따라서 에피쿠로스 철학은 쾌락을 추구하는 삶을 영위하면서도 쾌락 때문에 불쾌한 대가를 치르는 일은 없어야 한다고 설파한다. 만약 쾌락이 나중에 고통을 초래한다면 쾌락을 추구하기보다는 고통을 피하는 것이 우선이라고 강조한다.

쾌락

에피쿠로스 철학의 주요 논점은 '마음의 평정(아타락시아ataraxia)'에 있었다. 쾌락은 최고의 선이었으며 여기에는 미각, 촉각, 청각, 시각, 후각 등 육체와 관련된 모든 쾌락이 포함되었다. 특히 위장의 쾌락을 무엇보다 중시했다. 정신과 관련한 쾌락은 차선이었으며, 정신적 쾌락의 주된 부분 역시 육체의 쾌락을 꾀하는 것이었다.

이 같은 태도는 고통을 염두에 두지 않고 쾌락을 고려할 수 있다는 이점이 있었다. 그럼에도 쾌락주의자들은 쾌락을 추구할 때 신중을 기하는 것을 '덕'으로서 숭상했다. 한편, 정의는 다른 사람들이 화내는 것을 두려워하지 않고 행동하는 것을 의미했는데, 이는 다소 한계가 있고 인색한 관점이라 할 수 있다.

역동적인 쾌락과 정적인 쾌락

초기의 쾌락주의자들은 쾌락을 동적인 쾌락과 정적인 쾌락으로 나누어 생각했다. 동적인 쾌락은 소망하는 목적을 달성하려고 착수할 때 일어난다. 그런데 뭔가를 바란다는 사실은 그 뭔가가 부족하다는 뜻이기 때문에 고통으로 간주된다. 반면에 정적인 쾌락은 균형 상태에 있을 때 일어난다. 이는 곧 더 이상 부족한 것도, 바라는 것도 없기 때문에 사람들이 현재 상태에 머물고 싶어 함을 뜻한다. 예컨대 동적인 쾌락이 사람들이 목마를 때 물을 마시는 거라면, 정적인 쾌락은 현재 목이 마르지 않다는 것이다.

에피쿠로스는 사람들이 정적인 쾌락 상태에 있을 때 더 잘 산다고 생각했다. 정적인 쾌락이 순수한 것인 데다, 뭔가를 열망하는 상태에서 겪는 고통이 없기 때문이다. 그는 항상 정적인 쾌락을 추구했으며 뭔가를 달성하지 못해서 초래되는 고통에 좌우되지 않았다. 그리고 자극적인 감각이 아닌 평온한 쾌락을 추구했다. 예컨대 성적인 쾌락은 선한 것이 아니고 종종 해롭기까지 하기 때문에 그는 성적인 쾌락을 강력하게 반대했다.

고통을 피하라

에피쿠로스 철학의 본질은 쾌락 추구보다 '고통 없는 상태'를 우선시한다는 점에 있다. 따라서 부와 명예, 성공은 행복하다고 느끼는 순간에도 사람들을 불안에 떨게 하기 때문에 모두 쓸데없는 것이었다. 철학은 지식을 추구하는 것이라 생각한 플라톤과 아리스토텔레스는 수학과 논리학 같은 엄격한 지식 훈련을 요구했다. 그러나 에피쿠로스에게 철학은 일반 상식을 요구하는 실용학이었다.

에피쿠로스는 제자들에게 모든 형태의 문화에서 도망치라고 조언했다. 따라서 제자들은 공직을 맡아서는 안 되었다. 예컨대 누군가가 성공해서 권력을 잡게 되면 그를 질시하는 사람들과 해를 가하는 사람들이 생길 것이 뻔했다.

에피쿠로스는 우정을 소중히 여겼기 때문에 친구들을 위해 수고를 아끼지 않는 경우가 많았다. 만약 그가 자신의 규칙을 엄격하게 지켰다면 훨씬 이기적으로 행동했을 텐데 말이다. 그는 대중의 고통에 대단히 민감했고, 사람들이 자신의 철학으로 안락함을 찾기를 바랐다.

그러나 에피쿠로스는 무엇보다도 두려움에서 벗어나길 원했다. 그에게 가장 큰 두려움은 신과 죽음이었다. 그리스인들은 사후 세계를 매우 불명료하게 인식하고 있었고 더 자세히 알고 싶어 하지도 않았다. 그들은 죽은 이를 행복하다고 묘사한 적도 거의 없었다. 예컨대 호메로스Homeros, BC 800?~750의 『오디세이아Odysseia』처럼 사후 세계를 방문해서 알고 지냈던 사람들을 만나고 온 영웅들의 이야기를 보면 한결같이 죽은 이를 불행하게 묘사했다. 종교 역시 거의 예외 없이 죽은 이들이 불행하다고 보는 관점을 취했다. 따라서 에피쿠로스에게 종교는 위안의 근원이 아니라 두려움의 근원이었다. 만약 사람이 영원불멸하다면 두려움이나 고통에서 결코 자유로울 수 없기 때문이었다.

유물론자였던 에피쿠로스는 만물이 물질로 이루어져 있다고 믿었다. 즉 세계는 원자와 허공으로 구성되어 있으며, 원자가 허공에 떨어지면 원자들끼리 서로 충돌해서 물체가 생성된다. 영혼 또한 물질이기 때문에 사람이 죽으면 육체와 분리되어 영혼의 원자들이 사방으로 흩어진다. 신들은 존재하지만 지각 능력이 있는 쾌락주의자이기 때문에 자신들의 쾌락을 구하거나 고통 없는 상태를 추구하는 데 전념한다. 또한 인간사에 관여하지 않고, 현명하게도 공개된 삶은 회피한다. 따라서 인간이 신을 두려워할 이유가 전혀 없다.

유물론
물질 이외에 그 어떤 것도 존재하지 않을 뿐만 아니라 모든 사고나 감정, 정신, 의지 등이 물리적 실체의 측면에서 설명될 수 있다고 주장하는 철학 이론.

제논

제논은 스토아철학stoicism을 구축했다. 스토아철학은 에피쿠로스 철학보다 더 큰 영향력을 행사했고 다양하게 해석되고 변형되었다. 제논은 에피쿠로스와 함께 윤리학의 발전에 끼친 공로가 매우 크다.

제논의 생애

스토아Stoa 학파를 만든 제논은 기원전 336년경에 키프로스Kypros에서 태어났다. 그는 페니키아인으로 추정되며 기원전 264년에 아테네에서 사망했다. 부친은 무역업에 종사했는데, 제논 역시 한동안 부친과 함께 일했다. 제논이 아테네에 온 것은 스무 살 때였다. 그는 크세노폰과 플라톤이 소크라테스에 대해 쓴 글을 읽고는 소크라테스를 기억하는 그들에게 깊은 감명을 받았다. 특히 소크라테스가 재판에서 보여준 의연함과 부당하게 사형 선고를 받았을 때 보여준 침착함, 사치에 대한 조소, 육체를 편안하게 해주는 것들에 대한 무관심함에 감탄했다.

그는 키니코스학파Cynics에 매력을 느꼈지만 아테네에 있는 여러 철학자의 말에 귀를 기울였고 마침내 서른다섯 살 때 자신의 학원을 설립했다. 제논이 쓴 글들은 지금 거의 남아 있지 않다.

스토익stoic이란 말은 '회랑'이란 뜻의 그리스어 스토아stoa에서 왔다. 이는 제논이 차양이 있는 아테네 회랑 스토아 포이킬레stoa poikile('채색된 회랑')에서 강론을 폈기 때문이었다. 스토아철학은 오랫동안 지속되면서 다양하게 변화했고 로마에 매우 손쉽게 이식되었다.

제논의 사생활은 오늘날 알려진 게 거의 없다. 사망 원인은 자살로 추정된다.

스토아철학

스토아철학은 기독교가 출현하기 이전의 고대 세계에서 가장 영향력이 컸던 윤리학설로, 혼동과 분열에 빠져 있는 세상에서 개개인이 어떻게 구원받을 수 있을지 조언해준다. 스토아철학은 선과 악이 자아에 달려 있다고 한다. 따라서 선과 악이 아닌 그 외의 것들이 개인을 지배할 수 있는 힘이 있어 고문이나 투옥, 노예 신분 등을 강요할지라도 개인이 초연하기만 하면 그러한 힘은 전혀 힘을 발휘할 수 없다. 덕은 의지 속에 존재하며, 그 의지만이 선하거나 악할 수 있다.

쾌락주의와 달리 스토아철학은 상당한 발전을 거듭했고 변형된 이론도 많았기에, 그 정통성이 엄격하게 지켜지지 않았다. 여기서는 제논의 학설을 간략하게 살펴보는 것으로 만족하자.

제논의 유물론

제논은 형이상학에 토대를 둔 추상 관념들을 좋아하지 않았다. 그는 유물론자였고, 감각이 보여주는 징표들을 결코 의심하지 않았다. 현실 세계는 형체가 있는 물질로 이루어져 있으며 신과 덕, 정의도 마찬가지라고 주장했다. 즉 그에게는 모든 것이 형체가 있는 물질이었다. 물론 이런 주장이 이상해 보이기는 하다. 다만 우리는 제논이 유물론자였고, 그의 주장에 흠집을 내려는 교활한 시도들이 있을 때마다 항상 그가 유물론자였다는 식의 답변이 나온다고 추론할 뿐이다. 게다가 제논은 이런 것들을 중요하게 여기지도 않았다.

스토아학파의 자연학은 오늘날 중요시되지는 않지만 고대인들의 사고방식을 이해할 수 있는 통찰력을 제공한다. 스토아철학에서는 원래 이 세상에는 불이 단독으로 존재했고 그 후에 공기, 물, 땅 같은 물질들이 생겨났다고 한다. 즉 제논은 일종의 우주 결정론cosmic determinism을 강론했다. 이는 모든 것이 엄격한 법칙으로 통제되고 과거와 현재에 일어난 모든 일은 결국 다시 일어나며, 그 순환은 한 번으로 끝나지 않고 여러 번 반복되고 결국엔 끊임없이 되풀이된다는 것이다.

스토아철학은 형이상학적 사색이나 지식을 다루지 않는다. 그 대신 개개인에게 어떻게 해야 바람직한 삶을 영위할 수 있는지를 충고해준다. 스토아학파의 형이상학과 논리학은 많은 변화를 겪지만, 윤리학만큼은 역사 속에서 꽤 오랜 시간 변함없이 지속되었다.

스토아학파의 덕

스토아학파의 철학은 에피쿠로스 철학과 마찬가지로 그리스의 쇠퇴기에 등장했다. 그리스의 오랜 패권이 쇠하고 권력이 재편성되자, 마침내 도시국가 시절이 막을 내리고 거대한 제국이 출현했던 것이다. 그 시작이 바로 알렉산드로스 왕이 세운 제국이었다. 스토아학파는 제자들에게 이런 외부의 동향에 무관심하라고 가르쳤다.

스토아철학은 세상의 모든 것이 자애로운 신의 통제를 받는다고 말한다. 또 인간과 관련한 모든 것에는 목적이 있다고 주장한다. 이 자애로운 신은 이 세상의 영혼으로서 개개인에게 신성한 불꽃을 선사한다. 자연이 인간을 존재하게 한 장본인이기 때문에 자연과 조화를 이루는 것이 바람직한 삶이 된다. 개개인의 의지는 자연에 복종해야 한다. 따라서 덕은 개개인의 의지가 자연이 원하는 목적으로 나아갈 수 있게 돕는 데 있다. 원래 고대 그리스인들에게 덕은 인간의 우수함을 실행하는 것을 뜻했지만 시간이 흐르면서 그 뜻이 많이 바뀌었다.

결정론과 자유

오늘날의 시각에서 스토아철학의 가장 중요한 핵심은 '결정론'과 '인간의 자유'다. 스토아철학은 덕을 개개인의 삶에서 가장 중요한 것으로 손꼽는데, 건강과 부, 행복 추구 따위는 중요시하지 않는다. 이 덕은 인간의 의지 속에 존재한다. 예를 들어, 사람에 따라 가난할 수도, 아플 수도, 박해받을 수도 있지만 외부 요인은 단지 외부적인 것에만 영향을 미칠 수 있다. 따라서 인간은 그릇된 열망에서 해방되어 이에 무관심할 수만 있다면 완전한 자유를 누릴 수 있다. 외부의 힘은 결코 개개인의 덕을 빼앗아 갈 수 없다.

스토아철학은 선과 악이 오직 자아에 달려 있기 때문에 모든 외부 요인에 무관심해지는

결정론

모든 사건이나 행위 또는 결정 등이 앞서 일어났던 일의 필연적인 결과이며 인간의 의지로는 이를 바꿀 수 없다고 주장하는 철학 이론.

방법에 집중한다. 이 방법을 배우면 어떤 외부 사건도 힘을 발휘할 수 없다. 선하거나 악할 수 있는 것은 오직 의지뿐이다. 따라서 스토아철학은 선하고 악한 것을 개개인의 책임으로 돌리며, 사회는 결과가 어찌 되든 책임이 전혀 없다고 본다.

무관심의 윤리학

스토아학파는 냉담한 철학, 즉 무관심의 윤리학을 대변한다. 따라서 열정은 모두 비난의 대상이다. 대신에 공공의 삶에 적극 참여하는 것이 개인의 의무가 된다. 공공의 삶이 덕을 따르고 정의를 증진하며 용기와 결의를 실천하는 기회를 제공하기 때문이다. 그러나 이 모든 것은 덕을 갖추기 위함이다. 다른 사람들을 돕거나 행복을 추구하며, 공동체가 활기차고 창의적이고 유익하게 운영되도록 한다는 생각은 중요하지 않다.

　그럼에도 스토아철학 추종자들은 온화하고 자애로웠으며 사회봉사에 헌신했다. 로마의 작가인 세네카Seneca, BC 4?~AD 65와 로마의 황제 마르쿠스 아우렐리우스Marcus Aurelius, 121~180 둘 다 스토아철학자였다.

쾌락주의의 본질을 이루는 사상은 두 가지 근거에서 비롯된다. 첫째, 인간의 행위를 심리적으로 풀어보면 인간이 무엇을 하든 그 동기는 항상 쾌락에 있다는 것이다. 예컨대 한 개인이 사랑하는 사람들을 구하고자 자신을 희생한다면 그 행위의 동기는 그들이 안전하다거나, 더 잘 살게 된다거나, 혹은 더 행복해한다는 사실을 앎으로써 생기는 쾌락에 있다. 둘째, 인간은 '쾌락을 추구해야 한다'는 판단으로, 쾌락만이 중대한 가치를 지닌 유일한 것이라고 본다.

쾌락주의는 인간이 행하는 모든 유형의 의식적·고의적 행동에 단 한 가지 이유만을 내세운다는 이점과 간결함이 있다. 여기에는 내재적으로나 도구적으로 가치 있는 모든 목표가 포함된다. 쾌락주의는 인간이 의식적으로 하는 모든 행동을 단 한 가지 목표, 즉 쾌락으로 설명한다. 인간의 궁극적인 목표 자체를 쾌락으로 보기 때문이다.

그런데 인간의 궁극적인 목표가 과연 쾌락 추구일까? 만약 어떤 사람이 사업에 성공하고자 열심히 노력한다면 궁극적으로는 성공이 그에게 쾌락을 제공할 것이다. 그러나 만약 그가 결혼해서 가정을 꾸린다면 결혼과 가정이 궁극적으로 쾌락이라는 유일한 목표를 위해 존재한다고 말할 수 있을까? 인간의 행동을 유발하는 동기는 그보다 좀더 복잡하다고 생각하지는 않는가?

만약 우리가 계속 쾌락주의를 고수해, 개개인에게 쾌락은 성공과 돈, 섹스 따위를 뜻한다고 주장한다면 어떻게 될까? 더 이상 인간의 행동을 가치중립적으로, 체계적으로 기술할 수 없게 될 것이다. 그것은 "사람들은 자신이 원하는 것을 원한다"고 말하는 것과 마찬가지기 때문이다. 또 윤리적인 사고의 수준을 '개개인이 원하는 것' 정도로 격하시키기 때문이다. 그러나 우리는 무인도에서 홀로 사는 것이 아니기 때문에, 즉 사회에서 고립된 존재가 아니라 타인과 더불어 살아가기 때문에 도덕을 늘 염두에 두어야 한다. 예컨대 "나는 무엇을 해야 하는가?", "이것이 다른 사람에게 어떤 영향을 미칠까?", "내 주변에 있는 사람들은 도대체 무엇을 해야 하는가?"와 같은 질문을 던져야 한다. 그리고 이 질문들은 본질적으로 같다.

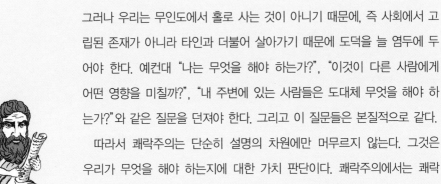

따라서 쾌락주의는 단순히 설명의 차원에만 머무르지 않는다. 그것은 우리가 무엇을 해야 하는지에 대한 가치 판단이다. 쾌락주의에서는 쾌락을 추구하는 삶이 바람직한 삶이고 따라서 사람들은 쾌락을 얻을 수 있도록 행동해야 한다고 말한다. 그런데 에피쿠로스는 쾌락이 고통을 수반하기도 한다고 말한다. 예컨대 흡연은 많은 사람에게 중독성이 강한 쾌락을 제공하지만, 흡연을 하지 못하게 되면 아무것도 할 수 없는 사람들도 있으니 이런 경우엔 흡연을 고통이라고 봐야 하지 않을까? 게다가 흡연은 다른 사람에게 해를 끼친다. 따라서 흡연이 쾌락이라면 우리는 쾌락을 추구하는 삶이 바람직한 삶이라고 말할 수 없다.

쾌락을 추구하는 삶은 그에 따르는 고통과 분리할 수 없을 때가 있다. 게다가 우리는 쾌락만이 아니라 지켜야 할 의무도 있다. 그런데 이 의무가 단조롭고 짜증 날 수 있다. 그럼 사람들은 '고통을 피하기 위해' 자신의 의무를 소홀히 해도 될까? 예를 들어보자. 어떤 시민이 돈을 지출하는 '고통'을 피하기 위해, 혹은 탈세의 '쾌락'을 추구하기 위해 세무 공무원에게 편의를 봐달라고 말한다면 어떨까? 그럼 세무 공무원은 어떻게 국가의 세금 징수를 도덕적으로 정당화할까?

에피쿠로스의 쾌락주의는 제러미 벤담Jeremy Bentham, 1748~1832과 밀이 주장한 윤리학설의 모태가 되었다. 공리주의utilitarianism, 때로는 '윤리적 쾌락주의'로 불리는 이 학설은 '최대 다수의 최대 행복'이라는 윤리적 교의를 낳았다. 그리고 어떤 측면에서는 쾌락과 고통을 바탕으로 인간의 행동을 판단하고자 했다.

과연 사람들은 쾌락이나 행복을 추구할 수 있을까? 현대 심리학에서 행복은 다양한 목표를 추구하는 과정에서 동반된다고 본다. 즉 사람들은 쾌락이나 행복을 염두에 두지 않고 뭔가를 달성하려고 노력하다가 나중에 그 일을 하면서 참 행복했다는 사실을 깨닫는다. 게다가 사람들은 쾌락에 열중하지도 않는다. 쾌락은 의식적으로 추구하지 않아도 자연스럽게 생기는 보너스 같은 것이다.

제논은 한편으로는 우주 결정론을 강론했고 다른 한편으로는 덕이 의지를 실행하는 가운데 존재한다고 강론했다. 이렇게 스토아철학은 자유의지와 결정론을 주장했지만 자유의지와 결정론을 어떻게 융합할 수 있는지는 다루지 않았다. 이 점은 오랜 세월 철학과 윤리학, 기독교 신학에서 문제가 됐으며 여전히 이렇다 할 해결점을 찾지 못했다.

스토아학파는 나뭇잎이 떨어지는 것, 기차가 서로 충돌하는 것, 이라크 전쟁에 참여하기로 결정하는 것 등과 같이 현재 일어나는 모든 일이 의심할 여지 없이 사전에 결정되어 있다고 주장했다. 그들은 우리의 주변 환경을 바꿀 수 없다고 주장한다. 자신의 성격도 고칠 수 없고, 자신을 억제할 수도, 더 나은 세상을 만들 수도 없다. 이런 주장을 우리가 받아들여야 할까? 만약 그렇지 않다면 어떻게 조목조목 그들의 주장에 반기를 들 수 있을까?

스토아학파의 이런 주장은 현대의 대중 심리학은 물론 범죄 소송에서도 자주 제기되는 문제다. 예컨대 우리의 삶이 모두 결정된 상태에서 누군가가 이웃 사람을 살해한다면 스토아학파 추종자들은 그 살인자의 과거사와 성장 환경, 유전적 요인, 그리고 그가 지금 처한 상황 때문에 살인 사건이 일어날 수밖에 없었으며 따라서 그에게 자신의 행동에 대한 책임을 물을 수 없다고 말해야 한다. 다시 말해 살인자는 자유의지를 갖지 못했다. 이는 우리도 마찬가지다. 그러나 만약 의지의 실천을 강조한다면 결론은 달라진다. 위에서 언급한 자유의 의미 역시 달라질 수 있다. 만약 '자유'나 '자유롭다'의 뜻이 위와는 다른 문장, 다른 상황에서 사용된다면 그 논쟁은 타당성을 잃게 된다.

우리가 '자유롭다'고 말할 때는 무슨 뜻으로 하는 말일까? 예를 들어보자. 가게에 가서 사탕 한 봉지를 살 자유가 있다. 사탕 한 봉지를 살 돈과 시간이 있기 때문에 그렇게 할 자유가 있는 것이다. 그래서 우리는 자유롭다. 하지만 날개가 없기 때문에 하늘을 날 자유는 없다. 그래서 자유롭지 못하다. 이웃 사람을 살해할 자유도 없다. 법과 양심이 허락하지 않기 때문이다. 따라서 우리는 자유롭지 못하다. 그럼 도대체 우리는 자유로운 것일까, 자유롭지 못한 것일까? 구체적인 상황과 조금도 관련 없는 광범위한 일반 진술은 오해를 불러일으킬 수 있다. '자유롭다'는 말이 이 외에 또 다른 의미로 사용할 수 있을까? 그렇다면 어떤 상황에서 적절히 사용할 수 있을까?

철학 지도 그리기

무관심을 주장하는 스토아학파가 상식적으로 이해가 안 될 수도 있다. 예컨대 감정과 덕에는 여러 가지가 있는데 다른 것들은 놔두고 오직 무관심만 계발하라고 말하는 것이 과연 옳은 주장일까? 자신이 사랑하고 소중히 여기는 사람이 곤란을 겪고 있는데 무관심하라고 한다면? 도둑질 같은 나쁜 행동을 할 때도, 단지 '무관심하게' 저지르기만 하면 '도덕적'이라고 말할 수 있을까? 그리고 그 도둑질이 어떤 애착도 느껴지지 않고 자신에게는 어떤 이익도 가져다주지 않는 것이라면 이 도둑질을 과연 '도덕적'이라고 할 수 있을까?

스토아철학은 극단적인 상황에서만 호소력을 발휘하는 것처럼 보인다. 그렇다면 스토아철학을 보편타당한 윤리학의 수준으로 올라갈 만한 철학이라 할 수 있을까? 만약 우리가 인질로 붙잡혀 있는 극한 상황이라면 무관심이 도움이 될 것이다. 그러나 그다음에 무슨 일이 벌어져도 무관심하라고 말한다면, 이를 정상적이고 올바른 생각이라고 할 수 있을까? 그리고 집에 있는 가족이나 친척들 걱정을 하지 않는다면, 이를 보고 도덕성이 한층 향상했다고 말할 수 있을까? 그럼 집에 있는 사람들은 인질로 잡혀있는 가족의 일원을 무관심하게 대해야 한단 말일까?

그럼에도 스토아철학이 특수한 상황에서는 유익할 때가 많다. 예를 들어, 위기관리 책임자들이 현재 발생하는 일에 지나치게 감정적으로 대응하면 일을 효과적으로 처리할 수 없다. 이들은 곤란한 상황에서도 자제력과 거리 두기, 분별력을 발휘할 수 있어야 한다. 이것은 경찰, 소방대원, 응급구조대원 등이 경험하는 것처럼 일상에서 벌어지는 다양한 상황에도 적용된다.

반면에 모든 것이 순조롭게 잘 진행되어 기쁨을 만끽할 순간에 무관심하다면 어리석게 보일 것이다.

　스토아철학은 위안의 철학이다. 기독교의 사도 바울Paulus, 10?~67?은 감옥에 갇히자 "나는 어떤 상황에 처하든 그 상황에 만족하라고 배웠다"라고 외쳤다. 이는 용감한 스토아철학자들이 할 수 있는 말이다.

4

토마스
아퀴나스

신의 존재를 논리적으로
증명하겠다

Thomas
Aquinas

토마스 아퀴나스는 위대한 기독교 철학자다. 물론 로마 가톨릭 교회의 4대 교부로 알려진 암브로시우스Ambrosius, 히에로니무스Eusebius Hieronymus, 아우구스티누스 Aurelius Augustinus, 그레고리오 1세Gregorius I처럼 아퀴나스 이전에도 기독교에는 훌륭한 학자가 많이 있었고 아퀴나스 이후에도 마찬가지지만, 서구 기독교 교육의 초석을 마련하고 성직자가 되려는 젊은이들의 훈련에 없어서는 안 될 기본 양식이 된 것은 바로 아퀴나스의 가르침과 저작이었다. 특히 로마 가톨릭에서 두드러졌다. 그의 철학은 그의 이름을 딴 '토미즘Thomism'으로 잘 알려져 있다. 현대식으로 출판한 그의 책들은 수 미터에 달하는 선반 공간을 꽉 채울 만큼 많은데 이 모든 책을 20년 동안에 썼다고 한다. 그는 '천사 같은 박사Doctor angelicus'라는 존칭으로도 불린다. 여기서 '박사doctor'란 스승을 뜻하는 옛 라틴어에서 유래한 것으로 의학과 전혀 관련이 없음에도 일반적으로 '천사 같은 (의학) 박사'로 해석한다. 20세기 들어 그의 저작에 관심을 보이는 사람이 많아지면서 그의 방법론들이 현대의 문화에도 적용되고 있는데, 이 운동을 네오토미즘이라고 한다.

아퀴나스의 생애

아퀴나스는 1225년에 나폴리 근교에 위치한 성에서 태어났다. 그는 성주城主인 백작의 아들이었다. 다섯 살 되던 해에 유명한 몬테카시노의 베네딕토 사원에 보내져 그곳에서 열네 살 때까지 교육을 받았다. 이후 나폴리 대학에 입학했으며 스무 살에 도미니크 수도회에 들어갔다. 그런데 이 일로 집안이 발칵 뒤집혔고, 심지어 자신의 형제들에게 납치되어 1년간 집 안에 갇혀 지내야 했다. 가족들은 아퀴나스가 육체의 쾌락을 알게 되면 성직자의 길을 포기할지도 모른다는 생각에 젊고 아름다운 여인을 그의 방에 들여보낸 적도 있다고 한다. 그러나 이 범상치 않은 청년은 화를 내며 그 여인을 내쫓고는 찬송가를 암송했다.

아퀴나스는 자신의 소명을 다해야 한다고 굳게 결심했으며 결국 집에서 도망쳐 나와 파리 대학에서 공부를 다시 시작했다. 그리고 이곳에서 알베르투스 마그누스Albertus Magnus, 1200?~1280의 영향을 받았다. 그는 지적 호기심으로 충만한 대단히 박식한 스승이었으며 특히 아리스토텔레스의 저작에 관심이 많았다. 이것은 아퀴나스의 사상에도 많은 영향을 미쳤다. 어떤 이들은 아퀴나스가 그의 스승만큼 광범위한 호기심이 있었는지는 모르지만 사상을 체계화하는 일에서는 남다른 재능이 있었다고 말한다. 그는 기독교 사상을 아리스토텔레스 철학의 관점에서 기술했고 그의 접근법과 아리스토텔레스의 사상은 20세기에 이르기까지 로마 가톨릭의 교리를 기술하고 전승하는 수단이 되었다. 그러나 이를 남용한 사례도 없지 않았다.

아퀴나스는 1248년까지 파리에 머물렀으며 그 후에 도미니크 수도회가 새로 대학을 짓고 있던 쾰른 지역으로 갔다. 그곳에서 1252년까지 머무르다가 다시 파리로 돌아왔다. 파리에서도 계속 성서를 연구했으며 마침내 1256년, 페트루스 롬바르두스Petrus Lombardus, 1100?~1164 의 『명제집Sententiarum libri quatuor』에 주석을 다는 작업을 완료했다. 『명제집』은 신학 강의를 할 수 있는 학위를 취득하려면 필수로 들어야 하는 교과목이었으므로 아퀴나스에게는 학위 취득을 위한 훈련인 셈이었다. 그는 같은 해에 석사Magister 시험도 통과했다.

1259년에 아퀴나스는 이탈리아 교황청 부속 대학studium generale에서 신학을 강의했다. 그리고 1268년에 다시 파리로 돌아와 1272년까지 머물렀다. 그 후에는 나폴리에서 새로운 대학 설립에 열중했다. 그런 와중에 교황의 요청을 받고 공의회 참석차 리옹으로 가던 중에 마흔아홉의 나이로 사망했다.

아퀴나스는 평생토록 연구와 저술 활동에 전념했고 로마 가톨릭의 정통성을 옹호하고 가톨릭의 진리를 체계화하기 위해 애썼다. 그는 세 명의 비서에게(어떤 자료에서는 네 명이라고도 한다) 동시에 글을 받아 적게 하는 습관이 있었다고 한다. 또 다른 기록에는 계속되는 연구와 운동 부족으로 그가 너무 뚱뚱해져서, 복부를 편안하게 하기 위해 책상을 거대한 반원 형태로 파냈다는 내용이 있다. 실제로, 그의 초상화를 보면 그는 육중하고 뚱뚱한 데다가 키도 엄청 컸으며 배는 불룩 튀어나왔다. 게다가 얼굴색은 거무스레했으며 머리숱도 없었다. 그러나 그는 나폴리—파리—쾰른—파리—로마—파리—나폴리로 이어지는 15,000킬로미터의 여정을 걸어서 다닐 만큼 아주 건강했다.

그는 경건하고 성령이 충만한 사람이었으며 예수 그리스도의 성체와 자비에 헌신했다. 아퀴나스의 시성(죽은 후에 성인품聖人品으로 올리는 일) 사유를 변호했던 사람들은 그가 항상 웃는 얼굴에 온화하고 친절했으며 보기 드문 겸손함과 인내심의 소유자였기 때문에 불쾌한 언행으로 다른 사람의 기분을 상하게 하는 일이 없었다고 말했다. 그는 교황 우르바노 4세Urbanus IV, 재위 1261~1264의 초청을 받아 성체축일 Corpus Christi이라는 새로운 축제를 위해 성무일도聖務日禱를 작성하기도 했다. 성체축일은 성체성사聖體聖事의 제정과 은사恩賜(신이 재능을 내려줌)를 기리는 날로 1264년에 제정되어 지금까지 지켜지고 있다.

아퀴나스는 대작으로 손꼽히는 책을 2권이나 썼다. 그중 한 권이 『대이교도대전Summa Contra Gentiles』인데, 이 책에서 그는 이슬람교를 신봉하는 무슬림으로 추정되는(어쨌든 기독교인이 아닌) 한 사상가와 논쟁을 벌임으로써 기독교의 진리를 확립한다. 또 다른 책이 그 유명한 『신학대전Summa Theologiae』이다. 그는 한때 기독교가 원기 왕성한 이슬람교의 도전을 받는다는 생각으로 글을 쓰기도 했지만 이슬람교에서 배울 점도 많다고 생각했다.

아퀴나스는 툴루즈의 자코뱅 성당L'église des Jacobins에 묻혔으며, 교황 요한 22세Joannes XXII, 재위 1316~1334가 1323년에 그를 성인으로 공식 선언했다. 그의 축일은 3월 7일이었는데, 현재는 1월 28일이다.

신학과 철학

신학은 종교 교리를 체계적인 방식으로 조직화하는 학문이다. 이때 종교는 '실재reality의 궁극적인 특성'을 바라보는 방식을 표현한 것으로, 어떤 요소들은 합리적rational이지만 그렇지 않은 요소도 있다. 여기서 합리적이지 않다는 것은 비합리적non-rational이라는 뜻이지, 불합리하다irrational는 말과는 의미가 다르다. 비합리적 요소에는 직관과 감정, 신을 숭배함으로써 자아를 버리는 것 등이 포함된다. 그리고 이 요소는 종교 계시가 담고 있는 내용에 의존한다. 즉 신성한 근원 divine source에서 비롯된 것으로 여겨지는 정보와 지식에 의존한다. 종교의 합리적 요소에는 사람들이 이 같은 비합리적 요소를 어떻게 숙고하는지, 가치는 어떻게 실현하는지, 신성한 책과 신성한 교사의 가르침은 어떻게 균형을 잃지 않고 중시하는지, 옳고 그름과 관련된 질문은 어떻게 생각하는지, 그들의 사고 관점에서 기도서와 예배는 어떻게 설계하고 계발하는지 등이 모두 포함된다.

　신학에서는 종교를 타당하고 참된 인간 활동으로 여기며, 종교의 기본 전제가 비합리적 요소인 믿음이라고 여긴다. 그리고 종교 관념들을 합리적이고 논리적이며, 일관성 있는 체계로 조직화한다. 신학은 믿음을 내포하는 것들을 조사해서 진리와 가치의 측면에 일관되게 부합하지 않는 것들을 추려내기 위해 존재한다.

　철학은 경험 이외에는 그 어떤 것도 합리적인 방법으로 살펴볼 수 없다고 여긴다. 즉 철학은 사람들의 경험과 사람들이 살아가는 세상을 조리 있고 일관되게, 그리고 포괄적으로 설명하려고 한다. 이것은 계시가 아닌 이성의 힘을 통해 가능하다.

　따라서 두 사고방식 간에는 긴장감이 확연히 존재한다. 예컨대 종교는 숭배의 대상인 신에 복종하는 측면을 집중적으로 다루지만 철학자는 증명할 수 없는 가정에 자신을 바치는 것은 있을 수 없는 일이라고 말한다.

　그럼에도 서로 접근해갈 수 있는 점이 있다. 신학자들은 영혼은 존재의 참된 근원이라고 말한다. 그리고 영혼은 그에 의존하는 사람과 참된 연대감을 유지한다고 말한다. 따라서 신학자들은 영혼의 측면에서 진실로 중요한 요소와 단지 전통과 감정의 측면에서 가치 있는 요소 간의 차이점을 주의 깊게 구별해야 한다. 이것은 참으로 철학적인 방식이 아닐 수 없다. 한편 철학자는 과학에 입각한 방법론을 수용함과 동시에 과학이 가치와는 아무런 관계가 없음에 주목한다. 따라서 종교 철학은 오직 직관과 가치 의식이 우리가 탐구하고자 하는 실재의 일부분에 속한다는 사실을 받아들일 때에만 가능하다.

기독교에 스며든 그리스 철학

대단히 독창적이고 심오한 사상가였던 플라톤은 앞선 시대의 사상가들의 사상들을 대거 흡수했고 그 사상들로부터 한층 심오한 의미와 함축적인 가치를 추론해냈다. 그는 자신의 철학을 체계화하지는 않았지만 그렇다고 해서 그의 사상이 서로 모순되거나 연관성이 없는 경우도 없었다. 그럼에도 플라톤의 목표는 모든 질문을 다룰 완벽한 체계를 이룩하는 것이었다.

초기 기독교 교부들은 플라톤에게서 자신들이 활용할 만한 것을 많이 얻었고, 플라톤 철학이 발전시킨 지적인 언어를 이용해서 새롭게 급부상하는 기독교가 현실 세계와 어떤 관련이 있는지를 기술하고자 했다. 그들은 플라톤이 감각의 세계와 영원불변한 형상의 세계를 구분한 뒤 그 형상들을 신의 사고와 동일시한 방식에 깊이 공감했다. 그리고 도덕성을 논하는 플라톤의 진지함과 인간의 영혼이 선의 추구를 지향한다는 그의 견해 역시 아주 좋아했다. 그러나 그의 이론 가운데 '상기법'은 수용하지 않았다. 상기법은 영혼이 이전에 또 다른 삶 속에 존재했다고 주장하지만 기독교에서는 개개인을 고유하고 가치 있는 존재라고 보기 때문이다. 또한 초기 교부들은 플라톤이 상기법을 가치의 근원으로 보았던 것과, 그리스도의 부활을 말하는 기독교 교리와 어긋나는 '영원불변'을 논한 것도 수용하지 않았다.

한편, 초기 교부들은 아리스토텔레스를 플라톤만큼 긍정적으로 생각하지 않았는데, 그의 유물론적인 성향이 그들에게 별 매력이 없었기 때문이었다. 아리스토텔레스에게 중용을 의미했던 덕은 기독교가 주장하는 사랑Caritas과 일치하지도 않았고 아리스토텔레스가 주장한 제1의 원동자原動者로서의 신 역시 자애로운 신의 도덕적 창조물들과 거리가 너무 멀었다. 따라서 아리스토텔레스의 사상은 초기 기독교인들에게 외면당했으며 점차 잊혀갔다. 알려진 저작들도 많지 않았고 그나마도 온전치 못한 사본인 경우가 많았다. 그러나 아리스토텔레스의 주요 저작들은 이슬람의 우수한 도서관 곳곳에 잘 보관되어 있었다. 그리고 서구의 기독교 세계와 이슬람 세계 간에 활발한 교류가 오가는 시절이 되어서야 비로소 아리스토텔레스의 저작들이 더 정밀하고 더 우수한 버전으로 알려지게 되었다. 이슬람의 위대한 철학자인 이븐 시나Ibn Sīnā, 980~1037(라틴어명 '아비센나Avicenna')와 이븐 루시드Ibn Rushd, 1126~1198(라틴어명 '아베로에스Averroës')가 아리스토텔레스 사상을 플라톤 사상과 접목한 것이 서구 기독교 세계에 많은 관심을 불러일으켰다. 이렇게 새롭게 재조명될 수 있었던 제1동인은 바로 알베르투스 마그누스였으며, 그것이 제자인 아퀴나스로 이어진 것이다.

아퀴나스의 논증 방식

아퀴나스는 믿음과 이성이 서로 별개라고 확신했다. 예컨대 믿음을 통해 진리를 터득한다면 이것은 신의 계시가 내려준 선물이다. 이성을 통해 도달한 진리 역시 신의 계시가 내려준 선물일 수 있지만, 아

아프리오리 · 아포스테리오리
어떠한 논증이나 개념, 진술, 판단
이 경험이나 오감에 토대를 두지
않는 것을 '아프리오리', 경험이나
오감에 토대를 둔 것을 '아포스테
리오리' 라 한다. 각각 '선험적',
'후험적'으로 바꿔 쓸 수 있다.

퀴나스는 인간의 이성은 신의 계시가 없어도 특정 진리에 도달할 힘이 있다고 주장한다. 영혼은 신에게 교화되어 영원불변의 진리를 지적으로 터득할 수 있다. 하지만 외부 세계를 출발점으로 해서 이성을 통해 신의 존재를 논하는 것도 가능하다. 신의 창조력과 불멸성 및 섭리는 '계시'의 도움 없이도 이런 방식으로 입증할 수 있다. 신은 지각할 수 있는 효과를 통해 존재를 드러내기도 한다.

아퀴나스는 "처음부터 감각에 속해 있지 않던 것들은 지식에 포함되지 않는다", 즉 모든 지식은 감각 인식에서 비롯된다는 아리스토텔레스의 원리를 열렬히 수용했다. 그리고 유신론 논쟁이라고 불리는 다섯 가지 방법으로 신의 존재를 논리적으로 증명했다. 그는 사람들에게 있는 신을 향한 본유本有 지식이 지나치게 모호하고 혼란스러워 명료하고 개별적인 추론에 도달하기가 힘들기 때문에 이러한 존재 증명이 반드시 필요하다고 여겼다. 따라서 그의 논증은 결과에서 원인을 도출하는 후험적인 아포스테리오리 a posteriori 논증이었다.

W·O·R·K

대이교도대전 [Summa Contra Gentiles(1258~1260)]

· 현자는 우주의 시작과 끝을 다루는 사람이다. 진리는 최종 목표이며 처음 것과 마지막 것을 이해하고자 하는 사람이라면 무엇보다도 먼

저 신성한 자연을 숙고해야 한다.

· 믿음과 관련된 진리 중에 이성으로 알 수 있는 원리와 상반되는 것은 하나도 없다.

· 인간의 이해는 일시적이지만 신의 이해는 영원하다. 신은 사물을 직접 인식하고 이해하는 것이 아니라 자신만의 고유한 이해력으로 사물의 지적 상관물을 인식하고 이해한다. 따라서 모든 것을 동시에 그리고 단번에 이해하며 우주만이 아니라 개별적인 것까지 모두 안다.

· 신의 의지는 오직 신성한 지혜에서 비롯되기 때문에 신의 의지는 자유로우며 외부 원인에 구속받지 않는다. 필연적인 신은 그 자신을 사랑하지만 그 외의 필연적인 것은 사랑하지 않는다.

· 신은 잠재력의 소유자가 아니라 활동하는 힘이다. 본질적으로 무한하기 때문에 신의 지식과 이해력은 무한하다.

· 인간은 이성적인 창조물이기 때문에 인간의 궁극적인 행복은 신에 대한 명상에 있으나 그 목표를 이승에서는 이룰 수 없다.

신의 존재 증명

안셀무스Anselmus, 1033~1109는 신에게 자신의 믿음을 표현하는 기도문 형식으로 신의 존재에 대한 논증을 제기했다. 그는 신은 "사람들이 그보다 더 위대한 존재를 생각해낼 수 없는 존재이기 때문에 반드시 존재한다"라고 말했다. 만약 신이 단순히 관념으로만 존재하고 실재하지 않는다고 여긴다면, 이는 실재하는 신이 관념 속의 신보다 더 위대하기 때문에 모순이 된다. 그러나 만약 신이 "사람들이 그보다 위대한 존재를 생각해낼 수 없는 존재"라면 필연적으로 존재해야 한다. 이것이 바로 존재론적 논증ontological argument이다.

아퀴나스는 안셀무스의 이 정의가 모든 사람이 말하는 신을 뜻하는 것으로는 보지 않았기 때문에 이것을 받아들이지 않았다. 그러나 아퀴나스의 이런 대응은 오늘날 높이 평가되지는 않는다. 안셀무스에게 신은 최고의 완전한 존재를 의미했는데, 아퀴나스 자신도 신을 본질적으로 존재하는 존재, 즉 '존재하는 것이 본질인' 존재로 정의내림으로써 안셀무스와 유사한 결점이 있게 된 것을 간과했기 때문이다. 또 아퀴나스는 안셀무스의 논증이 현실에서 이상으로 전환됨으로써 논리적 오류를 범한다고 주장했다. 그리고 지성에는 신에 대한 아프리오리a priori (선험적인) 지식이 포함되지 않기 때문에 자력으로 신의 존재를 논증할 수 없다고 주장했다. 따라서 아퀴나스는 결과에서 원인을 도출하는 아포스테리오리 논증에 공을 들였다.

1. 부동不動의 동자動者

만물은 운동 상태에 있으므로 분명 그 운동을 시작하게 했던 무언가가 있었음에 틀림없다. 그러나 그 시발점을 찾기 위해 한도 끝도 없이 거슬러 올라갈 수는 없으므로 일련의 움직이는 동자들은 그 무엇에도 움직이지 않는 동자에서 시작되었음이 틀림없다. 이 '부동의 동자'를 우리는 신이라 부른다.

2. 제1원인

만물에는 원인이 있다. 그런데 원인이란 앞서 일어날 뿐만 아니라 능동적으로 그에 따른 결과를 창출한다. 그러나 현존하는 모든 것을 적극적으로 의도해서 창출해낸 그 시발점이 있었음에 틀림없다. 이 '제1원인'을 우리는 신이라 부른다.

3. 우연성 논증

수많은 사물은 본래 그 어떤 것도 그것들에 존재해달라고 요구한 적이 없음에도 존재한다. 그리고 이렇게 나타났다가는 소멸한다. 따라서 없어도 되는 우연적인 존재다. 그런데 그것들의 원인이 되는 어떤 필연적인 존재가 없었다면 아무것도 존재하지 않았던 때가 있었어야 한다. 이렇게 모든 우연한 존재의 원인을 설명하기 위해 필연적으로 존재해야 하는 이 존재를 우리는 신이라 부른다.

4. 존재 단계의 논증

사물은 존재하든가, 존재하지 않든가 둘 중 하나다. 또한 우리는 비유적으로 어떤 것이 다른 것보다 더 참되다고 말하는데 이는 내용과 중요성에서 다른 한쪽이 훨씬 가치가 있다는 뜻이다. 그런데 존재와 진리, 선함의 단계는 분명 올라갈 수 있는 한계점이 있기 때문에 이런 품성이 최고 단계에 이른 존재가 있을 것이다. 이 존재를 우리는 신이라 부른다.

5. 계획의 논증

우리가 보는 것처럼 이 세계는 계획과 목적의 징표를 보여준다. 그리고 전체를 포괄하는 이 계획과 목적이 우리가 신이라 부르는 설계자의 존재를 나타낸다.

이런 논증은 아리스토텔레스가 이미 그 일부를 예견한 바 있지만, 그 고전적인 형태와 진술을 확립한 사람은 바로 아퀴나스였다.

근대에 와서 이 논증들은 기독교 신학자와 종교 철학자 양쪽에서 혹독한 비판을 받았다. 예컨대 앞의 네 가지 논증에서 신은 존재하는 다른 것들 사이에 존재하는 일자一者로 다루어진다. 그럼에도 각각의 논증은 본질적으로 우수하다. 신은 부동의 동자이자 제1원인이며, 필연적인 존재일 뿐만 아니라 만물에 내포되어 있는 특성의 근원인 최고자다. 따라서 신은 신성이 추론되는 개별적인 일련의 사물이나 사건에서 분리된다. 이 논증들은 신이라는 신성한 존재가 아포스테리오리 논증의 출발점인 일련의 실체들과 다른 질서에 속해 있음을 보여준다. 그런데 이것은 아퀴나스가 안셀무스를 비판했던 내용 중 하나였다.

목적론적teleological 논증인 다섯 번째 논증은 나머지 논증과 성격이 좀 다르다. 즉 만물이 지적인 존재aliquis intelligens의 지휘하에 하나의 목표를 향해 나아간다는 것이다. 비록 이것이 아퀴나스의 저술에 명확하게 드러나 있지는 않지만 그의 추론에 함축되어 있다. 따라서 최종 결론은 신이 우주의 작용인이며 지적인 통치자라는 것이다. 물론 이 논증들이 논리적으로 신의 존재를 입증하지는 못하지만 신의 군주적인 개념을 창조주, 통치자, 제1원인, 섭리 등으로 강조한다. 오늘날 우리가 말하는 '신'의 뜻을 강조하는 것이다.

WORK

신학대전 [Summa Theologiae(1265~1274)]

· 인간은 진리를 추구하는 과정에서 철학 이상의 것을 요구한다. 예컨대 어떤 진리는 인간이 이해할 수 있는 범위를 초월하는데 신이 이것을 보여주기 때문에 간신히 터득할 수 있는 것이다. 따라서 신학은 신의 계시를 받은 지식에 의존해서 일반 지식을 보완한다. 신의 존재

는 다섯 가지 방법으로 증명할 수 있는데 만물의 운동, 작용인, 가능성과 필연성, 세상에 존재하는 완전성의 단계, 세상의 질서와 조화에 토대를 둔다.

· 오직 신만이 만물의 운동, 작용인, 필연성, 완전성, 질서 등을 밝혀낼 수 있다.

· 우리는 신을 육체도, 유개념도 없는 단일한 존재로, 그리고 실재하고 완벽하며, 선하고 무한하며, 불변하고 유일한, 이 세상에 현존하는 존재로 묘사한다. 피조물인 인간이 신을 인식할 수 있는 것은 오로지 신의 은총 때문이다. 그러나 우리는 단지 신을 파악할 뿐이다. 즉 부분적인 이해일 뿐이지 포괄적으로는 신을 이해할 수 없다.

유비론: 신을 어떻게 말할 수 있는가?

우리는 신을 어떻게 말할 수 있을까? 만약 신이 우리의 아버지라면 머리와 두 팔과 두 다리를 가진 남성이라는 뜻이 된다. 그러나 신은 육체가 아니라 영spirit으로 존재하며, 인격체이지만 남성도, 여성도 아니다. 따라서 "신을 우리의 아버지라고 말하지만 실제로 신이 우리의 '아버지'라는 뜻이 아닌데 왜 그렇게 말하는가?"라는 물음이 제기될 수 있다. 이것은 각각의 단어에는 하나의 고정된 뜻밖에 없는 것처럼 여기는 것으로, 언어를 일의一義적으로 사용하는 것이다. 그렇다면 이것을 "뭔가를 말할 때는 실제 뜻과는 조금 다른 어떤 것을 생각하도록 바란다"라고 한다면 이중적인 의미를 이용해서 언어를 다의多義적으로 사용하는 것이다. 아퀴나스는 이와 같은 문제를 극복하기 위해 유비類比론을 정교화했다.

　예를 들어보자. 우리는 피서지로 정한 리조트가 '생기 넘친다'고 말할 수도 있고, 어떤 사람이 '생기 넘치는' 사람이라고 말할 수도 있다. 리조트가 생기 넘친다고 말할 때는, 리조트가 쾌활하고 농담도 잘하고 잘 웃는다는 뜻으로 말하지는 않는다. 그것은 리조트에 사람들이 즐길 수 있는 시설들이 마련되어 있어 그곳에 가면 맘껏 즐길 수 있고 그 때문에 사람들이 붐빈다는 뜻이다. 리조트를 이런 식으로 기술하는 것이 바로 유비론이다. 그 외에도 우리는 어떤 마을을 보고 생기 넘치는 리조트라고 말할 수 있고 어떤 특정 집단을 보고 생기 넘치는 집단이라고 말할 수도 있다. 이 의미들은 생기 넘치는 사람이라는 '최초의 유비prime analogate'에서 비롯된다. 그런데 문제는 신에게는 최초의 유비 개념을 적용할 수 없다는 것이다. 신을 비유할 때 그 어떤 것도 신보다 앞서 존재할 수는 없기 때문이다.

　신을 논하는 타당한 진술은 모두 유비적이다. 예컨대 우리가 신을 우리의 아버지라고 말할 때 신은 인간과 같은 아버지도 아니며 그렇다고 완전히 그렇지 않은 것도 아니다.

　우선 우리는 비례적 유비analogy of proportionality를 사용한다. 이것은 피조물(창조된 존재)들의 속성은 한 피조물의 존재에 적합한 방식으로 그들의 존재와 연관되어 있다는 것이다. 반면에 창조되지 않는 존재의 속성은 그 창조되지 않은 존재에 적합한 방식으로 그 존재와 연관되어 있다.

　속성적 유비analogy of attribution를 사용할 수도 있다. 이는 피조물 간에 적용되는 관계에서 도출된 관계를 이용해서 신과 피조물 간에 맺어진 관계를 기술하는 것이다. 예컨대 "신은 아버지"라고 말할 때 이는 신을 인격화해서 말하는 것도 아니고 그렇다고 상징적으로 말하는 것도 아니라, 자식과 아버지의 유비를 이용해서 피조물과 창조주 간의 의존 관계를 설명하는 것이다. 즉 자식에 대한 아버지의 속성으로 피조물에 대한 신의 속성을 설명한다.

독창적이면서도 체계적인 논증

아퀴나스의 철학은 대체로 아리스토텔레스의 철학과 일치한다. 하지만 기독교의 변증론과 관련해 아리스토텔레스의 철학을 적용한 방식은 독창적이라고 할 수 있다. 그는 아리스토텔레스를 잘 알고 있었고 정확히 이해했다. 그러나 많은 사람이 그를 독창성이 뛰어난 사상가보다는 체계화에 능숙한 사상가로 생각한다. 예컨대『대이교도대전』과『신학대전』은 체계화되고 지적인 구성을 갖추고 있다. 게다가 그의 책을 보면 그가 반박했던 이론들을 비롯해 다양한 이론이 매우 날카롭고 명료하게 쓰여 있다. 특히 그는 믿음에서 추론한 논증과 이성에서 추론한 논증을 명확하게 구별했다.

스콜라학자들의 철학적 방법론

스콜라 철학자들은 중세에 철학과 신학을 가르쳤다. 아퀴나스의 저술에서 특히 두드러지지만, 이들의 저술을 보면 지적인 질문을 다루는 방법 전체가 상당히 정교했고 형식을 중시했다. 예를 들어 어떤 학생이 특정 명제를 진술하도록 요구받았다고 해보자. 우선 그 학생은 성서와 전통, 믿음, 교도권magisterium(교회의 권위 있는 교의)을 이용해서 그 명제를 논증할 증거 자료를 제출할 것이다. 그리고 성서와 교회 교부 등의 권위를 내세우며 자신과 반대되는 견해를 받아들이지 않을 것이다. 마지막으로 정교하게 이론화하는 과정을 거칠 것이다.

이에 대한 구체적인 예를 한번 살펴보자. '교회를 벗어나면 구원받을 수 없다'는 명제가 진술되었다고 해보자. 이제 이 명제는 "나로 말미암지 않고서는, 아무도 아버지께로 올 사람이 없다"(「요한복음」 14장 6절)처럼 성서를 인용해서 입증될 것이다. 그런 다음에는 이를 좀 더 뒷받침하기 위해 교부의 말과 교황의 글을 인용하기도 할 것이다 (아퀴나스는 이처럼 명제를 지지하기 위해 인용되는 인물로 인기가 높았다). 이 같은 인용을 통해 입증한 뒤에는 "종교에 상관없이 구원받을 수 있다고 말하는 사람도 있다"라고 반대 의견이 진술될 것이다. 그러면 이 주장을 거부하는 이유를 대면서 다시 성서와 교부, 교황의 말을 인용할 것이다. 그리고 마지막으로 이 명제를 정교하게 이론화할 것이다. 아마도 이 학생은 종파 분리론자와 배교자, 이교도 등에게 무슨 일이 일어나는지, 그리고 천국과 지옥, 지옥의 변방과 연옥 등의 존재를 깊이 다룰 것이다. 여기서 중요한 것은 사람들이 지적인 대답을 찾을 수 있으면 문제는 해결된다는 것이며, 이로써 모든 것이 만족스럽게 끝을 맺는다.

토미즘

오늘날 아퀴나스의 철학은 가톨릭 교회로부터 상당한 호응을 받고 있다. 1879년 교황 레오 13세Leo XIII 재위, 1878~1903는 아퀴나스가 일구어낸 통합은 영구불변의 가치가 있기 때문에 모든 가톨릭 신자가 그에게서 영감을 얻어야 한다고 역설했다. 이와 동시에 당대의 욕구를 충족시키려면 토미즘이 더 발전해야 한다고 주장했다. 그러나 신학과 분리해서는 상상도 할 수 없는 사람의 작품에서 철학 체계를 추출해내는 것은 기나긴 과정이었다. 아퀴나스는 기독교를 충심으로 믿었을 뿐만 아니라 인간의 정신에 내재된 강력한 힘과 철학적 사고의 가치 역시 진실로 믿었다. 오늘날 토미즘은 객관적으로 존재하는 것을 감지하는 구체적인 행위는 물론, 그 행위가 담고 있는 형이상학적 조건과 함의를 깊이 고찰하는 것과 깊은 관련이 있다. 현대의 토미스트들은 아마도 영어권 대학에서 선호하는 분석철학보다는 사변적인 대륙철학에 더 깊은 관심을 보이는 것 같다.

철학자 바라보기

아퀴나스는 이중의 지식 체계를 확립했다. 즉 신학과 철학을 선명하게 구분 지었다. 예컨대 철학은 신학에서 다루는 문제들을 많이 다루면서도 철학 고유의 방식과 도구를 이용한다. 합리성에 기초한 자유로운 탐구와 논증이 이에 해당한다. 아퀴나스는 또한 궁극적으로 믿음과 이성은 서로 상충하지 않는다고 확신했다. 그럼, 여러분은 어떤가? 여러분은 믿음과 이성의 차이가 무시되는지 아니면 서로 충돌하는지 어떻게 알 수 있는가?

아퀴나스는 아리스토텔레스주의자로, 감각을 통한 인식에서 출발했다. 믿음과 이성을 구분하고 감각을 인간 지식의 원천으로 삼아 철학이 하나의 학문으로 발전하는 데 중대한 역할을 했다. 그 이전의 기독교 철학자들은 한결같이 원인을 통해 결과를 설명했지만 그는 반대로 결과에서 시작했다. 즉 신의 초월성을 통해 신을 설명하지 않고, 피조물에서 알 수 있는 사실로부터 신을 설명한 것이다.

초기 기독교 철학자들은 변화무쌍한 자연의 세계와 영구불변한 신의 세계를 서로 융합할 수 없었기 때문에 아리스토텔레스 철학 앞에서 주춤거렸다. 예컨대 형상과 질료, 현실태와 가능태 같은 용어들은 모두 생성의 세계를 나타냈기 때문에 수 세기 동안 신의 영구불변한 속성과는 맞지 않는 것으로 여겨졌다. 결국 20세기에 와서야 이 같은 변화의 용어를 신에게 적용하기 시작했다. 이것은 어떤 점에서, 그리고 어떤 이유로 우리의 관심을 끌 것이라고 생각하는가?

현대의 토미스트들은 철학이 우리에게 공허한 형상을 제공하더라도 기독교의 믿음으로 그 공허한 형상에 내용을 채워 넣을 수 있다고 주장할지도 모른다. 철학이 항상 공허한 형상만을 제공한다고 생각하는가? 그리고 그 내용을 채워 넣기 위해 항상 가치 체계가 필요한 것일까?

아퀴나스의 유비론은 종종 혹독한 비판을 받는다. 논증으로 입증하는 것이 아니라 인간의 언어가 신에게 적용될 때 그 타당성을 잃지 않음을 전제로 삼기 때문이다. 이 같은 '신학God-talk'과 관련된 문제를 어떤 방식으로 접근할 수 있는지 생각해보자.

5

르네 데카르트

모든 것을 의심하라

René
Descartes

우리는 과거에 국가(고대 그리스의 도시국가)와 교회라는 실체를 가장 중요시했다. 그러나 지금은 '나'라는 존재를 가장 중요시한다. 어떻게 현대에 와서 자아가 우리의 중요 관심사로 떠오르게 되었을까? 철학자들은 이 책임을 데카르트에게 떠넘기지만 과연 정당한 일일까?

데카르트의 생애

르네 데카르트는 1596년에 라에La Haye라는 소도시에서 태어났는데, 이곳은 프랑스 중부의 투르Tours에서 남쪽으로 56킬로미터 정도 떨어져 있다. 그러나 철학자이며 수학자인 데카르트를 기리고자 마을 이름을 데카르트로 바꾸었기 때문에 현재는 라에라는 지명을 지도상에서 찾을 수 없다. 데카르트가 태어난 집은 작은 박물관으로 개조돼 데카르트 마을의 데카르트 29번가에 위치하고 있다.

데카르트는 여덟 살 때 예수회가 운영하는 라 플레슈La Flèche 콜레주에 보내졌다. 재능과 열정을 겸비한 학생이었던 데카르트는 그곳에서 8년 동안 논리학과 철학, 수학 등을 공부했다. 그러나 몸이 너무 허약했기 때문에 휴식을 위해 늦은 아침까지 침대에 누워 있는 일이 잦았다. 데카르트는 그렇게 누운 채로 거미가 집 짓는 광경을 관찰하다가 해석 기하학의 원리를 찾아내기도 했다고 한다. 그는 훗날 자신이 정말 우수한 교육을 받았다며 예수회 학교에 감사의 말을 전했다.

데카르트는 "세상이라는 위대한 책"을 통해 배움을 터득하겠다고 결심하고는 군대에 입대했다. 그런데 대부분 프랑스가 아닌 국외 지역에서 군복무를 해야 하고 그가 굉장히 허약한 체질이었다는 점을 감안하면 이 결정은 꽤 의외로 여겨진다. 그는 독일, 헝가리, 보헤미아(현재의 체코 서부 지역) 등지에서 군복무를 했다. 그 기간 동안 보수도 전혀 받지 않았고 군대 생활을 수학과 철학, 음악 공부와 결합시켰다고 한다. 소문에 의하면, 당시 데카르트는 이상한 꿈을 여러 번 꾸었는데, 그 꿈 때문에 자신의 삶에 부여된 소명이 이성을 통해 진리를 추구하는 것임을 깨닫는다. 결국 이 계시에 대한 감사의 뜻으로 이탈리아에 있는 로레토의 성모 마리아의 집으로 순례 여행을 떠나기로 결심한다. 그러나 당장 실천에 옮기지 못하고 세월이 한참 흘러서야 이루게 된다. 그는 한동안 파리에서 살았으나 상당히 혼란스러워했다고 한다.

데카르트는 많은 책을 저술했다. 당시 식자층은 여전히 라틴어로 글을 썼기 때문에, 그의 책들도 신속히 프랑스어로 번역되었다. 그의 저작에는 『우주론Le Traité du Monde et de la lumière』, 『방법서설Discours de la méthode』, 『제1철학에 관한 성찰Meditationes de Prima Philosophia』, 『정념론 Les Passions de l'âme』 등이 있다. 그 가운데 『우주론』은 출판이 연기되었는데 당시 갈릴레이가 지동설로 종교 재판소에서 유죄판결을 받았기 때문이다. 데카르트가 생애의 대부분을 네덜란드에서 보낸 것도 아마 그곳이 다른 나라보다 검열이 엄격하지 않았기 때문이었을 것이다.

1649년에 데카르트는 근대 철학을 배우고 싶어 했던 스웨덴 크리스티나 여왕Alexandra Christina, 재위 1632~1654의 초청을 받고 스웨덴 궁을 방문했다. 그러나 스웨덴의 매서운 겨울 날씨는 그의 건강에 몹시 해로웠다. 게다가 여왕은 새벽 5시에 수업을 받길 원해서, 아침 늦게까지 침대에 누워 사색에 잠기곤 하는 데카르트에겐 이 모든 것이 크나큰 고역이었다. 결국 고열에 시달리게 되었고 스웨덴에 온 지 겨우 다섯 달 만인 1650년 2월 11일에 사망했다.

그는 결혼하지 않았고 조용하고 내성적인 신사였다. 심지어 하인들에게도 친절하고 관대했다. 독실한 가톨릭 신자였으나 오직 이성으로 해결할 수 있는 문제에만 전념했으며 의식적으로 새로운 철학 체계를 추구하고자 했다.

서서히 다가오는 근대성

르네상스에서 19세기로 진행되는 동안, 문화 통제의 주체는 서서히 교회에서 국가로 바뀌고 있었고 정부는 국민 생활과 관련해서 여러 분야로 영향력을 넓혀나가고 있었다. 민족 국가 대부분은 신에게서 권위를 부여받았다고 말하던 자신들의 왕을 다른 형태의 정부로 대체했다. 상인 계층 또한 권력의 손잡이를 점점 움켜쥐었다. 새로운 문화는 대체로 '자유주의' 성향이 강했으며 새로운 제도 역시 중세 교회 때와는 달리 철학자들을 통제하려고 하지 않았다.

근대에 접어들면서 가치관도 새롭게 변했다. 점진적이기는 하지만 명백한 두 가지 변화가 일어났다. 첫째, 가톨릭을 비롯한 교회의 권위가 하락했고 둘째, 과학의 권위가 증대되었다.

새로운 과학은 이성에 호소했으며 단편적이긴 했지만 조금씩 그 발견물들을 쌓아가기 시작했다. 더 이상 하나의 완벽한 체계를 확립하려고 애쓰지 않았다. 예컨대 중세 교회에서 뭔가를 공식적으로 발표하면 그것이 절대 진리인 양 여기곤 했던 것과 달리, 과학 분야에서 새롭게 발견된 진리들은 개연성에 기초해서 '가설'과 같은 상태로 발표되었으며 추후의 수정과 변화를 관대하게 받아들였다. 새롭게 확립된 과학 정신은 권위를 내세우기보다는 끊임없는 탐구에 집중했다. 게다가 이러한 가치를 우선시하는 사회는 상당히 역동적이어서 고정된 판단 기준도 거의 없었고 확실한 것도 그만큼 줄었다. 과학과 관련된 견해들은 가치중립적이었다.

반면에 근대 철학은 여전히 주관성에 기울어 있었다. 데카르트가 자신이 존재한다는 확실성에 기초해서 모든 지식을 추구했던 것만 봐도 명백하게 드러난다.

근대 철학의 아버지

데카르트를 근대 철학의 아버지로 보는 것은 일리가 있다. 그는 당시에 새롭게 전개되던 물리학과 천문학에 영향을 받았던 최초의 철학자였으며 대단히 우수하고 창의력이 뛰어난 사람이었다. 교사로서가 아니라 탐험가로서 글을 썼으며, 그의 문체 역시 지루하지 않고 생동감이 넘쳤다.

그는 앞선 시대에 살았던 철학자들의 권위를 신뢰하지 않았으며 오직 이성의 힘으로 철학을 처음부터 완전히 새롭게 변화시키겠다고 결심했다. 추측은 일제히 제거하고 오직 분명하고 자명한 것에만 의존하려고 했기 때문에 명석판명한, 이론적인 관념만으로 연구에 임해야 한다고 확신했다. 그리고 지식을 습득하는 가장 확실한 길은 직관과 연역이라고 주장했다. 특히 주목할 사항은 그가 존재의 단계가 아니라 인식의 단계를 찾고 있었다는 점이다. 즉 그의 주요 관심사는 존재론이 아니라 인식론이었다. 따라서 근대 철학은 데카르트에서 시작한다고 해도 무방할 것이다.

난로 안에서 보낸 하루

근대 철학의 시작일이 있다는 것이 믿겨지는가? 아마도 1619년 11월 10일이라고 말할 수 있을 듯하다. 이날은 데카르트가 난로 안에서 하루를 보내고 '진리를 발견하는 보편타당한 방법에 관한 아이디어'를 갖고 나온 날이다.

어떻게 난로 안에서 하루를 보낼 수 있었을까? 그는 과연 무슨 뜻으로 이런 말을 한 것일까? 이와 관련해서 다양한 의견이 오갔는데, 어떤 사람은 난로가 아니라 난방이 되는 작은 방이나 그 집에서 유일하게 난방이 되는 방에서 하루를 보냈을 것이라고 주장한다. 또 다른 이는 다른 벽보다 움푹 들어간 후미진 공간에 놓인 벽난로 옆에서 난롯불을 쬐며 앉아 있었다고 주장한다. 정황이야 어찌 됐든 이렇게 해서 근대 철학이 탄생했다.

그 난로 안에서 데카르트는 대대적인 정리를 통해 스콜라철학을 전부 벗어던지고 새롭게 시작해야겠다고 결심하게 된다. 최초의 위대한 철학적·과학적 저서가 근대어, 즉 라틴어가 아닌 프랑스어로 출판될 수 있었던 것도 난로 안에서 비롯된 일이다. 데카르트는 자신의 저서를 "오직 타고난 이성을 순수한 상태에서 활용하는 사람들"이 읽어주기를 바랐다. 그 책이 바로 『방법서설』이며 이 책에서 데카르트는 네 가지 방법론 규칙을 펼쳐놓았다. 오늘날까지 많은 사람이 의존하는 규칙이기도 하다.

데카르트가 제시하는 추론의 네 가지 규칙

데카르트는 사람들에게 규칙이 많으면 일이 잘못되었을 때 변명거리도 많아진다고 보았다. 이것은 법도 마찬가지여서, 법이 많은 국가보다는 적은 국가가 통치하기가 더 수월하다고 생각했다. 그래서 그는 단지 네 가지 규칙만 정한다(결국 현대의 정치가들이 '탈규제'의 이점을 말할 때 무의식적으로 데카르트의 말을 되풀이하고 있는 셈이다).

1. 데카르트는 그 어떤 것도 명백한 사실임을 알 수 없을 때는 결코 사실로 받아들이지 않았다. 또한 그가 판단하기에 어떤 것이 너무나도 명료하고 확실해서 그 사실을 의심할 필요가 없을 때를 제외하고는 어떤 것도 받아들이지 않았다. 이는 명료하고 확실한 사고의 규칙에 해당한다.

2. 그는 검토 중인 문제들을 가능한 한 세분화하고, 문제 해결에 필요한 만큼 기본 단위별로 나눴다. 이는 분석의 규칙에 해당한다.

3. 그는 질서 정연한 방법으로 자신의 생각을 정리했다. 가장 단순하고 이해하기 쉬운 생각에서 가장 복잡한 생각에 이르기까지 단계별로 진행했다. 이는 단순한 것에서 복잡한 것으로 진행하는 법칙에 해당한다.

4. 그는 빠뜨린 것이 없다는 확신이 들 때까지 반복해서 재검토했다. 이는 종합 규칙에 해당한다.

주어진 문제를 철저히 고찰한다는 것은 정신의 두 가지 주요 활동과 연관된다는 점에 특히 주목해야 한다. 바로 분석과 종합이다. 분석은 주어진 문제를 명료하게 이해할 수 있는 요소로 해체하는 것이고, 종합은 전체상을 파악하도록 모든 요소를 하나로 합치는 것이다.

모 든 것 을 의 심 하 라

데카르트는 자신의 철학이 안정되고 완벽한 토대 위에서 구축되도록 의심할 수 있는 모든 것을 의심하기로 결심했다. 이것은 회의론과는 다른 것으로, 확실한 진리에 이르기 위한 '방법으로서' 행하는 의심이다. 그래서 이것을 '방법적 회의'라고 부른다.

그는 감각에 속을 수 있다는 사실에 주목했다. 예컨대 탁자는 짙은 갈색으로 보일 때도 있고, 밝은 갈색으로 보일 때도 있는데 이는 탁자를 비추는 조명의 각도에 따라 달라진다. 과연 탁자의 색깔을 뭐라고 정의해야 할까? 비슷한 일이 신체의 특성 때문에도 일어난다. 팔이나 다리가 절단된 사람은 절단된 것이 분명한 팔다리에서 종종 통증이나 가려움을 느낀다. 자신의 신체가 자신을 속이는 것이다. 수학과 관련한 주제도 마찬가지다. 우리 모두의 계산이 다를 수 있지 않을까? 그럼 혹시 내 존재에 내가 속고 있는 걸까? 정녕 의심하지 않을 수 있는 것은 아무것도 없단 말인가?

코 기 토 , 에 르 고 숨

그렇지 않다. 데카르트는 의심하지 않아도 되는 것이 있다고 주장한다. 나는 여기 앉아서 모든 것을 의심하고 있다. 내가 의심하고 있다면 이미 나는 반드시 존재하는 것이다. 바로 이로부터, 프랑스에서 가장 유명한 문구인 "나는 생각한다. 고로 존재한다Je pense, donc je suis"가 탄생한다. 이 말은 전 세계에 '코기토, 에르고 숨Cogito, ergo sum'이란 라틴어로 잘 알려져 있다. 이 논쟁은 가끔씩 '코기토'로 언급된다.

그런데 여기에는 난해한 문제가 하나 있다. 과연 존재란 것이 '존재하고 있음을 알고 있는 지식'과 분리해서 존재할 수 있는가 하는 것이다. 데카르트는 생각한다는 것을 존재성을 확신하는 토대로 삼았다. 이는 유일하게 직접적으로 알 수 있는 자료(소여)다. 이런 태도로 데카르트는 모든 것을 원점에서 다시 시작했던 것이다. 그러나 이 시점부터는 모든 존재들이 생각의 존재에 의존하게 된다. 물론 이는 다른 형태의 존재보다 이해하기가 쉬웠다. 데카르트는 생각하는 것이야말로 유일하게 '직접적인' 실체라고 말하면서 행복해했다. 그의 합리주의를 계승한 몇몇 사람은 아예 '유일한' 실체라고 말하기도 한다.

데카르트는 물질보다 정신을 더 확실한 실체로 여겼다. 그는 그 누구의 정신도 아닌 바로 자기 자신의 정신이 가장 확실한 실체라고 주장했다. 그렇다면 자신의 코기토가 옳다고 그토록 확신할 수 있었던 이유는 무엇일까? 그것이 명석판명하기 때문이다. 그럼 그가 말한 '생각한다'는 무슨 뜻인가? 그것은 우리가 직접적으로 사물을 지각할 때 이루어지는 모든 것이다. 따라서 이해하고, 의도하고, 상상하는 것뿐 아니라 느끼는 것까지도 바로 생각하는 것이다.

육체와 정신

데카르트는 본질적으로 자신이 생각하는 존재라고 결론지었다. 그리고 이를 출발점으로 해서, 생각하는 자신의 일부인 영혼이나 정신이 육체와 완전히 분리된 개별적인 것이며 육체보다 인식하기도 쉽다고 주장했다.

그는 육체와 정신이 서로 평행선을 달리고 있어 만날 수 없다고 생각했다. 나란히 놓은 자명종 두 개를 생각해보자. 첫째 자명종에는 종은 없지만 바늘이 있고, 둘째 자명종에는 바늘은 없지만 종이 있다. 따라서 첫째 자명종은 맞춰놓은 시간만 보여주고 둘째 자명종은 종만 울린다. 두 자명종은 연결되어 있지 않다. 이처럼 정신과 육체는 서로 연결된 것처럼 보일 뿐 실제로는 그렇지 않다.

데카르트는 밀랍(왁스)을 예로 든다. 밀랍은 만져보기만 해도 그 속성을 분명히 알 수 있지만 조건이 바뀌면 속성도 바뀐다. 밀랍은 가열되면 부드러워지지만, 식으면 단단해진다. 데카르트는 이러한 속성들이 밀랍 그 자체는 아니며 감각이 지각할 수 없는 정신으로 이해할 수 있다고 말한다. 따라서 사물의 지식은 감각이 아닌 정신으로 획득하는 것이다.

신의 존재에 대한 존재론적 증명

데카르트는 외부 세계와 관련된 모든 것을 의심했지만 자신의 존재성만큼은 확신했다. 자신이 생각하는 존재였기 때문이다. 자신의 존재성을 사유 활동을 통해 즉석에서 파악했던 것이다. 그럼 감각이 관찰하는 실체는 무엇인가? 그는 실체의 존재 역시 입증해야 했다. 그리고 이를 해결하기 위해 신을 찾았다. 그에게는 그 누구도 속이지 않는 완전자가 존재해야만 외부 세계의 실체들이 환영이 아님을 확신할 수 있었기 때문이다.

그럼, 데카르트는 어떤 철학적 근거로 신의 존재를 확신했던 것일까? 그는 자신이 뭔가를 의심하고 있다는 사실에 집중하게 되면 그것의 불완전성을 쉽게 인식할 수 있다고 말한다. 즉 자신의 실수를 깨닫는 순간 그것이 불완전함을 알게 된다는 것이다. 그런데 불완전성을 자각한다는 것은 역으로 완전성에 대한 인식을 함축적으로 드러낸다. 그러나 완전성을 인식하는 것은 불완전한 존재로부터 비롯되지는 않는다. 오직 무한하고 완전한 존재만이 완전성을 사고할 수 있다.

이런 견해는 역사가 오래다. 존재성이 완전성의 본질을 이루는 한 부분이라고 주장했던 중세의 안셀무스까지 거슬러 올라간다. 예컨대 어떤 것이 완전한데도 존재하지 않는다면 이는 완전한 것이 아니며, 그만큼 모순 논리에 해당한다는 것이다. 이것은 신의 존재를 증명하기 위한 존재론 논쟁으로 알려져 있다.

결국 인간처럼 불완전한 존재는 신처럼 완벽한 존재의 힘에 의존할 수밖에 없다. 불완전한 존재는 그들의 고유한 존재성과 지속적인 존재성을 언제나 완전자에게 의존한다.

WORK

방법서설 [Discours de la méthode(1637)]

· 철학을 하는 올바른 방법은 명료하고 확실해서(명석판명) 결코 의심이 필요 없는 견해만 수용하는 것이다. 그리고 복잡한 질문은 기본이

되는 간단한 질문들로 먼저 세분화한 뒤, 간단한 것에서 복잡한 것으로 나아간다. 그런 다음 모든 단계를 논리적으로 재검토한다.

· 이 방법을 실행에 옮길 때 "나는 생각한다. 고로 존재한다"라는 사실 이외의 모든 명제를 의심해야 한다.

· 나란 존재는 생각하는 실체로서 신을 인지한다. 그런데 경험을 통해 완전자를 추론할 수는 없기 때문에 신은 관념의 근원으로서 존재한다. 불완전하고 경험 가능한 존재들은 완전자 없이는 존재할 수 없다. 신이 존재하지 않는다면 그는 곧 완전자가 아니라는 뜻이기 때문에 신은 필연적으로 존재한다.

· 실존하는 신은 우리가 외부 세계의 지식을 쌓을 수 있는 근원을 제공하지만, 이때도 명석판명해서 의심이 필요 없는 견해만 받아들여야 한다. 감각과 이성에 대한 신뢰성은 신에게서만 비롯되기 때문이다.

합리주의란 무엇인가

데카르트는 합리주의 철학자다. 합리주의자는 경험주의자와 대조를 이룬다. 경험주의는 제8장에서 데이비드 흄을 다룰 때 살펴보기로 하고 우선 합리주의가 무엇인지 알아보자.

'사람은 동시에 두 곳에 있을 수 없다'는 진술을 예로 들어보자. 이 진술은 필연적인 사실이다. 그런데 왜 필연적인 사실인가? 선험적(아프리오리)으로 인식 가능하기 때문이다. 즉 모든 사례에 들어맞고 그것이 의미하는 바를 생각만 해봐도 사실임이 드러난다.

우연히 사실인 진술문도 있다. 이 경우는 경험으로 알 수 있다. 예컨대 이 책을 읽는 지금 이 순간 방 안에 몇 사람이 있는가? 그 수는 다양할 것이다. 즉 어떤 특정한 숫자가 미리 정해져 있지 않다. 자, 책에서 눈을 떼고 고개를 들어서 그 수를 세어보자. 그것이 방 안에 함께 있는 인원수를 아는 유일한 방법이다. 이 방법은 방 안에 있는 인원수가 후험적(아포스테리오리)으로 인식 가능한 것임을 뜻한다. 즉 직접 세어보면 그 해답을 알 수 있다. 그러나 선험적인 진술은 고개를 들어 확인할 필요가 없다. 이미 사실인지 거짓인지를 알기 때문이다. 고개를 들어 확인하는 것은 경험을 통해 진실 여부를 증명하는 사례이며, 선험적인 진술은 이런 증명이 필요 없다.

그렇다면 선험적인 진술은 정보를 제공하는 것인가, 아니면 이미 말한 사실을 또 다른 방식으로 정의 내리는 것에 불과한가? 사람들은 선험적인 진술을 분석적이라고 한다. 예컨대 '개는 개다', '정사각형은 네 개의 면으로 구성된다', '네발짐승은 발이 네 개다' 같은 진술문이 해당된다. 그런데 이 각각의 진술문은 이미 말한 사실을 되풀이한다. 예컨대 '정사각형에는 네 개의 면이 있다'라는 진술은 정사각형 정의의 일부고 '네발짐승은 발이 네 개다'라는 진술은 네발짐승 정의의 일부다. 따라서 분석적인 진술이란 이미 말한 사실을 단지 말만 바꾸어서 되풀이하는 것으로 새로운 정보를 제공하지는 않는다.

반면에 종합적인 진술은 새로운 정보를 제공한다. 예컨대 '미국은 50개 주로 이루어져 있다', '나폴레옹은 1815년에 대패했다', '타지마할은 인도에 있다' 같은 진술문이 해당된다. 이 진술문은 모두 이미 말한 사실을 되풀이하지 않는다. 그러나 사실이어야 하는 진술문은 하나도 없다. 단지 정보를 제공하는 것이다. 직접 가서 확인해보면 알 수 있다. 이것이 바로 종합적인 진술이다.

그럼, 종합적인 진술은 모두 후천적으로 인식 가능한 경험적인 것이고, 분석적인 진술은 모두 선험적으로 인식 가능한 필연적인 것인가? 아니면 종합적이면서 선험적인 진술이나, 참신한 정보를 제공하면서 필연적으로 사실인 진술도 있는가?

경험주의자는 종합적이면서 선험적인 진술은 없다고 주장하고 합리주의자는 있다고 주장한다. 합리주의자는 사람들이 경험을 통해 특정 개념을 획득하지만 그렇게 개념을 획득한 뒤에는 '이성을 통한 통찰력'으로 그 개념의 실재를 파악한다고 한다. 데카르트는 합리주의 철학자였으며 근대의 합리주의 전통에서 최초의 위대한 사상가였다.

여기서 논의한 견해들은 뒤에서 흄과 이마누엘 칸트Immanuel Kant, 1724~1804를 살펴볼 때 특히 더 중요하다.

철학자 바라보기

데카르트는 과거와 완전히 단절하겠다고 결심했지만 그가 주장한 견해 가운데 상당 부분이 중세의 스콜라철학에서 비롯된 것이었다. 이는 그가 물리적 실체들이 존재한다는 믿음을 정당화하기 위해 신을 수용한 방식만 봐도 알 수 있다. 그럼에도 그의 사상을 전체적으로 요약하자면 대단히 혁신적이고 급진적이었다.

분석과 명료함, 과정과 종합 등을 정리한 그의 규칙은 오늘날에도 여전히 유효하다. 심지어 지나칠 정도로 방법론과 합리성을 따지는 사람들을 보고 '데카르트적'이라고 말하기도 한다. 그에 과도하게 구속되어서는 안 되지만 보조 수단으로 활용하는 것은 매우 중요하다.

모든 것을 의심하기란 불가능하다. 데카르트는 철저한 의심에 대한 해답을 가지고 있었다. 모든 것을 의심한다면 질문하는 것이 더 이상 의미가 없게 되고, 반드시 의심이 멈춰야 할 지점이 있게 된다. 그 지점에 이르면 더 이상 사실들을 의심할 수 없고, 논리상의 절차를 문제 삼을 수 없다. 이 문제를 다른 사상가들은 어떻게 접근하는지 주의 깊게 살펴보자. 그들은 과연 의심할 수 없는 사실과 질문할 수 없는 논리 절차를 발견하는 데 성공했을까?

데카르트는 육체와 정신을 과감하게 분리해서 보았고 이는 영혼을 육체와 독립된 실체로 인식하는 과정에서 이론적으로 매우 유리하게 작용했다. 아마도 당시 기독교 사상계는 이를 몹시 반겼을 것이다. 그러나 이 같은 분리는 사람들의 경험, 특히 현대 심리학에서 바라보는 경험과 일치하지 않는다.

뛰어난 수학자이고 철학자이면서 신학자이기도 한 앨프리드 화이트헤드Alfred Whitehead, 1861~1947는 "고대 세계는 우주의 드라마를 주장하지만 현대 세계는 영혼이라는 내면의 드라마를 주장한다"라고 말한 적이 있다. 그의 말대로라면 이것은 진보를 뜻하는 것일까? 인간이란 존재로 21세기를 살아가는 우리에게 과연 이것은 어떤 의의가 있을까?

어쨌든 데카르트의 사상 덕분에 물질보다 정신이, 그것도 다른 사람의 정신이 아닌 나의 정신이 더 중요해진 것은 틀림없다!

6

존 로크와
몽테스키외

자유주의 국가

John
Locke

Montesquieu

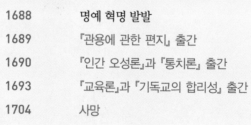

존 로크

몽테스키외

존 로크

존 로크와 몽테스키외는 서로 완전히 다르다. 이들을 함께 짝 지어놓은 이유는
아주 단순하다. 두 사상가 모두 오늘날 자유주의 국가라고 부르는 국가 형태를
지지했기 때문이다. 여기에는 계약론, 자연법, 권력분립 같은 개념들이 포함된다.
로크는 17세기 사상가로 중산층 영국인이었다. 1688년 영국에서 명예 혁명이 일
어나 제임스 2세가 폐위되고 오렌지공 윌리엄이 왕위를 이어받았는데, 그 이후에
로크의 이론이 영국에서 실시되었다.

로크의 생애

존 로크는 1632년에 영국 남서부에 위치한 브리스틀Bristol 근교에서
태어났다. 아버지는 변호사였으며 올리버 크롬웰Oliver Cromwell,
1599~1658과 의회에서 함께 일한 적이 있는 청교도였다. 청년 로크는
1646년부터 1652년까지 웨스트민스터Westminster School에서 공부했으
며 졸업 후 옥스퍼드의 크라이스트 처치Christ Church 칼리지에 입학했
다. 그곳에서 학사와 석사 학위를 받았으며 졸업 후 명예 교우로 임
명되어 그리스어와 수사학, 도덕철학을 가르쳤다. 당시 옥스퍼드 대
학의 철학 강좌는 스콜라철학으로 구성되어 있었다. 하지만 내용이
너무 지루해서 로크는 그다지 좋아하지 않았다. 게다가 이런 유형의
추론에 딸려 있던 질문들의 요지를 제대로 이해할 수 없는 경우도 있

었다.

　로크가 좀더 폭넓은 철학에 관심을 두게 되었던 것은 자신처럼 스콜라철학에 염증을 느꼈던 데카르트의 책을 읽고서부터였다. 물론 데카르트의 책은 개인적인 관심에서 읽은 것이지 당시 대학 교과과정에 포함되어 있지는 않았다. 그는 옥스퍼드에서 '보일의 법칙'을 발견한 로버트 보일Robert Boyle, 1627~1691 을 비롯해서 수많은 친구와 사귀었고 근대 과학과 실험, 수학 분야에서 점점 영향력을 발휘하던 당시의 사상가들과 친분을 맺었다. 로크는 의사 자격증도 땄는데 개업하지는 않았다. 이후 옥스퍼드를 떠나 당시 어느 정치권 실세의 비서관으로 일했다. 잠시 영국을 떠난 적도 있었지만 다시 돌아와 찰스 1세Charles I, 재위 1625~1649 가 대법관으로 임명한 섀프츠베리1st Earl of Shaftesbury, 1621~1683 밑에서 일했다. 그 뒤로도 정부 요직을 몇 차례 더 맡았지만 섀프츠베리가 실각하자 로크의 공직 생활 역시 끝났다. 그 후 다시 옥스퍼드 대학의 명예 교우로 있었으며, 건강이 악화되어 1675년부터 5년 동안 프랑스에서 보내게 된다. 그 뒤 로크는 영국으로 돌아와서 다시 섀프츠베리와 연을 맺었다. 그러나 섀프츠베리는 이전보다 더 치명적인 정치 패배를 경험하고는 어쩔 수 없이 네덜란드로 도피하게 되었다. 로크 역시 생명의 위협을 느껴 1683년 네덜란드 망명길에 올랐다. 그는 제임스 2세의 왕위 등극을 반대한 몬머스Monmouth 의 반란에 연루된 혐의를 받아 지명수배자 명단에 오르게 되었다. 그 후 이름이 삭제되기는 했지만 계속 국외에서 가명으로 지내다가 윌리엄 3세William III, 재위 1689~1702 가 무사히 왕위에 오르는 것을 확인하고서야 영국으로 돌아왔다. 그는 건강을 이유로 대사직을 거절했으나 비상근이었던 통상위원직은 수락했다. 1691년에 에식스 Essex의 오츠Otes로 낙향했고, 그곳에서 매섬Masham가의 식객으로 지내다가 1704년에 매섬 부인의 찬송가를 들으면서 사망했다.

로크의 주요 저서로는 『관용에 관한 편지Letters on Toleration』, 『인간 오성론An Essay Concerning Human Understanding』, 『통치론Two Treatises of Government』, 『미래를 위한 자녀교육Some Thoughts Concerning Education』, 『기독교의 합리성The Reasonableness of Christianity』 등이 있다.

플라톤과 아리스토텔레스 이후 정치사상

플라톤과 아리스토텔레스가 제시했던 탁월한 정치철학 체계는 고대 그리스의 도시국가라는 매우 특수한 배경이 밑바탕에 깔려 있었다. 그러나 도시국가는 알렉산드로스 왕이 대제국을 수립하면서 갑작스럽게 완전히 다른 단위로 대체되었다. 그리고 이것을 로마제국이 이어받았고 그 후에는 가톨릭 교회가 그 자리를 대신하면서 기능면에서 효율적인 새로운 제도가 확립되었다. 더 이상 구시대의 낡은 정치사상은 효력을 발휘하지 못했다. 배경이 완전히 달라진 것이다.

고대 그리스와 로마의 종교는 좀더 새로운 형태를 갖춰가면서 인간의 불멸성에 대해 생각하는 것을 장려했다. 이는 종종 죽음에 임박한 신과 신비주의적인 연관이 있었다. 사람들은 특별한 입회 의식을 통해 이런 종교에 참여할 수 있었다. 아리스토텔레스 이후에 철학은 새로운 역할을 담당하게 되었는데, 오늘날로 보면 종교가 담당할 임무였다. 철학은 점점 사람들에게 위안을 제공하는 것은 물론 어떻게 하면 선하고 도덕적인 삶을 영위할 수 있는지를 논하는 역할까지 떠맑게 되었다. 게다가 신비주의 정서를 가미한 철학은 신념을 강요하는 유일한 가치관 역할까지 담당했다. 이 경향으로 기독교 교회 일반은 마치 그런 사고방식을 위해 미리 만들어져 있던 것처럼 보이는 제도를 확립할 수 있었다. 사람들은 이런 정서적 버팀목이 없다면 광활하고 험한 이 세상을 헤쳐 나갈 수 없다고 생각했다. 고대 그리스 도시국가 시민들은 이러한 관점을 이해하기 어려울 것이다.

제국은 사멸해가는 정부 형태였다. 제국을 통치하는 소수의 권력자는 자유를 누리지만, 나머지 일반 대중은 복종할 의무만 있고 착취당하기만 할 뿐 권리를 주장할 수 없으며 아무런 권한도 없다. 강력한 권력을 행사했던 중세 교회 역시 일반 평민에게는 제국과 다를 바 없었다. 마침내 이런 사고방식이 무너지고 교황의 권력이 약해지자 예전에 없던 두려움이 엄습했지만 동시에 새로운 가능성도 열렸다.

이제는 제국과 교회로부터 점차 분리되고 개별화된 개인들이 어떻게 함께 살아갈 수 있는지가 모든 이들에게 중요한 문제였다. 그러나 한편으로는 모두가 공통된 인간성을 공유하고 있음을 자각하게 되었다. 이제 정치사상은 인간으로서의 보편성과 함께 완전히 개인적이고 사적인 삶을 영유하는 일개인의 개념을 모두 포함해야 했다. 즉 인간의 공통된 특성이 부여된 개개인에 초점을 맞추어야 했다. 이로써 인간의 권리와 보편타당한 구속력을 지닌 정의의 실행이라는 두 개념은 서구 정치 문명에서 하나의 쌍을 이루는 토대가 되었다.

자연법

법과 관련해서는 두 가지 관점이 점진적으로 발전했다. 하나는 지역성에 입각한 법이고, 하나는 이성에 입각한 보편타당한 법이다. 이 가운데 이성의 법이 더 중요하다. 규범을 제공하고 자연 상태에 토대를 두기 때문에 특정 지역에 국한된 관습법은 이성의 법을 따라야만 한다. 즉 사물 본래의 존재 방식인 자연은 그 사물이 어떻게 존재해야 하는지를 알게 하는 통찰력을 제공한다. 따라서 해야 할 것과 해서는 안 되는 것을 알려주는 도덕법의 기초도 자연 그대로의 인간 본성에서 찾을 수 있다. 인간의 본성에는 인간이 어떻게 살아야 하는지를 지시하는 내용도 포함돼 있다. 게다가 인간은 자연 세계에서 '당위'의 개념을 아는 유일한 존재다. 결국 여기서 말하는 법이란 사람들이 모여서 토론하고 결정해서 공포하고 조정하는 과정을 뜻하는 것이 아니라 인간 본성에 이미 내재되어 있는 것을 뜻한다. 즉, 자연법은 우리가 만드는 것이 아니라 발견하는 것이며, 우리가 내린 결정보다 앞서서 이미 존재하는 것이다.

이성의 법

로크보다 조금 앞서 태어난 정치 사상가 토머스 홉스Thomas Hobbes, 1588~1679는 인간이 자연 상태에서 삶을 영위하면 그 삶은 "고독하고 빈곤하며 추잡하고 야수 같아 단명한다"고 주장했다. 하지만 로크는 자연 상태의 삶이 비록 미개하고 불완전하지만 그래도 본성은 사회적이라고 주장했다. 즉 '평화와 선의, 상호 협력과 보존'을 추구할 것이라고 생각했다. 즉 홉스가 말하는 자연 상태의 인간은 개별적으로 살아가지만, 로크가 말하는 자연 상태의 인간은 '사회'를 이룬다고 할 수 있다. 로크는 사람들은 항상 타인의 생명과 재산을 존중하라고 가르치는 이성의 법에 복종해왔다고 주장한다. 그런데 개인과 군주가 이 이성의 법을 포기할 때 전쟁과 폭력이 일어난다. 이성의 법을 해석할 일인자나 제도가 없기 때문에 개개인이 이 법을 스스로 해석하게 되고 이로써 혼란이 일어난다.

자 연 권

로크는 '생명, 자유, 재산'에는 자연권natural rights이 있다고 주장했다. 자연권이란 모든 개인이 태어날 때부터 자연적으로 가지는 권리로, 원시 사회 이전부터 존재했다. 즉 개인의 권리가 사회의 권리보다 앞선다는 것이다. 따라서 사회가 자연권을 부여한 것이 아니기 때문에 특정한 상황을 제외하고는 이를 조정할 수 없다.

그는 또한 개개인이 자신의 노동을 통해 획득한 것이면 무엇이든 재산이 될 수 있다고 정의 내렸다. 이를테면 누군가가 땅을 개간해서 담을 치고 경작을 하면 그 땅은 자신의 소유가 되는 것이다. 본래 사람들은 자연을 이용해서 생계를 유지할 권리가 있었기 때문에 모든 재산을 공유했다. 그러나 시민 사회는 공동 소유 탓에 일어날 수 있는 많은 어려움을 해소하고자 재산권 개념을 만들어냈다.

사 회 계 약

로크는 국가란 개인 간의 합의로 형성된다고 주장했다. 즉 개개인이 공동체를 위해 자연권을 포기하겠다고 합의했다는 것이다. 이 계약은 원래 개인 간에 이루어졌는데, 여기에는 개인의 권리를 사회 집단에 양도하는 것이 포함되었다. 이로써 개개인을 대표해서, 그리고 그들의 복지와 보호를 위해 그 권리를 실행할 시민 권력을 창출했다.

시민 권력은 형벌과 함께 법을 제정해서 재산을 조정·보존하고 공동체가 허용한 힘으로 법을 집행한다. 이것은 개인의 힘으로는 불가능하다.

그런데 주목할 점은 이것이 공동의 선을 위해서만 행해지기 때문에 모든 권력을 양도할 필요는 없다는 것이다. 계약은 절대적인 것이 아니라 제한된 특정 목적에 따라 형성된다. 따라서 양도될 권리들은 공동체를 위한 것으로 한정한다. 국가의 목적 또한 단지 '생명과 자유, 재산'을 보호하는 일에 한정한다. 따라서 시민사회가 형성될 때 다수의 결정에 의존하는 것은 이성법의 당연한 결과다.

사람들은 국가에 의무를 다함과 동시에 국가로부터 혜택을 받는다. 만약 일이 순조롭게 진행되지 않으면 계약은 무효화되며 시민의 합의는 더 이상 구속력을 발휘하지 않는다.

물론 이것은 허구다. 원래 '최초의 계약'은 없었다. 이 허구는 단지 설명에 도움을 주고 정당성을 제공하는 '신화'일 뿐이다. 게다가 사람들은 '계약을 저버리고' 다른 곳에 가서 살 수도 있다. 그러나 국가에 동참하기로 한 사람이라면 누구든 그 최초의 계약을 수용한다. 로크는 공동체를 형성하기 위한 개인 간 합의 또는 시민과 정부 간 합의만을 말했을 뿐 그 계약이 실제로 어떤 내용인지 명확하게 제시하지는 않았다.

삼권분립

로크 정부론의 핵심은 '삼권분립'이다. 정부는 세 가지 방식으로 권력을 행사한다.

1. 권력은 법을 제정할 때 행사한다. 오늘날 입법권으로 불린다.

2. 권력은 법에 토대를 둔 결정을 실행할 때 행사한다. 오늘날 행정권으로 불린다. 로크가 이를 주장하던 당시에는 행정권이 상당히 제한되어 있었다. 예컨대 치안 유지, 재정 관리, 세금 징수, 외교 분야에 한해서 권력을 행사할 수 있었다. 하지만 지금은 보건, 복지, 교육, 경제, 농업, 국제 무역, 해양 자원, 산업 문제, 환경보호, 교통 등 광범위하게 퍼져 있다.

3. 마지막으로 사법권이 있다. 이는 개인들이나 법인체 간에 의견 차를 재판하고 판결하고자 할 때 행사한다.

로크는 자신의 이론에서 세 가지 형태의 권력, 즉 입법권, 행정권, 사법권이 모두 한곳에 집중되어서는 안 된다고 주장한다.

의회 민주주의 국가가 대부분인 서구에서는 대부분 사법권이 독립되어 있다. 그러나 정부가 의회를 통제할 수 있을 때 제 기능을 다하는 의회 민주주의의 특성상 이들 국가 대부분은 행정권과 입법권의 경계가 다소 불분명하다. 그나마 미국이 가장 명확하게 권력을 분립하고 있다.

로크는 사회와 정부가 명확하게 분리된 존재라고 주장한다. 요컨대 정부는 사회의 복지를 위해 존재한다. 만약 정부가 그 믿음을 저버리면 정부 자체가 바뀔 수 있고, 또 바뀌어야 한다. 행정권이 왕에게 있든 의회에 있든, 국민을 억압한다면 권력은 다시 국민에게 되돌아가서 국민이 자신들을 대신할 새 정부를 정해야 한다.

몽테스키외

몽테스키외는 18세기 프랑스 사상가로 프랑스에서 이른바 '법복 귀족' 이라 불리는 가문에서 태어났다. 법복 귀족이란 중세 이후에 귀족 신분을 얻은 가문을 뜻한다. 그의 사상은 살아생전에는 빛을 보지 못했으나, 그의 사후에 미국의 독립혁명을 고무시켰고 1787년에 제정된 미국 헌법에 중요한 영향을 미쳤다.

몽 테 스 키 외 의 생 애

몽테스키외는 1689년 보르도 남쪽의 라 브레드La Brède 성에서 태어났다. 그의 아버지는 기병대 지휘관이었으며 소수 귀족에 속했다. 그의 삼촌은 성공한 변호사였는데 이 길이 몽테스키외가 걸어가야 할 길이기도 했다. 그는 엄격한 법률 교육을 받고 성공한 법조인이 되었지만 법은 그의 주요 관심사가 아니었다. 그는 실험 연구에 점점 관심을 쏟게 되었고 보르도 학회의 해부학 연구를 위해 상을 제정하기도 했다. 그 자신도 분비 기관의 기능, 공명 현상, 중력 등을 비롯해 이와 유사한 주제를 다룬 논문을 제출했다.

그는 암스테르담에서 익명으로 『페르시아인의 편지Lettres persanes』를 출판했는데, 이 일로 일약 유명인사가 되었다. 이 작품은 유럽의 페르시아인들이 페르시아 독자들에게 프랑스에서의 삶이 어떤지를 설명하는 편지 형식으로 구성되어 있었는데, 당시 프랑스인들의 삶뿐만 아니라 절대 권력이었던 군주제와 엄격한 검열 제도를 비판하는 내용이었다. 몽테스키외는 신랄하고 재치 있게 프랑스 사회를 혹평했다.

몽테스키외는 법과 관련된 역사와 철학책도 출판했다. 특히 프랑스의 헌법 사상 원리를 강조했다. 또 유럽에 널리 퍼져 있는 군주제가 어떻게 확립되었는지에도 관심이 있었다. 1728년에는 프랑스에서 가장 권위 있는 학술기관인 아카데미 프랑세즈Académie française의 회원으로 선출되었다. 그리고 같은 해에 유럽을 둘러보기로 마음먹고 독일, 오스트리아, 헝가리, 이탈리아, 네덜란드 등지를 방문했다. 영국에서는 자유를 보장하는 영국의 헌법을 보고 감탄했다. 그러나 부패한 의회 체제에는 비판을 가했다.

고국으로 돌아온 몽테스키외는 법의 본질에 대한 책과 여러 법들이 상호 조화를 이룰 수 있는 방법에 대한 책을 써야겠다고 결심했다. 이를 위해 엄청난 양의 책을 읽었고, 사교 모임을 위해 자주 드나들던 살롱과 고등법원, 아카데미에도 발을 끊었다. 그는 남은 20여 년 세월을 작품 완성을 위해 헌신했다.

마침내 1748년 제네바에서 31권에 달하는 『법의 정신De l'Esprit des lois』이 출판되었다. 이때 몽테스키외는 이미 지칠 대로 지쳐 있었다. 특히 방대한 독서 탓에 그의 시력이 많이 손상된 상태였고 건강은 회복될 기미가 전혀 보이지 않았다. 결국 1755년 파리에서 사망했다.

재치가 넘치다 못해 경박하고, 회의적이다 못해 냉소적이기까지 했던 몽테스키외는 점점 조용하고 이해심 많으며 낙관적인 사람으로 변해갔다. 그는 여러 분야에 두루 호기심이 많았으며, 그가 거대한 사상들을 통합할 수 있었던 것은 고통스러운 노력에 힘입은 바 크다. 그의 사상은 정확하고 명쾌했다. 그리고 모든 면에서 대단히 성숙한 정의감과 인간의 위엄에 대한 관심을 드러냈으며, 인간을 학대하는 것을 무척 혐오했다. 그는 초기 계몽주의 사상을 대표하는 인물이었다(계몽주의는 데이비드 흄 편에서 자세히 다룰 예정이다).

자 연 법 원 리

몽테스키외는 자연법 원리를 채택했다. 그는 자연법 원리가 사물의 본성에서 비롯되는 필연적인 관계를 기술한다고 주장했다. 사실 그는 이 견해를 거의 사용하지는 않았지만, 자연법 원리를 환경이 달라짐에 따라 다르게 작용하는 것으로, 즉 다른 조건과 만났을 때 다른 제도 장치를 만드는 것으로 간주했다. 그는 여러 국가와 그 국가들이 확립한 다양한 제도를 직접 경험하면서 광범위하게 연구했다. 이 연구가 종종 부정확하고 때로는 공상적이기까지 했지만 주된 요지는 어떤 국민의 정부든 법이든, 그 국민이 사는 조건에 의존한다는 점이었다. 국민의 습성, 관습, 거주지, 기후, 심지어 토양 상태에 따라 상이한 양상을 띤다는 것이다.

정 부 의 세 가 지 유 형

몽테스키외는 절대군주제가 프랑스의 헌법을 심하게 훼손함으로써 자유를 누리는 것이 불가능할 지경에 이르렀다고 주장했다.

　몽테스키외는 정부 유형을 셋으로 분류했다. 한 명의 군주가 자신의 욕망과 이익에 따라 통치하는 '전제정', 한 명의 군주가 통치하되

법에 따르는 것을 '군주정', 여러 사람이 통치하는 '공화정'이다. 공화정은 주권이 국민 전체에 있는 '민주정'과 소수의 귀족에게 있는 '귀족정'으로 다시 나뉜다. 몽테스키외는 각각의 '유형'에 다음과 같은 통치 원리가 내포되어 있다고 덧붙였다.

공화정은 시민의 덕성에 의존한다.
군주정은 군대의 명예 의식에 의존한다.
전제정은 백성의 공포나 노예성에 의존한다.

그는 공화정은 작은 국가에, 군주정은 중간 규모의 국가에, 전제정은 큰 국가에 적합하다고 주장했다. 불행히도 왜 그런지 정확한 이유를 아는 사람은 없지만 말이다.

몽테스키외는 절대군주정이 전제정의 한 형태라고 믿었다. 따라서 그는 법의 보고인 국민과 왕 사이의 중간 권력이 모두 폐지되어 법이 곧 왕의 뜻이나 마찬가지였던 당시 프랑스 체제를 비판했다. 반면에 영국에서는 법과 개인의 권리에 기반해서 계몽된 군주정이 실현되고 있다고 보았다.

권력분립
몽테스키외의 주 목적은 자유를 획득할 수 있는 조건을 분석해서 프랑스의 자유를 회복시키는 것이었다. 그는 영국을 세계에서 가장 자유로운 나라라고 평가하면서, 영국의 자유가 삼권분립에 의존한다고 믿었다. 즉 서로 다른 주체가 입법권, 행정권, 사법권을 행사함으써 견제와 균형이 적절히 유지된다고 생각했다. 그는 또한 자연이 실정법에 앞서 절대 정의의 규범을 제공했다고 확신했다.

실정법과 절대 정의

매일 제정되는 규칙과 규정들로, 우리의 일상을 통제한다. 오늘날로 치면 왼쪽에서 운전하기, 부가가치세 10퍼센트 내기, 시내 제한 속도 지키기 등이 이에 속한다. 인간은 이런 법을 제정·개정한다.

실정법에 앞선 절대 정의란 우리의 사고와 상관없이 이상으로 존재하는 정의의 개념이다. 우리는 종종 이런 개념들을 활용하는데, 공평성, 평등, 무죄 추정의 원칙 같은 기본 원칙들이 이 범주에 속한다.

철학자 ^{바라보기}

로크의 정치사상에는 다소 모호한 점이 있다. 그는 당시의 관습을 매우 올바르다고 여기는 경향이 있었다. 게다가 사회계약설에 관해서는 실제 현실 분석에 거의 주의를 기울이지 않았다. 따라서 오늘날 사회계약설을 말하자면, 정치사회 성립의 근거를 설명하는 이론의 기본이 되는 '신화'로서 가치가 있다고 말할 수는 있어도 그 외양은 인위적으로 짜 맞춘 느낌이 든다. 한번 생각해보자. 사회계약설 개념을 이용해서 현대의 자유 민주주의 사회에서 시민이 된다는 것이 무엇을 뜻하는지 이해할 수 있을까? 사회계약설이 초래하는 결과는 과연 무엇일까?

로크는 또한 피지배자의 동의 개념이나 공동의 선이 어떻게 최상의 형태로 토의되고 표현될지에 주의를 기울이지 않았다. 예컨대 선거 형태라든가, 누가 공동의 선을 표현할 수 있는지, 그리고 그 기간은 어느 정도인지 등을 전혀 언급하지 않았다.

게다가 로크는 개개인 모두가 기본 자유를 누림과 동시에 그 일부를 더가치 있는 선을 위해 정부에 양도하겠다고 합의한다고 주장했는데 이는 로크 당대의 사람들에게나 해당되는 표현이다. 당시 사람들은 사회계약을 저버리고 미국으로 건너가 완전한 자유를 만끽하며 미개척지에서 삶을 영위할 수 있었다. 이것이 오늘날에도 가능할까? 당시의 미국과 같은 곳이 오늘날 어디이며, 이런 행위 자체가 용인되는 나라가 과연 있을까?

로크는 소수의 인권도 언급하지 않았다. 소수의 인권을 자각하고 신중을 기해야 함은 물론, 광범위하게 이를 수용하기 위해 노력하는 것이 공동체의 의무인데도 말이다. 소수의 인권을 중요하게 언급하기 시작한 것은

19세기에 와서야 밀에 의해 이루어졌다.

공동의 선도 로크의 관심사 밖이었다. 그는 사유재산을 보호하는 것이 공동의 선이라고 생각했다. 하지만 공동의 선을 구성하는 요소에는 이외에도 더 많은 것을 포함시킬 수 있을 것이다.

그러나 이러한 한계에도 불구하고 로크는 사람들에게 고려해야 할 가치가 있는 것들을 많이 제공했다. 또 현대 자유주의 국가가 점진적으로 그 모습을 드러내기 시작할 때도 그의 사상이 많은 도움이 됐다. 그는 당대 사람들에게 인정을 받았으며 그의 사상 역시 환영받았다. 그가 살던 시대는 영국이 군주의 권력을 제한하고 정기 의회를 정립해나감으로써 권위주의에 내재된 최악의 요소를 제거하고 제한적이나마 종교의 자유를 확립하고자 애쓰던 역동적인 정치 변화기였다. 따라서 로크는 이 같은 시대적 열망을 대변한 인물이었다고 할 수 있다.

몽테스키외는 경험을 토대로 법과 제도를 연구했지만 연구는 정확하지 못했고 제공한 정보 역시 심각한 결함이 발견되곤 했다.

게다가 그는 로마의 공화정을 이상화해서 자신의 사상적 기반으로 삼았기 때문에 당대의 국가 제도와는 거의 관계가 없었다.

그리고 어떤 제도든지 한 국가에 뿌리를 내려 살아남았다면 그 배경에는 합당한 이유가 있고 따라서 그 제도는 분명 '합리적'이라고 주장했다. 그의 견해는 상대주의 경향이 강했다. 그러나 문제는 이 같은 추론이 그가 그토록 혐오했던 프랑스 절대 군주정을 정당화하는 데 이용될 수도 있다는 점이다. 게다가 이런 유의 상대주의는 자명한 도덕법은 물론 몽테스키외 자신도 인정했던 변하지 않는 정의의 법과도 상충된다.

몽테스키외는 인간의 법은 합리적이라고 생각했다. 그럼 '나쁜 법'은 없을까? 인간의 법은 과연 합리적인 것일까? 그렇다면 어느 정도 그럴까?

몽테스키외의 사상에서 비롯된 중요한 개념도 있는데, 이는 법이란 것이 일련의 복합적인 요인들을 통해 생겨난다는 점이다. 특히 법은 시행될 환경에 적합해야 한다. 이 견해에 달리 더 할 말이 있을까?

몽테스키외는 완벽한 정부는 없지만 그 이면에는 덕을 갖춘 정부가 되고자 하는 열망과 이상이 있다고 주장한다.

그가 주장하는 자유의 법에서 "자유란 법이 허용하는 한도 내에서 뭐든 할 수 있는 권리"를 뜻한다. 즉 법이 사람들에게 뭔가를 해도 된다고 허용하면 사람들이 이것을 막을 수 없다는 말이다. 그리고 법이 부여한 자유의 범주 내에서는 사람들에게 특정한 방법으로 행동하도록 강요할 수도 없다.

몽테스키외는 자신이 영국에서 목격한 '삼권분립' 사상이 원칙의 결과로서 이루어진 것이 아니라 오랜 시간 동안 관습이 점진적으로 진화해온 것이라고 생각했다. 그는 삼권분립 이론에 '균형'이라는 중요한 개념을 더했고 이것이 미국과 프랑스에 중대한 영향을 끼쳤다. 1787년의 미국 헌법과 1789년의 프랑스 인권 선언문은 이런 감시와 균형의 중요성이 반영된 결과다.

7

바뤼흐 더 스피노자

세상에는 단 하나의 실체만 존재한다

Baruch
de Spinoza

1632	출생
1637	데카르트, 『방법서설』 출간
1638	갈릴레이 진자의 운동 법칙 발표
1649	영국의 찰스 1세 사형
1651	홉스, 『리바이어던』 출간
1656	유대교회에서 쫓겨남
1667	밀턴, 『실낙원』 출간
1670	『신학-정치론』 출간
1677	사망
	『지성 개선론』과 『에티카』 출간

바뤼흐 더 스피노자는 철저한 무신론자이자 신에 도취된 사람으로 동시에 묘사되지만 분명한 사실은 두 가지 속성을 모두 지닐 수는 없다는 점이다. 그는 실제로 합리적인 범신론자로서 신과 자연, 인간을 두루 포괄해서 설명할 수 있는 체계를 구축하고자 했고 이 모든 것을 단일한 영적 실체에서 시작했다. 또한 그의 논증은 유클리드 정리처럼 엄격하고 체계적으로 구축되었다.

어떤 시대든 최초의 단순한 전제로부터 세밀하고 명백하게 구축한 철학 구조에 흥분하는 사상가들이 있기 마련이다. 스피노자는 그런 사상가들의 사랑을 듬뿍 받았다.

스피노자가 태어나기 얼마 전 네덜란드는 사상의 자유를 채택했다. 따라서 네덜란드는 신념과 사상 때문에 박해받던 사람들에게 성역 같은 곳이 되었으며, 급진적인 사상가들의 책도 마음대로 출판할 수 있었다. 스피노자는 다른 누구보다 이 자유를 맘껏 누렸다.

스 피 노 자 의 생 애

1632년에 태어난 스피노자는 훌륭한 철학자요, 수학자이며 과학자였다. 그가 살던 시대는 각종 지식이 급격히 증가해 아직은 특화된 전문 분야가 불필요했던 때였으며, 진지한 학생들이 광범위한 학문 분야를 두루 섭렵할 수 있던 시기였다.

스피노자는 암스테르담에서 태어났는데, 이곳은 그의 부모님이 종교재판을 피해 포르투갈에서 도망쳐 나와 자리 잡은 곳이었다. 그는 당시의 유대인 소년이라면 누구나 받는 평범한 교육을 받았다. 많은 유대인 사상가에 대해 공부했으며 특히 모세스 마이모니데스Moses Maimonides, 1135~1204의 영향을 많이 받았다. 마이모니데스는 중세의 철학자이자 신학자, 의학자로서 신앙과 이성을 통합해서 유대 사상을 아리스토텔레스의 체계와 밀착시키려고 애썼다. 스피노자는 카발라 (유대교의 신비주의적 교파)에 대해서도 잘 알고 있었는데 그런 이유로 스물네 살 때 이단으로 몰려 유대교회에서 쫓겨났다. 그때부터 줄곧 렌즈를 닦으며 생계를 유지했다. 스피노자의 친구들은 주로 급진적인 프로테스탄트교도들이었다. 그의 모국어는 스페인어였으며 어릴 적에 포르투갈어를 배웠고 그 후 라틴어와 그리스어도 배웠다. 나중에는 프랑스어, 이탈리아어, 히브리어, 네덜란드어에도 능통했다.

스피노자는 1660년에 레이던Leiden으로 이사했다가 1663년에 다시 헤이그로 이사했다. 그가 쓴 첫 번째 책은 『지성 개선론Tractatus de intellectus emendatione』인데, 이 작품은 데카르트의 영향을 많이 받았지만 데카르트 학파의 사상을 비판하고 있다. 그 뒤 자신의 대표작인 『에티카Ethica Ordine Geometrico Demonstrata』를 쓰기 시작했지만 또 다른 책을 쓰기 위해 이를 잠시 미루어둔다. 그때 새로 착수한 책은 사상과 행동의 자유에 관한 것이었는데 스피노자는 그 책을 익명으로 출판해야 했다. 이미 말했듯이 네덜란드는 유럽 전역에서 시행되던 검열 제도가 없었으므로 다른 나라보다 사상의 자유가 보장된 곳이었지만, 그런 네덜란드에서도 스피노자의 책은 충격으로 받아들였던 것이다. 책에 대한 비난이 쇄도하자 결국 스피노자는 더 이상 책을 출판하지 않기로 결심했다. 그 후 『에티카』를 완성했고, 『정치론 Tractatus politicus』을 쓰기 시작했지만 완성하지 못하고 죽었다. 그는

1673년에 하이델베르크 대학에서 철학교수 자리를 제의받았지만 사상과 표현의 완전한 자유를 지키고 싶다는 명목으로 거절한 바 있다.

스피노자는 라틴어로 책을 썼고, '기하학적 방식으로 다룬 윤리학(『에티카』의 원제)', '기하학적 방식에 근거한 데카르트 철학 원리'와 같은 그의 책 제목을 보면 알 수 있듯이, 엄격한 논리에 입각해서 기하학 정리처럼 책을 구성했다. 게다가 번호를 매긴 명제들로 이어지는 공리도 있는데 종종 QED Quod erat demonstrandum('입증되어야 한다')라는 글자로 끝을 맺었다. 이런 이유로 그의 책은 읽기가 상당히 난해했다. 그러나 스피노자는 책을 통해 정신을 예속하는 모든 유형의 것에서 인간을 자유롭게 해방시켜 지식이 가져다주는 기쁨을 극대화하려고 했다. 그는 지식을 신앙과 이성, 합리적인 직관의 세 가지로 구분했다. 스피노자에게 공동체에서의 삶은 공동체에서 허용한 존재들이 함께 모여 사는 것을 의미했다.

스피노자는 완벽한 합리주의자였다. 그의 철학이 그토록 엄격했던 것도 그의 사상에 내재된 이 같은 특성에서 비롯된 것이다.

책은 그처럼 진지하고 엄격했지만, 그는 나름대로 인간미가 넘치는 사람이었다. "흥겨움은 아무리 지나쳐도 항상 좋기만 하다. 하지만 우울함은 항상 나쁘다"라고 쓴 적도 있다.

1677년 폐결핵으로 마흔다섯의 나이에 사망할 때까지 스피노자는 평생 독신이었다.

정치사상

스피노자는 『신학-정치론 Tractatus Theologico-Politicus』에서 성서 비판과

정치론을 함께 다루었다. 성서 비판이 19세기에 와서야 시작되었음을 감안하면 그는 현대적이고 진보적인 성서 비판의 시조라고 할 수 있다.

그의 정치사상은 자연 상태에서는 법이 존재하지 않았다고 주장한 홉스의 영향을 받았다. 그래서 스피노자는 (법이 존재하지 않았으므로) '법의 불복종'을 따지는 것은 잘못된 것이라고 주장한다. 그리고 군주는 잘못된 행동을 할 리가 없으며 교회는 국가에 종속되어야 한다고 믿었다. 그는 군주에 대한 반란 행위를 비난했지만, 그렇다고 백성들이 군주에게 모든 권리를 양도해야 한다고 생각하지는 않았다. 그런데 스피노자가 권리를 법에서 비롯된 것이라고 믿었는지, 아니면 자연법 형태에서 비롯된 것이라고 믿었는지 정확히 단정 짓기는 어렵다.

스피노자의 '신'

스피노자는 오직 하나의 실체만 존재한다고 주장했다. 그 실체란 바로 '신'이며, 신은 곧 '자연'이다. 그는 유한한 것은 절대로 그 자신의 실체가 될 수 없다고 한다. 따라서 정신과 물질, 즉 사고와 외연은 신의 속성이다. 신은 이 외에도 무수히 많은 속성을 지니고 있지만 인간은 인식할 수 없다. 영혼과 물체는 사물이 아니라 신의 존재성을 드러내는 측면으로, 명사라기보다는 형용사에 가깝다. 게다가 불멸성은 신성한 존재의 일부가 되어간다는 뜻으로 상당히 비인격적인 요소며 인간은 개별적인 정체성을 보유하지 않음을 나타내기도 한다.

신은 단일한 통합체로서 스스로 결정하기 때문에 외부의 다른 원인으로는 설명할 수 없는 실체다. 따라서 신을 신이게 하는 요소는 결코 신의 외부에 존재하지 않는다. 그런데 이 실체를 '자연'의 측면에서 바라볼 때 우리는 물리적 속성과 외연, 즉 실체가 차지하는 공간의 측면에서 생각한다. '신'의 측면에서 실체를 생각할 때는 사고의 측면에서 바라본다. 따라서 스피노자는 신이면서 자연인 실체에는 외연과 사고의 두 속성이 있다고 주장한다. 그러나 평범한 인간이 정신을 생각할 때는 대체로 육체의 측면에서 생각하지 않으며 그 반대인 경우도 마찬가지다.

스피노자는 다양한 형태를 띠는 실체를 '양태mode'라고 불렀다. 양태란 어떤 다른 것으로 설명되어야 하는데, 이는 실체의 측면에서 살펴볼 때 가능하다. 예컨대 탄산음료에 있는 거품의 측면에서 양태를 생각해보면 쉽게 이해할 수 있다. 거품이 없는 탄산음료 실체는 있을 수 있지만 탄산음료가 없는 거품 양태는 있을 수 없다. 따라서 양태는 실체 없이는 존재할 수 없다. 생명이 없는 물체, 식물, 인간을 포함한 동물 등은 모두 양태에 속한다. 사물이 변하는 것도 모두 이 때문이다. 인간은 또한 양태이기 때문에 실체의 일부분에 속한다. 실체가 양태의 운명을 미리 결정짓는다.

스피노자는 모든 것이 운명 지어진 그대로 진행된다고 주장한다. 신이면서 자연인 실체는 사고와 외연으로 그 자신을 형성한다. 완전한 논리적 필연성이 모든 것을 지배한다. 따라서 정신의 영역에는 자유의지가 존재하지 않으며 물질의 영역에는 우연성이 존재하지 않는다. 심지어 사후 세계와 불멸의 영혼도 존재하지 않는다고 주장한다.

발생하는 모든 것은 신의 속성 때문에 일어난다. 이 세계도, 일련

범신론

신과 세계를 동일시하는 종교적이
고 철학적인 관점을 말한다. 자연
과 신의 대립을 인정하지 않고 신
은 곧 자연이라고 생각한다.

의 사건도 모두 그것 이외의 다른 어떤 것이 되
는 것은 논리적으로 불가능하다. 스피노자가,
있을 법한 모든 세계 가운데 이 세계가 최고라
고 말한 것도 바로 이런 연유에서다. 만약 우리
가 어떤 것을 사악하다고 한다면 이는 단지 부
정적인 것이 나쁘기 때문에 그런 것인데, 부정적인 것은 단지 '유한
한' 피조물의 관점에서만 존재한다. 신에게는 부정적인 것이 존재하
지 않는다.

유한한 것은 그것이 '아닌' 것으로 규정할 수 있다. 따라서 스피노
자는 "모든 규정은 부정이다"라고 말했다. 세련된 방법은 아니지만
쉽게 이해하기 위해 '구멍'을 한번 생각해보자. 구멍은 경계선으로
규정한다. 즉 우리는 구멍을 보는 것이 아니라 그 구멍을 둘러싼 땅
의 윤곽선을 보는 것이다. 결국 구멍은 거기에 없는 어떤 것이다. 완
전한 긍정은 오직 신에게만 해당되며 따라서 신은 절대적으로 무한
한 존재임이 틀림없다. 이는 존재하는 모든 것은 신이거나 신의 일부
라는 뜻을 내포한다. 스피노자가 범신론자로 불리는 것은 바로 이 때
문이다.

스피노자의 물리학, 즉 사물의 실체를 보는 그의 관점은 유물론적
이면서 결정론적이다. 그는 이 체제 안에서 선한 것을 숭배하고 헌신
할 수 있는 최적의 곳을 찾고자 애썼다.

정념

스피노자는 사람의 심리를 이기주의적이라고 보았다. 즉 개개인은

자신의 자아를 위해 헌신한다는 것이다. 따라서 자기보존self-presevation
이 정념의 근간을 이루는 원인이 되며 인간의 모든 행동을 지배한다.
그런데 몇 가지 예외 상황도 있다. 예컨대 사랑은 증오를 억누를 수
있다. 감정이 불충분한 상태의 생각에서 초래될 때 그리고 우리가 외
부의 힘에 종속될 때 이를 정념이라고 부른다. 그러나 우리가 감정을
명석판명하게 이해하는 즉시 그 감정은 더 이상 정념이 아니다. 우리
안에 내재된 참되고 긍정적인 것이 우리를 하나로 통합시키기 때문
에 이 같은 일이 일어나면 자기보존은 그 본질이 바뀐다.

도덕도 진리도 모두 신으로 통한다

스피노자는 정신의 최고선은 신에 대한 지식이라고 주장한다. 즉 정
신의 최고 덕목은 신을 인식하는 것이다. 현명한 개인이라면 이를 자
신이 추구해야 할 목표로 삼을 것이다.

우리에게 일어나는 일은 외부 원인이 결정한다. 우리는 보편타당
한 우주처럼 좀더 큰 전체의 일부이기 때문이다. 그런데 우리는 그
일부가 되는 것을 꺼리고 있다. 물론 지성을 통해 그 전체의 실체를
파악하고자 노력해서 이를 달성하기만 하면 우리는 자유로울 수 있
다. 그러나 스피노자는 인간에게 참된 의미의 자유의지가 있다는 것
을 부정했다.

스피노자는 비도덕적인 행위가 모두 지성의 결함에서 비롯된다고
믿었다. 이 점에서 그는 소크라테스의 관점에 동의했다. 그리고 감정
은 과거의 시간이나 미래의 시간과 관련이 있다고 생각했다. 그런데
스피노자에게 시간은 실재가 아니다. 따라서 시간과 관련 있는 감정

은 이성과 상반된다. 그러므로 현명한 사람이라면 신이 '영원의 관점에서sub specie aeternitatis'이 세상을 바라보는 것처럼 세상을 보려고 노력할 것이다. 미래는 과거와 마찬가지로 불변이다. 따라서 미래가 불확실하다고 보는 것은 현명하지 못한 생각이다. 더욱이 이런 잘못된 생각 탓에 희망과 공포의 감정이 생겨난다.

스피노자는 인간을 공포에서 해방시키고 싶었다. 따라서 그는 불충분한 생각에서 비롯되는 정념의 감정들을 좋지 않게 생각했다. 반면에 지혜는 신을 향한 지적인 사랑이자 사고와 감정의 화합이며, 인간은 참된 사고를 통해 기쁨을 누릴 수 있다고 보았다. 참된 사고로 진리를 파악할 수 있기 때문이다. 모든 것이 신의 일부임을 이해하는 것처럼 말이다. 우리는 신을 사랑할 수 있지만 그 보답으로 신도 우리를 사랑해주길 기대해서는 안 된다. 신은 기쁨이나 고통에 영향받지 않기 때문에 만약 신이 누군가를 사랑한다면 더 이상 신이 아니다.

그러나 '신을 향한 지적인 사랑'을 추구했다고 해서 스피노자를 종교적 신비주의자로 몰아서는 안 된다.

W·O·R·K

에티카 [Ethica Ordine Geometrico Demonstrata(1677)]

· 어떤 것이 그 자체의 원인이 된다면 그것은 필연적으로 존재한다.

· 실체만이 자기원인적이고 무한하며 자유롭다. 따라서 신이 유일한 실체다.

- 신은 필연적으로 존재하며 무한한 속성을 지니고 있다.

- 우리는 신의 무한한 속성 중에 사고와 외연 단 두 가지만을 알고 있다.

- 사고와 외연은 동일한 실체의 속성이기 때문에 육체에서 일어난 일은 정신에서도 일어난다. 즉 동일한 사건의 서로 다른 측면이다.

- 거짓된 생각이란 신과 부적절하게 연관을 맺고 있는 생각을 말한다. 우리가 올바른 생각을 획득할 때 비로소 우리는 육체의 변용變容을 올바르게 유도하는 원인이 된다. 그러면 우리는 인간의 자유를 소유하게 되는데, 이것은 정념에 구속된 노예 상태에서 벗어나는 자유를 뜻한다.

- 정신의 최고 덕목은 신을 인식하는 것이다.

지식론

스피노자는 『지성 개선론』에서 지식에는 네 단계가 있다고 주장했다.

1. 전언(다른 사람들의 증언).

2. 모호하거나 혼동된 경험에서 비롯된 지식의 지각.

3. 다른 사물의 본질에서 추론한 특정 사물의 본질. 그러나 이는 미흡한 점이 있다.

4. 본질을 통해, 또는 가장 근접해 있는 원인에 관한 지식을 통해 인식되는 사물 그 자체.

그리고 『에티카』에서 세 가지 유형의 지식을 언급했다.

1. 의견이나 상상력의 단계

이는 정신의 능동적인 힘에서 비롯된 것은 아니지만 다른 신체에서 생성된 변화와 상태를 반영한다. 경험을 반영하기도 하지만 모호한 면이 있다.

2. 이성의 단계

모든 정신은 신체의 관념으로서 운동, 무게, 고체성 같은 신체의 공통된 속성을 반영한다. 우리는 사물을 이해하는 데 논리를 적용해서 전칭 명제들의 체계를 추론한다. 이런 종류의 지식은 필연적으로 참이다.

3. 직관 지식

세 번째 단계에서 정신은 개별적인 것으로 돌아가서 고립된 현상으로서가 아니라 신과의 본질적인 관계 속에서 이를 인식한다.

자유와 예속

스피노자는 사람들이 감정을 절제하고 억제하는 힘이 부족해지면 정신적 예속 상태에서 살아간다고 주장했다. 욕망이란 수동적인 감정에서 비롯된다(이 감정들은 자기보존에 중점을 두며 사고가 충분하지 못할 때 생겨난다. 특히 사람들 스스로가 외부 힘에 종속될 때 그렇다). 사람들은 수동적인 감정에서 선과 악에 대한 지식을 추론한다. 그러나 이상에 도달할 수 있는 긍정적인 지식을 소유하고도 그릇된 행동을 할 수 있다.

사람들은 이처럼 수동적인 감정에 예속된 삶을 산다. 이와 정반대되는 개념으로 이성에 근거한 삶, 즉 덕을 갖춘 삶이 있다. 이성이 지시하는 대로 행동하면 곧 덕을 실천하는 것이다. 따라서 이해한다고 함은 자유로워짐을 뜻하고 또한 감정의 예속에서 벗어났음을 뜻한다. 예컨대 모든 인간이 서로 비슷하고 공통의 선을 지니고 있음에도 이를 인식하지 못하면 증오의 감정이 발생한다. 그러나 이것을 이해하면 우리는 자신과 동일한 인간을 더 이상 저주하지 않게 된다.

철학자 ^{바라보기}

스피노자는 존경도 가장 많이 받고 덕도 높은 데다 매력적이기까지 한 대철학자다. 그의 윤리관은 고결했다. 그에게 종교와 철학은 하나였고 동일한 것이었으며, 살아가는 동안 자신의 이러한 신념을 끝까지 고수했다. 게다가 부와 명예에 전혀 아랑곳하지 않았고 대단히 검약한 삶을 살았다.

그러나 모든 사건이 한결같이 논리적 필연성의 결과라는 스피노자의 신념은 현대의 논리적이고 과학적인 방법에 부합하지 않는다. 사실이란 생각이 아니라 관찰을 통해 발견하는 것이다. 따라서 우리가 무엇이 일어날지를 정확하게 추론한다면 이는 관찰 가능한 다량의 자료를 확립했기 때문이지 어떤 비인격적인 논리의 힘이 작용하기 때문이 아니다.

스피노자는 일련의 사건들이 이른바 목적인이라 불리는 '대계획'을 어떻게 실현하는지가 아니라, 사실에 입각해서 그 사건들을 설명하고자 애썼다는 점에서 현대 과학의 세계관에 토대를 마련한 선구자로 불린다. 그러나 이것이 사실이라고 해도 스피노자가 철학에서 사용했던 방법이 경험을 토대로 현상을 조사하는 과학 연구의 방법과 동일한 것은 아니다.

스피노자는 윤리학을 통해 인간이 소유한 힘이 극히 제한되어 있음을 받아들이면서도 어떻게 하면 인간이 고귀한 삶을 영위할 수 있는지를 보여주고자 애썼다. 스피노자는 불행이나 죽음을 걱정하고 두려워해서는 안 된다고 주장한다. 물론 우리는 스스로에 관한 두려움을 침착하게 극복할 수 있다. 하지만 우리의 본성이 이러한 감정을 느끼도록 우리에게 지시한다.

불행이 과연 궁극적인 조화에 좀더 감사한 마음을 갖게 만드는 부조화에 불과한 것일까? 인간의 삶이 우주의 삶에 비추어볼 때 극히 작은 일부에 불과하다고 생각하면 마음이 편안해질까?

스피노자의 주된 목적이 지식론 확립이나 정부론 주창에 있었던 것 같지는 않다. 오히려 그는 정신 세계의 진정한 평화와 정념의 예속에서 벗어난 자유를 획득하기 위해 애썼다. 따라서 스피노자는 정념에서 벗어나는 것을 자유라고 생각했으며, 그 자유는 지혜로운 사람이 영원의 관점에서 사물을 바라볼 때 획득된다고 했다. 여러분은 스피노자의 이 견해를 어떻게 생각하는가?

스피노자는 개인의 고통에 몰두하기보다는 오히려 좀더 광범위한 범주에 초점을 맞추었으며 이것은 때때로 자기 몰입을 바로잡는 데 도움이 되기도 했다.

수백 년 동안 많은 사상가들이 신과 인간을 단일한 영적 실체의 관점에서 설명하는 체계를 확립하는 문제로 고심해왔으며 이는 오늘날에도 마찬가지다. 이 책에 나온 사상가들 가운데 스피노자 이외에 단일한 원칙하에 모든 것을 포괄하는 체계를 확립하려고 애썼던 사상가가 더 있을까?

8

데이비드 흄

우리는 아무것도 모른다

David Hume

비가 오는지 어떻게 알까? 창밖을 내다보면 된다. 그럼 출근길에 교통이 막힐지는 어떻게 알까? 교통방송을 들으면 된다. 그럼 방송국은 이를 어떻게 알까? 리포터들을 현장에 내보내서 교통 흐름을 확인하게 한다. 만약 변화가 생기면 그들이 알려준다. 그럼 리포터들은 변화가 생기는지 어떻게 알까? 주의 깊게 관찰하면 된다. 이것을 당연한 상식이라고 말하는 사람도 있을 것이다. 그러나 이런 식으로 문제를 처리하는 것은 열등한 인식 방법이라 하여 오랜 세월 무시돼왔다. 심지어 시행착오를 겪으며 살아가는 사람을 보고 '천박한 경험주의자'라고 부르기도 했다. 하지만 오늘날에는 이런 인식 방법을 지식을 습득하는 유일한 방법으로 여기는 사람들까지 있다. 또는 이런 방식으로 알게 된 사실만이 지식이라 불릴 자격이 있다고 말하는 사람도 있다. 어떻게 이런 변화가 일어난 것일까? 이런 변화에 대한 공로 (또는 비난) 모두 데이비드 흄의 몫이다.

흄 의 생 애

흄은 영국 북부 스코틀랜드의 에든버러에서 태어나 생애 대부분을 그곳에서 보냈다. 그러나 국외에서 활동한 기간도 꽤 되는데, 주로 프랑스에 머물면서 프랑스 계몽주의 사상가들을 많이 만났다. 가족들은 흄이 변호사가 되길 바랐지만 정작 본인은 문학과 철학, 일반교양 등에 관심이 더 많았다. 생계를 꾸려나가야 했기에 한때 브리스틀에서 장사를 해보기도 했지만 소질이 없다 보니 이

계몽주의 enlightenment
18세기 전반을 거의 포괄하는 유럽 역사의 한 시기로서, 교회와 같은 구시대의 권위 체제를 거부하고 자유를 채택하며 신념과 행동의 문제를 이성에 호소해서 해결하려는 특징이 있다. 또한 '계몽군주'가 등장해 유럽 국가 일부를 통치했다.

내 포기하고 프랑스로 되돌아가 문학에 전념하기로 결심한다. 그는 돈이 없으면 검약한 생활을 해서라도 문학을 하겠다고 다짐했다. 1734년부터 3년 동안 그는 자신의 가장 유명한 저서인『인성론A Treatise of Human Nature』을 썼다. 혈기왕성한 젊은이였던 흄은『인성론』이 혹독하게 공격받을 것이라고 기대하고 있었다. 특히 종교적으로 보수 성향을 띤 사람들에게서 말이다. 그는 이런 공격에 신랄하게 반박할 준비까지 모두 세워놓고 있었다. 그러나 아무런 반응도 얻지 못했다. "열성가들의 중얼거림"조차도 불러일으키지 못한 채 사장되고 말았다.

1737~1746년에 흄은 어머니를 비롯한 가족들과 함께 시골집에서 살면서『도덕과 정치에 관한 평론Essays, Moral and Political』을 출판했다. 이 책은『인성론』보다 호응이 좋았으며, 이에 자신감을 얻은 흄은 이전보다 훨씬 좋은 반응을 얻으리라는 기대감으로『인성론』의 개정에 착수했다.

흄은 에든버러 대학의 윤리학 교수직에 지원했지만 무신론자라는 평판 때문에 입후보 단계에서부터 막혔다. 한동안 가정교사로 일했고 국외에서는 개인비서로도 일했다.『인성론』개정 작업은 계속되었고 마침내 전혀 다른 제목을 달고 여러 편으로 나누어 출판하게 되었다. 1748년『인성론』제1권을 개정한『인간 오성의 탐구An Enquiry Concerning Human Understanding』가 나왔고, 1751년에는『인성론』제3권을 개정한『도덕 원리 탐구An Enquiry Concerning the Principles of Morals』가 출간되었다. 그리고 이듬해『정치론Political Discourses』이 출간되었다. 시간이 지날수록 흄의 명성은 더욱 공고해졌다.

1752년에 흄은 에든버러변호사협회 소속의 사서가 되었으며, 누나
와 함께 살았다. 이후 『영국사The History of England』를 쓰기 시작했다.
1763년부터 1766년까지 파리 주재 영국대사관에서 비서관으로 근무
했고, 이곳에서 백과전서파 관련 모임에 참석했다. 런던에 돌아갈 때
는 장자크 루소Jean-Jacques Rousseau, 1712~1778와 동행했지만 그와 좋은
관계를 계속 유지하기가 힘들었기 때문에 둘 사이는 오래가지 못했
다. 몇 년간 정계에 진출해서 공직을 맡았다가 다시 에든버러로 돌아
와서 1776년에 생을 마감할 때까지 그곳에서 지냈다. 『자연 종교에
관한 대화Dialogues Concerning Natural Religion』는 사후에 출판되었다.

흄은 자서전에서 자신에 대해 "온화한 성품에 자제력이 있고 개방
적·사교적이며 쾌활한 성격의 소유자로, 애정은 감내할 수 있지만
적의는 거의 받아들이지 못하며, 나의 모든 정
념에 대해 중용을 지키는 사람"이라고 썼다.
그리고 "실망스러운 일도 많았지만, 나의 주된
정념이었던 학문적 명성에 대한 애착조차도 내
기분을 망쳐놓은 적이 없었다"라고 덧붙였다.
그의 영어는 스코틀랜드 억양이 강했으며, 프
랑스어도 억양이 좋지 못했다고 한다.

흄이 일생을 보낸 에든버러는 당시 일종의
르네상스를 겪고 있었다. 도시가 새롭게 재건되
어 우아하고 널찍한 거리와 다소 엄격한 듯 보
이지만 섬세하게 균형 잡힌 건물들이 자리 잡았
다. 에든버러는 흄이 살던 당시의 도시 전경이

백과전서파 Encyclopédistes
프랑스 출신들로 이루어진 집단으
로 계몽주의에 많은 영향을 미쳤
다. 이들은 합리적 지식을 하나로
종합해서 일반 독자들이 쉽게 읽
을 수 있는 형태로 만들기 시작했
다. 이들이 만든 책이 바로 『백과
전서Encyclopédie』다. 특히 지식의
기술적 응용을 중요시했기 때문에
기술자, 의사 같은 실용 분야의 전
문가들에게 조언을 구했다. 『백과
전서』는 총 35권에 달했으며, 성직
자와 귀족들의 심한 반대에 부딪
혔으나 서적상이었던 르 브르통
André Le Breton의 뛰어난 사업 수단
과 드니 디드로Denis Diderot의 열정
으로 성공을 거둘 수 있었다.

지금까지 비교적 잘 보존되어 있기 때문에 직접 가서 보면 감탄을 금할 수 없다. 흄이 살았던 집 건너편에는 현재 그의 조각상이 서 있다.

흄은 스코틀랜드의 계몽주의를 이끌었던 주요 인물이었으며, 스코틀랜드의 18세기는 개혁과 정신적인 활력, 학문의 시기였다.

흄의 사상

흄은 경험론을 논리적인 결론에 이를 수 있도록 전개한 학자였다. 러셀은 이에 대해 "그 자체에 모순이 없기 때문에 믿기지가 않았다"라고 말한 바 있다. 경험주의 철학은 우리가 지각하는 것, 즉 감각을 통해 획득하는 정보를 대단히 중시한다.

흄은 추론이라는 실험적인 방법을 윤리학과 사회과학 등에서 다루는 도덕 문제에 접목해보려고 노력했다. 그리고 수학과 물리학, 사회과학 등과 관련해 인간 지식이 어디까지가 한계인지 보고 싶어 했고, 또한 인간의 사고와 행동에 대한 일반 법칙을 발견할 수 있다고 생각했다.

인상과 관념

흄은 지각을 인상impression과 관념idea으로 구분했다.

인상은 강력한 힘과 생생함이 있다.
관념은 사고와 추론을 통한 인상들의 희미한 반향이다.
단순한 관념은 단순한 인상에서 비롯되며 서로 비슷하다.
복잡한 관념은 인상과 비슷할 필요가 없다.

흄은 추상적이거나 일반적인 관념은, 폭넓은 의미를 제공하는 특정 용어에 구체적인 관념들이 더해진 것이라고 말한다. 즉 추상적인 관념은 개별적인 것에서 시작하며 그 관념을 바라보는 방식에 따라 일반화된다. '개' 라는 추상적이거나 일반적인 관념에 우리가 어떻게 도달하는지 한번 살펴보자. 처음에는 개 한 마리를 보는 것으로 시작한다. 그 뒤로 옆집에 사는 개, 길 건너편에 사는 개 등 더 많은 수의 개를 보게 된다. 그러면서 결국엔 '개' 라는 일반적인 관념에 이르게 된다. 즉 폭넓은 의미를 제공하는 특정 용어에 구체적인 관념들이 더해지는 것이다.

우리는 기억력과 상상력을 통해 관념들을 보전하고 정렬한다. 그런데 상상력은 임의로 작용하는 것이 아니다. 우리는 상상을 할 때 질서 정연한 순서로 한다. 우리는 직관으로 관념들이 유사하다거나 상이함을 인식할 때 확실성을 얻을 수 있다. 혹은 수학을 다룰 때처럼, 우리가 일련의 직관들을 결합시킬 때도 확실성을 얻게 된다.

> **지각 perception**
> 감각 기관에 의한 감각을 인식하는 것으로 시각, 촉각, 후각, 청각, 미각이 이에 속한다.

지식과 개연성

흄의 연구 가운데 가장 중요한 부분이 지식과 개연성을 다루는 부분이다. 개연성이란 불확실한 지식으로, 입증할 수 없는 일련의 추론에서 얻은 경험상의 정보에서 비롯된다. 직접 관찰한 것, 논리와 수학 등을 제외한 모든 것이 이 범주에 들어간다. 그러나 흄은 '개연적인' 지식을 수용하고 싶어 하지 않았다.

흄은 철학적 관계에 일곱 가지 유형이 있다고 주장했다. 우선, 단지 관념에만 의존하기 때문에 확실한 지식을 제공하는 유형들이 있다. 유사성과 상반성, 성질의 정도, 양 또는 수의 비율 등이 해당한다. 그 외의 철학적 관계는 관념이 바뀌지 않아도 바뀔 수 있기 때문에 개연적인 지식만을 제공한다. 동일성, 시공 관계, 인과관계가 이에 해당한다.

인과 관계

흄 철학의 위력은, 그리고 그 자체에 모순이 없어서 믿기 어렵게 만드는 것은 바로 원인과 관련된 그의 사상에 있다.

아리스토텔레스와 스콜라철학자, 데카르트는 논리관계가 필연적이듯 동일한 방식으로 인과관계도 필연적이라고 봤다. 인과관계의 현대적 개념은 흄에서 비롯했다. 그는 원인과 결과는 추론이나 성찰이 아닌 오직 경험으로 알 수 있다고 주장했다.

우리가 축구공을 차면 축구공은 골대를 향해 얼마간 이동을 할 것이다. 이때 공이 발 때문에 이동한 것으로 보이는가? 흄이라면 그렇지 않다고 말할 것이다. 인과관계가 아니라 연속해서 일어난 두 가지 사건이 보일 뿐이다.

1. 발로 공을 찬다.
2. 공이 골대 쪽으로 날아간다.

우리는 함께 있다가 연속해서 일어난 두 가지 사건의 관념만을 지

데이비드 흄

각할 뿐이다. 만약 우리가 연속된 사건에 그 이상의 의미가 있다고 느낀다면 그것을 어떻게 입증할 수 있을까? 필연적인 관계를 지각하지 못하면서 왜 인과관계가 있다고 믿는 것인가?

원인은 직관적으로 명백하지 않을뿐더러 입증할 수도 없다. 즉 특정 사건을 생각할 때 그 사건을 원인으로 여기기 않는 것은 물론, 굳이 그것들의 원인을 고려해서 생각할 필요도 없다. 따라서 특정 사건이 따로 원인이 있어서 발생한 것이 아니라는 생각이 일단 들면 이제 그 사건은 원인 없이 발생할 수 있다.

이제 한 발 더 나아가 왜 특정 원인은 특정 결과를 초래해야 하는지 생각해보자. 원인을 밝혀내는 추론은 감각에 의한 인상과 기억으로 구성된다. 그리고 두 가지 사건이 알려지지 않은 어떤 연관성으로 서로 관련되어 있다고 상상한다. 그러나 흄은 '원인'이 일어날 때 어떤 것은 결과이고 다른 것은 결과가 아니라고 생각할 이유가 전혀 없다고 주장한다.

그럼, 이렇게 '원인'을 가정하는 것은 경험에서 비롯된 것인가? 만약 경험이 아니라 이성과 관련이 있다고 한다면, 여기에는 별도로 작용하는 원리가 있다고 가정해야 한다. 이것이 자연의 제일성uniformity 원리다('일양성'이라고도 하며 '한결같음'의 뜻). 이 원리는 현대 과학에서 공준으로 인정받고 있다. 다시 말해서 이 원리가 항상 작용하고 있음을 뜻한다. 그러나

공준 postulate

이성이 작용하기 위해 반드시 필요한 요소나 신념 또는 원리로, 본질적인 요소 또는 기본 원리를 가리킨다. 그 자체로 자명하거나 광범위하게 수용되고 있기 때문에 입증의 과정을 거치지 않고 가정되며 논증 과정에서 반드시 필요하다. 공리axiom, 필요조건, 선결조건 등으로 불리기도 한다.

흄이라면 여기에 이런 주장을 덧붙일 것이다. 이 원리를 입증할 증거

가 전혀 없다고.

흄은 이성의 도움으로 도출된 모든 결론은 의심하는 것이 당연하
다고 주장했다.

W·O·R·K

인성론 [A Treatise of Human Nature(1739~1740)]

· 우리의 지식은 모두 인상과 관념에서 비롯한다. 인상은 관념보다 훨
  씬 생동감이 있다.
· 우리는 기억력과 상상력을 통해 관념을 유지하고 정렬한다.
· 우리는 일반 용어를 사용해서 총괄적으로 고찰할 수 있는 구체 사물
  의 관념만 있다. 즉 우리에게는 추상적이거나 일반적인 관념이 없다.
· 우리는 관념들 간의 유사점이나 차이점을 직관을 통해 인식함으로
  써 확실성을 획득한다.
· 우리는 수학에서처럼 일련의 직관들을 결합한다.
· 우리는 관찰을 통해 특정 종류의 사건이 또 다른 종류의 사건 다음에
  일어날 것을 예상하는 습관을 형성한다. 이것은 인과관계라는 우리
  의 지식에 토대를 둔다. 그러나 모든 사건은 긴밀히 연관되어 있지만
  그들 간에 필연적인 관계는 없음이 관찰을 통해 드러난다.
· 우리는 이성이나 감각 경험을 토대로 획득된 모든 결론을 의심해야
  한다.

자아는 없다

흄은 자아自我에 관한 인상을 가져본 적이 없다고 했다. 따라서 이론

상으로도 자아를 알 수가 없었다. 단지 인상과 그에 따른 관념만을 인식할 수 있었기 때문에 관념 없이 자신을 나타내는 인상을 포착하고자 온갖 애를 썼다. 그러나 그럴 때마다 실패했다. 그는 순식간에 연속해서 일어나는 수많은 관념만을 포착했을 뿐 자아에 관한 인상을 포착할 수 없었다. 자아는 결코 지각되지 않았던 것이다. 따라서 우리는 자아를 알 수 없다. 엄격하게 말하면 이것은 자아를 부정하는 것이 아니라 자아가 있는지 없는지 모르겠다는 뜻이다. 형이상학 같은 것은 존재하지 않는다고 주장할 때 흄의 사상을 자주 이용하는 것도 이런 점에 기인한다. 흄은 그런 것들이 모두 착각이라고 주장한다.

결국 흄은 서양철학에서 마지막으로 남아 있던 '실체'의 흔적을 몰아냈다. 조지 버클리George Berkeley, 1685~1753 같은 철학자들은 실체라는 개념을 공격하는 데 그쳤지만 흄은 완전히 제거해버렸다. 이렇게 자아 개념을 제거함으로써 신학에서 영혼의 개념이 제거되었고 지식을 분석할 때 주체와 객체의 구별이 불필요해졌다는 데 많은 이들이 동의한다.

경험주의란 무엇인가?

경험주의empiricism란 선험적으로 주어지는 일체의 지식, 즉 필연적으로 참이거나 거짓인 지식을 거부하는 주의를 뜻한다. 그 대신에 모든 지식은 촉각, 미각, 후각, 청각, 시각 같은 감각 기관을 통해 경험상으로 획득된다고 주장한다. 참에 해당하는 것은 우연히 참이 된 것이고 이는 관찰을 통해서 알 수 있다.

논리적이고 과학적인 방법

추론을 통해 지식을 습득할 때 우리는 무수한 장치와 원칙을 이용한다. 그중에서 중요한 것 몇 가지만 간략히 정리해보자. 사고의 법칙에는 세 가지가 있다.

1. 동일률同一律 : X는 X다.
2. 비모순율非矛盾律 : X면서 동시에 X가 아닌 것은 있을 수 없다.
3. 배중률排中律 : 모든 것은 X거나 X가 아니다.

이 법칙들은 자신이 말하는 것과 그것을 말하는 것이 서로 일치해야 한다는 뜻이다. 일견 당연해 보이지만 이 법칙들이 없으면 사유가 불가능하다. 또한 특정 단계에서 이 법칙들이 '참'임을 가정하지 않는다면 이를 입증하기가 매우 어렵다.

연역의 원리 | 이미 입증된 사실에서 결론을 도출하는 원리다. 만약 전제들이 참이고 추론이 타당하면 결론은 반드시 참이다.

귀납의 원리 | 개연적인 정보를 관찰한 규칙성을 토대로 입증하는 과정이다. 흄은 귀납 추론으로 입증하는 것에 극히 회의적이었다.

자연의 제일성 공준 | 이것은 자연 요소들이 마치 법칙을 따르듯이 항상 일정한 방법으로 작용한다는 가정이다.

보편적 인과관계 공준 | 이것은 우주에서 발생하는 모든 사건이 그 이전부터 필연적으로 일어날 수밖에 없는 일련의 조건들이 있었다는 가정이다.

과학적인 설명 평가하기 | 뭔가를 발견했다는 생각이 들 때 우리는 이를

가설로 제기한다. 임시로 참이라고 제기하기 때문에 반드시 평가해야 함을 의미한다. 이를 판단하는 기준은 다음과 같다.

연관성 | 가설은 정확하게 정의된 사실을 설명해야 한다.

검증성 | 반드시 관찰을 통해 가설이 참인지 거짓인지를 입증할 수 있어야 한다. 또한 반복 가능해야 한다.

양립성 | 가설은 이미 분명하게 입증된 다른 사실이나 이론과 모순됨이 없어야 한다.

예측력 또는 설명력 | 가설을 통해 관찰하게 될 것을 예측할 수 있어야 한다. 또는 지금까지 이해되지 않은 것을 설명할 수 있어야 한다.

단순성 | 만약 가설 두 개가 나머지 기준을 모두 만족시킨다면 모든 사실을 설명하는 가장 단순한 것을 수용해야 한다.

이 요지들을 잘 살펴보면 알 수 있듯이 새로운 지식에서 항상 문제가 되는 것은 필연적인 연역이 아니라 불확실하고 개연적인 결론이다. 게다가 우리가 사용하는 광범위한 원칙들과 장치들은 그 자체가 가정되거나 신중하게 선별된 것이다.

철학자 바라보기

흄은 과학적 방법으로 진리에 도달할 수 있다는 믿음으로 철학 탐구를 시작했지만 종국에는 지식은 결코 합리적이지 않으며 따라서 우리는 아무것도 모른다고 결론짓는다. 그러나 극단적인 회의주의는 자기모순에 빠진다. 가령 모든 것을 의심한다면 그 결론을 이끌어낸 논증의 가치 역시 의심해야 한다. 따라서 아무것도 모른다는 결론 역시 믿을 수 없다.

만약 귀납의 원리가 참이라면, 보편적 인과관계가 있고 동일한 원인은 동일한 결과를 낳는다라고 말할 때 참이라고 주장할 수 있다. 반면에 귀납의 원리가 거짓이라면 경험을 통해 획득한 지식은 모두 의심해야 한다.

왜 그럴까? 우리가 세상에서 제일성을 관찰했다고 말할 때는 특정한 원형을 가정한 뒤 이로부터 개연적인 추론을 위한 사례로 논증을 진행할 수 있기 때문이다. 그러나 우리는 입증도 하기 전에 이미 귀납의 원리를 가정했고 이 가정 없이는 입증이 불가능하다. 이것을 순환 논증이라고 한다.

따라서 흄은 귀납의 원리를 수용하지 않았다. 그러나 이 원리가 없다면 현대 과학은 불가능하다.

흄은 모든 지식을 직접 관찰이 가능한 것으로 축소했는데 이것을 보면 그는 목표를 너무 높게 잡았거나, 너무 제한했던 것 같다. 흄은 사람들이 탐구하거나 발견할 때 일반적으로 사용하는 유익한 도구들을 거부했다.

흄의 경험주의 철학이 타당한지를 분석할 때 다음과 같은 질문들을 해보는 것도 좋을 듯하다.

직접적인 관찰을 통해 얻을 수 있는 지식에는 어떤 것이 있을까?

직접적인 관찰 이상의 것이 요구되는 지식에는 어떤 것이 있을까?

귀납 과정은 어디에 유용하게 쓸 수 있을까?

연역의 가치는 무엇일까?

어떻게 하면 잠정적인 가설을 통해 연역 논증을 이용할 수 있을까?

흄 이후에 과학 탐구와 과학철학에서는 그 기본 논리인 귀납의 원리를
정당화할 필요가 있었고 많은 사람들이 이 문제를 해결하고자 노력했다.
그러나 흄의 논증이 종종 강력한 걸림돌이 되곤 했다.

9

이마누엘 칸트

순수이성과 실천이성

Immanuel Kant

1721	몽테스키외, 『페르시아인의 편지』 출간
1724	출생
1739	흄, 『인성론』 출간
1740	쾨니히스베르크 대학에 입학
1751	디드로 외, 『백과전서』 제1권 출간
1755	쾨니히스베르크 대학에서 강의
1762	루소, 『에밀』과 『사회계약론』 출간
1770	쾨니히스베르크 대학의 교수로 임명됨
1775	미국에서 독립전쟁 발발
1781	『순수이성비판』 출간
1785	『도덕 형이상학 원론』 출간
1788	『실천이성비판』 출간
1789	프랑스 인권 선언 발표, 프랑스 혁명 발발
1790	『판단력 비판』 출간
1798	『학부들의 논쟁』 출간
1804	사망

18세기를 주도한 철학자들은 로크, 버클리, 흄을 비롯한 영국의 경험론자들이었
다. 그들은 사회적으로 의식이 있었고 신중하고 관대하며 온건한 가치관을 소유
하고 있었다. 그럼에도 그들의 사상적 경향은 주관주의를 초래했다. 불가지론으로
시작해서 종국에는 회의주의에 빠진 흄의 사상은 이마누엘 칸트를 '독단의 선잠'
에서 깨워 지식과 관련된 거의 모든 문제를 새롭게 사고하도록 만들었다. 칸트가
자신의 사상을 구축했던 당시에 대륙에서는 합리주의 사상을 고집했고 영국에서
는 감각에 의한 경험을 강조했다. 칸트의 사상은 이해하기도, 체계화하기도 어렵
지만 많은 사람들이 그를 근대의 가장 위대한 철학자로 손꼽는다. 칸트의 영향을
받은 독일의 관념론은 칸트 이후 지대한 영향력을 발휘했다.

칸트의 생애

칸트의 삶은 너무 평범했기 때문에 극적인 요소는 없다. 1724년에 동
프로이센의 쾨니히스베르크Königsberg(현 러시아 칼리닌그라드)에서 태
어났으며 아버지는 마구馬具를 파는 상인이었다. 그는 독실하게 경건
주의pietism를 따르는 집안에서 성장했다. 경건주의는 영성을 중시하
는 루터파 교회의 전통을 일신해보려는 종교개혁 운동이었다. 칸트
는 평생토록 경건한 종교 생활에 충실했다.

   칸트는 중등 교육과 대학 교육을 모두 고향에서 받았다. 대학 시절
논리학과 형이상학을 가르쳤던 교수에게서 지대한 영향을 받아 뉴턴
이론을 비롯한 현대 과학에 많은 관심을 쏟게 되었다. 그는 가정교사

로 생계를 꾸려나가다 박사 학위를 받은 뒤에는 대학에서 강의했다.

칸트는 훗날 이때를 비판철학 이전의 시기라고 불렀다. 그는 논리학, 물리학, 형이상학, 윤리학, 수학, 인류학, 교육학, 지리학, 광물학 등 많은 과목을 가르쳤고, 1770년에는 쾨니히스베르크 대학의 논리학 교수로 임명되었다. 당시 대학에는 보통 교재가 지정되어 있었으며 교수는 수업시간에 그 교재를 논평하도록 되어 있었다. 칸트는 이러한 전통적인 방식을 충실히 따랐다고 한다. 비록 교재들에 비판적이었으며, 유머 감각이 무미건조하다는 평판이 있었지만 말이다. 그는 학생들에게 스스로 사고하는 능력과 사실에 근거한 지식이 필요하다고 확신했다.

칸트는 여행을 좋아하지 않았다. 아니 고향을 떠난다는 상상조차 해본 적이 없었다. 그러나 관심 분야가 다양했기 때문에 사교계에 드나들면서 외국에 다녀온 사람들과 만나는 것을 좋아했다. 칸트는 규칙적인 일과와 엄격한 시간관념의 소유자로도 유명하다. 비판철학 이전 시기가 정확히 언제 끝났는지는 알 수 없지만 그가 철학교수로 임명되던 무렵을 비판철학이 시작된 시기라고 추정한다. 그의 첫 번째 대작인 『순수이성비판Kritik der reinen Vernunft』이 1781년에 출판되었고 이를 기점으로 책들이 연이어 나왔다. 그 와중에도 계속 다양한 과목을 가르쳤고 자유롭게 책을 썼다.

칸트는 이 많은 일을 하기 위해 시간 관리에 매우 엄격했다. 그의 일과는 예나 지금이나 모르는 사람이 없을 정도로 유명하다. 아침 5시 이전에 일어나서 한 시간 동안 차를 마시고 담배를 피우며 하루 일과를 세심하게 살폈다. 그런 다음 한 시간 동안 강의 준비를 했다.

강의시간표가 여름과 겨울에 서로 달랐기 때문에 강의는 7시에서 9시, 또는 8시에서 10시까지 있었다. 강의가 끝나고 나면 두 시간 동안 글을 썼다. 정오 점심시간이 되면 두 시간 정도 담소를 즐기면서 사람들과 시간을 보냈다. 그 후에는 산책을 했고 밤 10시까지 책을 읽은 뒤에 잠자리에 들었다.

한번은 프로이센의 왕이 성서와 기독교 교리에 대한 칸트의 견해 때문에 화를 낸 적이 있었다. 이때 칸트는 자신의 주장을 철회하지 않는 대신에 저서나 강의에서 자신의 주장을 반복하지 않겠다고 약속했다. 그러나 왕이 죽자 스스로 그 약속에서 해방되었다고 생각한 칸트는 1798년에 펴낸『학부들의 논쟁Der Streit der Fakultäten』을 통해 성서의 믿음과 비판적인 이성 간의 긴장을 논했다.

사람들이 기억하기로, 칸트는 친구에게 진실했으며 돈에는 인색했지만 곤궁한 처지에 놓인 사람들에게는 매우 관대했다. 또한 정직했고 자신의 의미에 충실했다. 신을 믿기는 했지만 정기적으로 교회에 나가지는 않았고 도덕적 책임감을 중시하는 실천적 종교관을 가지고 있었다. 심지어 기도를 포기하면 도덕적 선을 증진할 수 있다고 주장했다. 그리고 미국 독립혁명과 적어도 공포정치 시기 이전의 프랑스 혁명이 내세운 이상에 동감했다. 칸트는 평생 독신으로 살았으며 1804년에 사망했다.

종합적인 선험 명제

칸트가『순수이성비판』을 쓰면서 목표로 삼은 것 중의 하나가 지식이 항상 경험에서 비롯되는 것은 아니고 오히려 인간의 정신 구조상 선험적(아프리오리)으로 인식된다는 사실을 입증하는 것이었다. 선험적이라는 말은 경험이 작용하기 이전에 이미 주어진 것을 뜻한다.

명제, 즉 진술에는 두 가지 유형이 있다.

분석적 명제analytic proposition는 술어에 내포된 의미가 주어에 내포된 의미의 일부가 된다. 예컨대 '물은 축축하다'는 진술을 살펴보자. 물 때문에 옷이 축축해진다는 견해는 우리가 의미하는 물, 즉 물에 대한 정의의 일부에 속한다. '축축하다'는 술어는 필연적으로 '물'이라는 주어와 관련이 있다. 따라서 경험이 선험적 판단을 뒷받침할 수는 있지만 그 근거가 될 수는 없다.

종합적 명제synthetic proposition는 경험을 통해 알게 된 내용을 진술한 것이다. 예컨대 '나는 꿀벌에 쏘여봤는데 말벌보다 꿀벌에 쏘였을 때 고통이 훨씬 심했다'는 진술이 이에 해당한다. 따라서 경험에 바탕을 둔 명제는 감각에 의한 경험을 통해 진위를 알 수 있다.

흄은 인과율이 종합적임을 입증했다. 칸트도 이 점에 동의했지만 이것은 선험적으로 알 수 있다고 주장했다. 칸트는 종합적인 선험synthetic a priori 명제가 가능함을 입증하기 시작했다.

W·O·R·K

순수이성비판 [Kritik der reinen Vernunft(1781)]

형이상학이 과학임을 입증하려면 종합적인 선험 진리가 가능함을 반드시 입증해야 했다. 종합적인 선험 진리란 보편적·필연적으로 참인 것을 말하며, 선험적이란 말의 뜻이기도 하다. 이와 동시에 진리를 표현하는 진술이 무슨 뜻인지를 분석하는 차원을 넘어서서 그것이 필연적임을 입증해야 하는데 이것이 종합적이란 말이 담고 있는 뜻이다.

· 직관과 오성은 지식의 원천이다.
· 공간과 시간은 직관의 선험적인 형태다. 그 어떤 것도 공간과 시간을 통해 우리 머릿속에서 형상화하지 않으면 지각할 수 없다.
· 오성의 범주는 오성에 선험적으로 주어진 조건이다.
· 양의 범주에는 단일성, 다수성, 전체성이 있다.
· 질의 범주에는 실재성, 부정성, 제한성이 있다.
· 관계의 범주에는 실체와 우유偶有적 속성, 원인과 결과, 행위자와 행위 수용자 간의 상호성이 있다.
· 양상의 범주에는 가능성과 불가능성, 존재성과 비존재성, 필연성과 우연성이 있다.
· 우리가 직관의 선험적 형태를 오성의 범주와 함께 활용할 때 지식의 원리에 도달하는 것이 어떻게 가능한지 지각할 수 있다. 과학의 가정들은 종합적이면서 선험적이다.
· 신학적 사고의 영역에서 우리는 경험에 근거한 증거가 없기 때문에 신의 존재를 설득력 있게 논증할 수 없다.

과학의 공준

과학에서 제시하는 가정들은 종합적인 선험 명제인가? 앞에서 흄의 사상을 살펴보면서, 사람들은 조심스럽게 가정하거나 선별한, 광범위한 범주의 원리와 장치들을 이용하고 있음을 지적했고, 이와 함께 과학의 공준도 간략히 살펴보았다. 그렇다면 과학 분야의 이러한 가정들이 종합적이고 선험적이라는 칸트의 주장이 유용하다고 생각하는가? 게다가 과학 지식을 습득하려고 우리가 사용하는 방법, 즉 방법론이 경험으로 획득하는 것이 아니라 우리의 정신 구조 때문에 채택된 것이라고 하는데 이것이 사실이라고 생각하는가?

시간과 공간

칸트는 시간과 공간을 일종의 틀로 간주했다. 따라서 우리가 객체를 경험하고자 한다면 마음속으로 객체를 그 틀에 밀어 넣어야 한다. 그리고 공간 개념은 경험을 통해 획득하는 것이 아니다. 감각이 외부의 어떤 것에서 비롯되었다고 여길 때마다 이미 공간이 존재한다고 가정하는 것이다. 따라서 공간이 존재하지 않는다고 상상하는 것은 불가능하다. 공간은 추상적인 개념 그 이상이다. 공간은 오직 하나뿐이기 때문에 이른바 '공간들'이라고 불리는 것은 공간의 사례가 아니라 공간의 일부에 해당한다.

칸트는 유클리드 기하학이 비록 논리를 통해서만 추론할 수 있는 것은 아니지만 선험적으로 알 수 있는 것이고 주장했다. 유클리드 기하학이 종합적이면서 선험적이라는 뜻이다.

그러나 사람들은 대체로 시간을 공간과 동일한 방식으로 다룰 수 없다는 점을 내세워 칸트의 주장에 반대했다. 객관적 시간과 주관적 시간은 동일한 것이다.

형이상학은 무의미하다?

범주를 감각에 의한 직관을 통해 주어진 사물에 적용할 때 범주의 효용성이 작용한다. 범주를 사물 그 자체, 즉 물자체Ding an sich에 적용할 수는 없다. 예컨대 '실체'라는 범주를 물자체에 적용해서는 그 사물에 관한 지식을 얻을 수 없다. 오성의 원리를 이용해서 신과 같은 초월적인 존재의 존재성을 추론할 수도 없는데, 이는 곧 형이상학이 무의미하다는 뜻을 암시한다. 그럼에도 칸트는 형이상학에 대한 충동을 인간 정신의 영구불변한 충동으로 여겼다.

'본체적'과 '현상적'이란 두 단어도 칸트와 연관이 있다. 우선 '본체'란 감각이 아니라 정신이 인식하는 것으로, 물자체가 바로 본체다. 그런데 우리는 본체가 직관으로 거기에 있다고 말할 수 없다. 그 대신 감각을 통해 포착하는 외양인 '현상現象'을 설명하기 위해 본체가 거기에 있어야 한다고 말해야 한다.

칸트의 철학혁명

칸트는 '종합적인 선험 명제가 어떻게 가능한가'라는 물음을 해결하기 위해 본격적인 작업에 들어갔다. 그는 모든 지식에는 선험적인 요소가 있으며 이 요소는 정신 그 자체가 주는 것이라고 주장한다. 따라서 선험적인 요소가 없다면 지식은 불가능하다.

칸트 이전의 합리주의 철학자들은 지식은 모두 분석적이고 선험적이라고 주장하면서 관찰된 사실은 신경 쓰지 않았다. 반면에 경험주의 철학자들은 지식은 모두 종합적이고 후험적(아포스테리오리)이라고 주장했다. 그런데 칸트는 두 견해를 모두 거부했다. 그 대신에 지식은 시간과 공간의 형태하에서 체계화돼 있고 인과율 같은 개념과 연관을 맺고 있기 때문에 습득이 가능하다고 주장했다. 이것은 사물

을 인식하는 정신의 작용이기도 하다. 따라서 사물이 지식의 대상이
되려면 반드시 그 정신 구조에 순응해야 한다.

실천이성

칸트는 『실천이성비판Kritik der praktischen Vernunft』에서 이성을 실천적으
로 활용하는 자신의 사상을 전개했다. 여기서 핵심은 도덕 법칙이 정
의를 요구한다는 것이다. 예를 들어, 행복은 덕에 비례한다. 그리고
섭리만이 이것을 보증한다. 그런데 섭리는 현세에서 이를 보증하지
않기 때문에 신이나 내세 같은 것이 있음이 분명하다. 자유도 틀림없
이 존재하는데, 자유가 없다면 덕도 있을 수 없기 때문이다.

W·O·R·K

실천이성비판 [Kritik der praktischen Vernunft(1788)]

· 만약 도덕이 순수이성의 토대 위에 세워져 있다면 객관적·보편적이
  라고 주장할 수 있다.
· 도덕 법칙은 내용이 아니라 형식 때문에 보편적이고 정언적이다.
· 순수한 실천이성의 기본 법칙은 자신이 지금 하는 일이 보편타당한
  법칙이 되어 모든 사람과 상황에 적용했으면 하는 바람으로 행동하
  는 것이다.
· 도덕 법칙이 없다면 자유롭다는 것도 몰라야 당연하다. 인간에게
  '해야 한다'는 말은 '할 수 있다'는 뜻을 함축하고 있다.
· 실천이성의 합리적 공준은 다음과 같다.

인간은 자유롭다.
영혼은 불멸한다.
신은 존재한다.

신 의 존 재 에 대 한 도 덕 논 증

칸트는 자신이 신을 믿는다는 것을 명확히 했다. 그럼에도 『순수이성
비판』에서 신의 존재를 논하는 전통적인 논쟁들을 반박했다. 칸트가
반박한 대상은 안셀무스가 천명한 신의 존재론적 증명과 토마스 아
퀴나스의 다섯 가지 방법이다(제4장 참조). 칸트는 신을 사고하는 이
러한 방식들을 상당히 기술적인 논증으로 반박했다. 우선 그 논증들
이 근본적으로 존재론적 증명을 단순히 반복한 것에 지나지 않는다
고 주장했다. 그는 존재론적 증명이 존재를 술어로 간주하는 것이 문
제라고 지적했다.

　존재는 키가 크다거나 부유하다거나, 친절하다 같은 질quality(성질)
로 여겨진다. 그러나 칸트는 우리가 상상하는 동전 백 개는 현실의
동전 백 개와 그 질이 정확히 동일하다고 말한다. 예컨대 '키가 큰 몇
몇 사람은 복장이 단정하다' 는 말은 가능하지만 '키가 큰 몇몇 사람
은 존재하지 않는다' 는 말은 불가능하다. 따라서 '존재' 란 '복장이
단정하다' 란 말과 전혀 다르다. 존재는 술어가 아니다. 이로써 존재
론적 논증은 형식에 결점이 있음이 드러난다.

　우연성에서 비롯되는 우주론적cosmological 증명에 대한 칸트의 주장

을 살펴보면, 이 증명은 "만약 어떤 것이 존재한다면 절대적인 존재도 존재한다. 나는 존재하므로 절대적인 존재도 존재한다"라는 주장에 맞춰 논증한다. 그런데 이 또한 존재론적 증명을 반복하기 때문에 앞에서 살펴본 경우와 동일한 이유로 거부하는 것이 마땅하다.

칸트는 설계에서 시작하는 물리·신학적physico-theological 증명에는 경의를 표했지만, 이 증명도 기껏해야 설계자를 입증할 뿐 신에 합당한 개념까지는 추론하지 못했다고 주장했다.

칸트는 이처럼 전통적인 논증이 대부분 결함이 있는 존재론적 증명이나 신에 대한 부적절한 개념에 토대를 둔다고 반박하고는 그 대신에 신의 존재에 대한 도덕 논증을 제기했다. 칸트는 우리가 순수이성을 통해 신과 자유, 불멸성이라는 세 가지 관념을 형성한다고 주장한다. 그런데 이성을 통해 이 관념들을 형성할 수는 있지만 입증할수는 없다. 우리는 실천이성을 통해 도덕 법칙이 정의를 요구한다고 주장할 수 있다. 행복은 덕에 비례한다고 말이다. 이것은 오직 섭리, 즉 신만이 보증할 수 있지만 현생에서는 불가능하다. 따라서 세 가지관념이 존재하지 않는다면 덕은 없다.

정언 명령

칸트는 신학과 물리학에서 완전히 독립한 도덕 이론을 확립하고자했다.

도덕관념은 선험적으로 인간 이성에서 비롯하며 도덕적 가치는 사람들이 자신의 의무감에 순응해서 행동할 때 생겨난다. 그런데 사리사욕에서 벗어나 덕을 갖췄다거나, 친절하고 싶기 때문에 친절하게 행동한다고 해서 다 되는 것은 아니다. 즉 자연에 속한 모든 것은 법칙에 따라 행동하기 때문에 도덕의 핵심도 도덕 법칙에 따라 행동하는 힘이다. 도덕 법칙은 의지를 요하는 객관 법칙인데, 칸트는 이를 명령imperative이라고 부른다. 가언hypothetical 명령은 '네가 Y를 얻고 싶으면 X를 해야 한다'라고 말한다. 반면에 정언categorical 명령은 '너는 X를 해야 한다. 이는 네가 원하는 것을 얻을 수 있기 때문이 아니라 의무이며 책임이기 때문이다'라고 말한다.

정언 명령은 오직 한 가지뿐이다. "원칙에 따라서만 행동하라. 동시에 그 원칙이 보편타당한 법칙이 되기를 원한다고 네가 확신한다면 말이다"라는 것이다. 칸트는 정언 명령이 종합적이면서 선험적이라고 주장했다. 그는 법 관념에서 그 내용을 추론했다.

철학자 _{바라보기}

칸트의 종합적인 선험 명제는 오늘날까지 논란이 되고 있다. 많은 사람들이 논리 법칙과 기하학, 산술 법칙 등은 모두 종합적인 선험 명제라고 주장한다. 그러나 더 많은 사람들이 이를 논박하면서, 모든 선험 명제는 분석적이고 정제된 정의定義의 연습이며, 이로써 모든 용어의 의미에 이미 내재된 지식을 오히려 더 복잡하게 만들었다고 주장한다. 여기에 반대하는 사람 중에는 순수 기하학이 종합적이 아니라 선험적이라고 주장하기도 하고, 물리학의 일부인 경험 기하학이 선험적이 아니라 종합적이라고 말한다.

선험 명제 몇 가지를 간단히 리스트로 만들어보자. 그리고 자신이 어떻게 선험 명제들을 확보할 수 있었는지 생각해보자. 종합 명제도 같은 방식으로 해보자. 마찬가지로 어떻게 종합 명제들을 확보할 수 있었는지 생각해보자. 과연 무엇이 종합적인 선험 명제일까?

칸트는 범주를 진술한 뒤에 시간과 공간이라는 개념을 그 범주에 적용함으로써 자신이 말한 '이율배반'을 초래했다. 이율배반에 관한 논의는 이율배반을 변증법에서 활용했던 게오르크 헤겔Georg Hegel, 1770~1831에게 지대한 영향을 미쳤다.

칸트는 이성을 순전히 지적으로 활용하면 오류를 범하게 되지만 오직 도덕적 목적에만 집중하면 올바르게 사용할 수 있다고 주장했다.

그러나 많은 사람들이 칸트의 도덕 이론은 단지 책임이나 법칙의 개념에만 토대를 두기 때문에 불완전하다고 주장한다. 즉 행동의 도덕적 내용, 도덕적 행동의 배경, 행동의 목적, 행동의 결과, 주어진 상황에서의 결과

등을 논의하지 않는다는 것이다.

정언 명령은 또 얼마나 강제적인 것인가?

일부 사람들은 시간과 공간을 다루는 칸트의 이론이 지나치게 주관적이라고 비판한다. 그들은 왜 우리가 보고 듣고 느끼는 사물들을 지금과 같은 방식대로 배열하는지를 묻는다. 칸트라면 정신이 감각의 원질raw material을 배열한다고 대답할 것이다. 과연 우리가 그런 식으로 배열하는 것일까?

알베르트 아인슈타인Albert Einstein, 1879~1955은 시간이 느려지거나 빨라질 수 있다고 말한다. 더 나아가 물체의 질량이 속도에 따라 증대된다고 말한다. 따라서 시간과 공간은 절대적인 개념이 아닐 수도 있다. 그렇다면 이 사실은 시간과 공간이 정신의 본질적인 범주라는 칸트의 주장에 어떤 영향을 미칠 수 있을까?

10

카를 마르크스

사회주의는
역사의 필연적인 결과다

Karl Marx

카를 마르크스만큼 20세기 역사에 지대한 영향을 미친 사람도 없을 것이다. 수많은 노동자가 그가 제시한 이상을 실현하고자 고군분투했고, 혁명 집단들은 그의 사상을 전파하기 위해 정글을 헤집고 다녔다. 학생들은 그가 써놓은 체제를 이룩하고자 바리케이드를 쳤고 전 세계 정치가들은 그를 생각하면서 밤잠을 설쳤다. 그러나 정작 우리가 아는 마르크스는 총을 든 적도, 바리케이드를 친 적도, 혁명 군대에 참여한 적도 없었다. 그는 많은 시간을 영국 도서관에서 책을 읽으며 보냈다. "전 세계 노동자는 단결하라! 노동자가 잃을 것은 족쇄밖에 없다"라는 말이 그의 좌우명이었을지는 모르지만 그 자신은 매일 저녁 가족이 있는 집으로 향했다. 남부럽지 않은 돈을 집에 가져다준 적은 없었지만 말이다. 그는 런던에 있는 하이게이트 공동묘지에 묻혔다. 한때는 러시아 전역에 수많은 마르크스 동상이 세워져 있어서 누구라도 그를 러시아 사람으로 생각할 정도였는데 실제로 마르크스는 러시아에 한 번도 가본 적이 없었다.

이제 우리는 마르크스의 생애와 마르크스주의자들을 탄생시킨 그의 사상, 그리고 그 사상이 어디에서 비롯했는지 간략하게 살펴볼 것이다. 마르크스를 철학자로 여기지 않는 비평가도 많은데, 그들은 철학을 주로 지식 이론과 관련한 것으로 여기기 때문이다. 우리가 안다는 것을 우리가 어떻게 아는지 등과 같은 것 말이다. 그러나 철학을 다른 관점에서 살펴보면 마르크스 사상이 바로 철학이다. 즉 철학은 여전히 진행 중인 사고 과정이며, 무엇보다도 다르게 생각할 가능성을 열어놓는다는 관점 말이다. 마르크스는 분명 다르게 생각했고 다른 사람들도 다르게 생각하길 바랐다. 그의 영향력은 주로 경제학과 정치학 분야에서 두드러졌지만 철학자를 이야기할 때 중요한 것은 바로 사상이다.

마르크스의 생애

마르크스는 1818년에 독일 트리어Trier에서 태어났다. 그가 태어난 집은 지금도 그대로 보존되어 있다. 그의 조상은 유대교도였지만 그의 부모는 기독교로 개종했다. 마르크스는 열일곱 살에 본 대학에 입학했으나 그곳에서 문제가 생겨서 베를린 대학으로 옮겼다. 1843년에 귀족 출신 여성과 결혼했으며 평생 부인에게 헌신했다. 결혼 이후 마르크스 부부는 독일을 떠나 파리로 갔고 그곳에서 프리드리히 엥겔스Friedrich Engels, 1820~1895를 만났다. 그는 급진적인 정치 활동 탓에 영국에 거처를 마련해야 했고 그곳에서 여생을 보냈다.

런던에 머물면서도 엥겔스와의 협력은 계속되어 『공산당선언Manifest der Kommunistischen Partei』을 공동 출판했다. 그의 연구와 집필 활동은 지칠 줄 모르고 계속되었지만 늘 가난과 질병에 시달렸으며 세 자녀의 죽음을 겪고 무척 고통스러워했다. 사회 혁명을 바라는 그의 열망은 강렬했으나, 그의 사상과 논쟁은 감정에 흔들리지 않고 과학적 견지를 고수했다. 항상 증거를 토대로 호소하려고 했으며, 세상을 움직이는 원동력은 정신이 아니라 물질이라고 생각했다. 마르크스 필생의 역작 『자본론Das Kapital』은 제1권을 제외하고는 모두 사후에 출판되었다.

마르크스에게 영향을 준 사람들

마르크스에게 큰 영향을 미친 요소로는 독일 철학과 프랑스 사회 이론, 영국 경제 이론이 있다.

게오르크 헤겔은 1770년에 독일 슈투트가르트에서 태어나 1831년에 베를린에서 사망했다. 그는 예나 대학, 하이델베르크 대학, 베를린 대학 등에서 철학을 강의했다. 그의 변증법적 발달 이론은 모순을 극복함으로써 생겨나는 사고의 한 형태이며, 논리학과 자연철학, 정신철학으로 구성되어 있다.

루트비히 포이어바흐Ludwig Feuerbach는 1804년에 독일 란츠후트에서 태어나 1872년에 뉘른베르크 근교에서 사망했다. 그는 헤겔의 관념론을 거부하고 유물론을 발전시켰으며 신과 종교 관념 등을 혹독하게 비난했다.

피에르조제프 프루동Pierre-Joseph Proudhon은 1809년에 프랑스 브장송에서 태어나 1865년에 파리에서 사망했다. 무정부주의의 창시자로 알려져 있으며 자본의 이익이 사라지고 자유의 신념이 보장되면 사회의 부정부패를 제거할 수 있다고 주장했다. 공산주의가 해결책으로 내세우는 독재 체제를 반대해서 마르크스와 적대 관계에 놓이게 되었다.

애덤 스미스Adam Smith는 1723년에 영국 커콜디에서 태어나 1790년에 에든버러에서 사망했다. 그는 인간이 사적인 이익을 추구할 때 전체의 이익에 최대한 기여한다고 생각했기 때문에 자유방임 경제 체제를 신봉했다. 특히 사용가치와 교환가치를 구별했다.

데이비드 리카도David Ricardo는 1772년에 영국 런던에서 태어나 1823년에 글로스터셔에서 사망했다. 경제학자였던 그는 수확체감의 법칙

자유방임 laissez-faire
정부가 상업에 간섭해서는 안 된다는 경제 이론.

사용가치와 교환가치
특정 사물이 필요해서 사용해야 하기 때문에 발생하는 가치를 사용가치라 하고, 특정 사물이 다른 사물과 교환되기 때문에 발생하는 가치를 교환가치라 한다.

수확체감의 법칙
특정 시점이 지나면 추가로 투자되는 양과 비례해서 이윤이 감소한다는 이론.

과 잉여가치 이론을 정교화했다.

변증법적 유물론
3단계 변증법은 원래 헤겔에서 비롯된 논리 과정이었다.

1. 개념이나 논거와 같은 정립이 진술된다.
2. 정립이 진술되면 사람들은 그와 반대되는 것을 사고하게 되는데, 이를 반정립이라 한다.
3. 정립과 반정립 간에 충돌이 일어난다.

이 충돌은 정립thesis 과 반정립antithesis 을 통합하는 종합synthesis 으로 나아가는데, 종합은 정립이나 반정립에서 발견하는 것보다 더 높은 질서를 제시한다.

잉여가치surplus value 이론
노동을 통해 생산한 상품의 가치와 임금으로 지불한 노동의 가치 간에 차이가 있다고 주장한다.

종합은 다시 정립이 되고 이 과정을 처음부터 다시 반복한다. 헤겔의 경우엔 이 과정이 정신과 관련되어 있었지만, 마르크스는 물질만이 유일한 실체라고 주장했기 때문에 마르크스가 적용한 것은 별도로 변증법적 유물론dialectical materialism 이라고 부른다.

마르크스의 역사 이론
지금까지 정치·경제의 역사는 다음과 같은 과정을 밟아왔다.

· 절대 권력을 소유한 왕, 즉 통치자가 존재했다. 이는 정립이다.

- 통치자의 반대편에는 모든 것을 빼앗긴 자들, 즉 노예가 존재했다. 이는 반정립이다.
- 이 두 요소가 통합되어 시민 사회를 형성했고 각각의 요소는 서로에게 기여했다. 이를 봉건제라고 한다. 이는 종합이다.
- 종합은 다시 영주(새로운 정립)와 농노(새로운 반정립)로 나뉜다.
- 이 두 요소가 통합되어 자본주의 사회를 형성한다(발전된 종합).
- 자본주의 사회는 다시 고용주(자본가)라는 새로운 정립과 피고용인(노동자)라는 새로운 반정립으로 나뉜다.
- 새로운 종합은 마르크스주의자가 주장하는 공산주의 사회다.

마르크스는 물질만이 유일한 실체라고 주장하면서 변증법을 경제 조건에 적용했다. 그는 기계론적인 해석이 물리학과 화학에 적합한 것이지, 역사 발전의 본질이 작용하는 사회과학에서는 이 방법을 적용해서는 안 된다고 주장했다. 마르크스에게 변증법은 발전하는 주제를 다루는, 그리고 그 발전이 필연적임을 보여주는 논리 체계였다. 변증법은 진보에 대한 이론이다. 진보를 설명하기도 하고 평가하기도 한다.

헤겔과 마르크스는 변증법이 자연의 필연적인 법칙이라고 믿었다. 즉 변증법은 역사 발전의 토대가 되고 이 세계를 통제한다. 따라서 인간은 역사가 발전해나가는 것을 막을 수 없다. 결국 최고의 도덕적 가치는 필연적인 역사 발전을 지지하고 옹호하는 것이 된다.

마르크스주의자들은 새로운 종합이 도덕의 측면에서 이전 것보다 우수하다고 주장한다. 따라서 사람들은 공산주의 사회를 확립하기 위해 투쟁하면서 역사의 결정론적 법칙에 의거해서 필연적으로 보다 나은 것을 획득하고자 준準도덕적 투쟁에 참여한다.

계급관

모든 사람은 특정한 사회 계급에 속해 있는데, 이것은 경제 수단과 생산 조건이 결정한다. 각 계급은 변증법적으로 자신과 반대되는 계급을 발전시키게 되고 이로 인해 투쟁이 일어난다. 투쟁이 혁명으로 발전하면 사회주의가 출현하고 무계급 사회가 형성된다. 사회주의에서는 생산 수단을 노동자가 통제하기 때문에 노동자를 착취하는 일은 더 이상 일어나지 않는다.

이데올로기

마르크스는 각각의 사회 계급은 국가와 같은 집단 단일성을 가진다고 주장한다. 각 계급은 역사 속에서 함께 행동하면서 자신들을 대표하는 사상과 신념을 확립한다는 것이다. 따라서 한 개인의 신념과 선호, 논법 등은 그가 속한 '계급'이 확립한 사상을 반영하며, 그 사상은 또한 행동과 관련된 특징적인 핵심 사상을 반영한다. 물론 개개인이 '집단적인 사고방식'을 인식하지 못하는 경우도 많다. 개개인은 자신이 생각하고 진실이라고 믿는 사상을 표현하는 것 대신에, 자신들의 '계급적' 편견을 무의식적으로 드러낸다.

　이런 대표 사상은 또한 허위 진술이기도 하다. 실제로 보이는 것과 전혀 다르다. 오히려 이 사상이 지닌 설득력은 각 계급의 사회적 지위와 그것이 생산 경제와 맺고 있는 관계에서 비롯된다. 따라서 개개인은 자신이 속한 계급의 구성원들이 가진 사상을 추구할 뿐만 아니라 그 사상이 자신의 이익과 계급의 이익에 호소하기 때문에 올바른 사상이라고 확신한다. 생산력은 자신의 목적을 달성하기 위해 환상을 만들어내는 교활한 재주가 있다. 이런 식으로 각 계급은 자신에게 적합한 이데올로기ideology를 확립한다. 따라서 이데올로기는 논쟁 시에 강력한 무기가 되며, 마르크스 이론을 포함한 모든 이론을 반박하는 도구로 사용할 수 있다. 특히 논쟁 상대의 진술을 무력화하기 위한 특별 변론으로 쓰인다.

잉여가치

마르크스가 주장하는 경제가치는 사람들이 어떤 것과 교환하기를 원하는 상품을 생산하는 과정에서 드는 비용을 뜻한다. 비용을 발생시키는 것은 그것을 생산하는 데 들어간 노동의 양이다.

일반 노동자들은 자본이 없기 때문에 자신을 노동력을 팔 수밖에 없다. 그런데 이런 식으로 생산한 상품은 노동자가 그것을 생산해서 받은 임금보다 훨씬 높은 가치를 갖는다. 이처럼 상품의 경제가치와 노동자가 상품을 생산해서 받는 임금 간의 격차를 잉여가치라고 한다. 고용주는 주로 이윤의 형태로 잉여가치를 취해서 다양한 방식으로 사용한다. 결국 잉여가치가 자본과 노동, 즉 고용주와 피고용인 간의 갈등을 드러낸다.

소외

마르크스는 소외Entfremdung라는 용어를 사용해서 비인간화된 사회에서 개인들이 느끼는 '의미 부재'의 감정을 묘사하고자 했다. 현대 기술 사회에서 사람들은 전체 과정에 동참해서 완성물을 획득하는 것이 아니라 단지 그 과정의 일부에 해당하는 역할만을 수행하는 게 대부분이다. 예컨대 자동차 공장의 노동자는 하루 종일 차량 손잡이를 조립하는 일만 한다. 이 노동자가 자동차를 만들어냈다고 주장하는 것은 무의미할뿐더러 완성품을 만들어냈을 때의 성취감도 느낄 수 없다. 결국 노동자는 모든 성과에서, 그리고 모든 생산 절차에서 단절감을 느끼게 되고 생산 과정에서 통제력을 상실한다. 이와 같은 단절감과 상실감이 바로 소외다.

기업가는 더 많은 이윤을 남기기 위해 다른 기업가와 경쟁해서 그 세력을 약화시키고 많은 상품을 팔아 더 많은 이윤을 얻는다. 그런데 현실적으로 기업가가 이런 식으로 이윤을 남기려면 값싼 노동력을 활용하는 것 이외에 다른 방도가 없다. 따라서 마르크스는 고용주가 더 많은 이윤을 얻기 위해 피고용인에게 점점 더 적은 임금을 지급한다고 주장한다. 자본가는 더욱 부자가 되고 노동자는 더욱 빈곤에 허덕인다.

마르크스는 현대 산업 사회에서 인간은 서로 단절되어 있고 불안감을 느낀다고 주장했다. 그런데 이 상황은 우리 스스로가 만든 것이다. 기술 세계를 확립했지만 통제할 수가 없는 것이다. 우리가 가장 소중하게 여기는 것으로부터 우리 자신을 소외시켰다. 마르크스는 이것을 '자기소외'라고 불렀다.

자본주의 사회에서 인간은 물신物神주의를 숭배한다. 사람들은 다른 사람과 자신이 생산한 것 중, 자신의 생산품을 더 소중히 여긴다.

게다가 자본주의가 인간에게 입힌 가장 큰 상처는 인간이 마치 기계처럼 작동하기를 기대한다는 것이다. 결국 유일한 가치는 시장의 가치이며 인간의 가치는 체계적으로 무시된다.

마르크스 사상의 핵심

마르크스의 역사철학은 경제의 원동력과 이해관계를 바탕으로 한 특정 집단과 관련이 깊다. 예를 들면 봉건주의는 영주의 이해관계, 자본주의는 고용주의 이해관계, 사회주의는 임금 노동자의 이해관계와 관련이 있다. 마르크스는 계급을 변증법적 운동을 초래하는 수단으로 여겼다. 그는 유물론만을 토대로 사회주의가 도덕적으로 우월한 것이라고 주장하지는 않았다. 사회주의는 변증법적 운동에 의해 촉진되므로 필연적인 결과라고 주장했다. 변증법적 운동이 진보를 뜻하는 한 사회주의는 도덕적으로 우월한 가치를 지닐 수 있었다. 마르크스는 당시 자본주의 사회에서 고통받는 노동자의 상황을 신랄하고 정확하게 진단했다. 마르크스의 저서에서는 통찰력 있는 분석과 냉철한 반성, 혁명을 부르는 나팔 소리가 결합된다.

마르크스는 유물론을 활용하는 것이 과학적이라고 주장했고 이를 통해 사회과학이 정확하고 확실해진다고 믿었다. 유물론이 사실과 경험을 다루기 때문이다. 그는 역사, 경제와 관련해서 엄청난 자료를 조사·연구해 자신의 이론과 정책의 근거로 삼았다. 그에게 유물론은 공격적인 무신론을 뜻했다. 동시에 보수의 원동력으로 여겼던 종교의 거부를 뜻했다. 마르크스는 종교란 '민중의 아편'이며 사람들에게 편안하다는 환상을 심어주기 때문에 합리적인 노력을 방해한다고 말했다. 또 억압받는 자들이 자신의 운명을 개선하려는 노력을 단념하도록 만든다고 생각했다. 그는 삶의 활력소 역할을 하는 종교의 잠재력을 알지 못했던 것이다. 합리적인 성찰보다 마음속 깊이 내재된 신념이 행동과 변화를 촉구하는 가치를 지닌다는 사실을 말이다.

마르크스 사상에서 유물론과 변증법은 기존의 체제를 전복하는 혁명을 뜻했다. 이것은 기존 체제를 개선하는 개혁과 대조를 이룬다. 예컨대 프랑스 혁명은 정치혁명이었다. 경제적 생산 수단을 소유한 부르주아지bourgeoisie(자본가 계급)가 봉건주의의 지배 세력이었던 귀족noblesse에게서 정치권력을 빼앗았다. 이로써 변증법적 유물론은 착취와 사회적 불평등의 원천을 근절할 새로운 사회혁명이 필연적으로 일어날 것임을 예고했다. 그리고 이것은 생산 체제를 통제하는 것이 부르주아지에서 착취를 당하는 프롤레타리아트proletariat로 이전될 때 일어난다. 마르크스는 자본주의의 경제 법칙이 영원불변할 것이라는 주장을 완강히 거부했다.

WORK

자본론 [Das Kapital (1867, 1885, 1894)]

마르크스 사회주의 이론은 헤겔 비판에서 비롯됐다. 그리고 마르크스의 이론은 발전에 관한 이론으로, 각 경제 단계는 상품을 생산·교환하는 일반화된 방식으로 결정한다. 생산과 분배의 변화가 역사의 변증법에 주요 요인으로 작용하며 그 과정 전체가 변증법적이다. 즉 발전하는 생산 체제와 낡은 기존 체제의 이데올로기 간의 차이에 따른 내부 갈등을 해결하는 일련의 과정인 셈이다.

· 물질적이거나 경제적인 원동력이 가장 주요한 요인이다. 인류의 진화는 신체의 필요에 의해 발생한다.
· 어떤 시대든 한 사회의 정치 상황은 생산을 지배하는 계급의 요구를 반영하며 그 계급의 이데올로기를 표현한다.
· 지배 계급은 분노를 자극하고 이로써 '계급투쟁' 이 일어난다.
· 생산력은 변증법적 전환이 발생하기 이전에 반드시 발전한다.
· 지배 체제는 철저히 결정론적이다.
· '프롤레타리아 독재' 가 마침내 확립될 때 장기간에 걸친 일련의 사회적 투쟁도 끝날 것이다.
· 국가는 계급투쟁이 계속될 때만 필요한 억압 기구다. 모든 계급이 폐지되면 국가도 소멸할 것이다.
· '프롤레타리아 독재' 는 생산 수단의 사회화를 가져올 것이다. 이 과정은 혁명적인 마르크스주의자로 구성된 엘리트 집단이 진행할 것이다.

철학자 바라보기

마르크스 사상은 20세기에 지대한 영향을 미친 중요한 사상의 하나였다. 그러나 그가 주장한 사회주의 이론이 억압받는 자들을 위해서가 아니라 헤겔 비판에서 비롯되었다는 점을 깨닫는 것 또한 중요하다.

마르크스 사상은 그 사상이 생긴 이후에 일어난 역사적 사건 때문에, 다른 한편으로는 그를 비판하는 사상 때문에 부분적으로 비판받아왔다. 그런데 그는 기존 체제의 지식과 신념을 비판하고 새 체제를 제시하는 철학자라기보다는 정치 활동을 조장하고 고무시키는 사람이었다. 그의 사상은 방대한 양의 역사 분석을 포함하고 있지만 본질적으로는 미래를 바라보면서 역사 발전의 법칙에 의거해서 무엇이 일어나야 하는지를 예견하고자 노력했다. 비록 마르크스 자신은 그렇게 하지 못했지만 우리는 그의 사상을 되짚어 볼 수 있는 특권이 있으니 마르크스 사상의 약점을 짚어보자.

마르크스는 변화하는 환경에 대응하는 자본주의의 힘을 과소평가했다. 그는 자본주의가 노동자의 생활수준을 점진적으로 저하시킬 거라고 생각했다. 그러나 실제로 자본주의는 임금 인상은 물론이고 노동 환경, 건강, 복지, 교육 등을 개선할 수 있음을 입증했다. 그렇긴 해도 당시 마르크스가 자본주의에 퍼부은 무수한 비난은 대체로 정확했고 타당했다. 자본주의가 지금처럼 발전할 수 있었던 것은 부분적으로 자본주의를 올바르게 비판한 마르크스와 사회혁명에 대한 공포감 때문이라고 말하는 사람들도 많다.

마르크스주의 정권하에서 산다고 사람들이 개인 신념이나 목적, 자유나 도덕 가치관 등을 포기했던 것은 아니었다. 아니 오히려 그런 것들이 '변

증법적 유물론의 결정주의'에 대한 반발로 유지되고 증대되는 일이 자주
일어났다. 그러나 사회주의 체제를 확립하려는 투쟁 과정에서 그런 것들
이 완전히 일소되었다고 모두들 생각했다. 따라서 사람들은 유럽에서 공
산주의가 몰락했을 때, 도덕적이든 종교적이든 혹은 역사적이든, 어떻게
구시대의 긴장 요인들이 다시 표면화되었는지에 대해 부분적으로나마 충
격을 받았다.

마르크스가 종교를 '민중의 아편'이라고 비판한 것은 신념이 사람들에
게 부여하는 동력을 간과한 것이다. 실제로 다수의 공산주의 정권이 보여
준 지나친 태도는 근거 없는 만병통치약을 믿는 비합리성이 극단적인 행
동을 약화시키는 것이 아니라 오히려 조장하는 것임을 입증하며 마르크스
주의가 그런 현상들을 도덕적으로 비판하고 규제하지 못했음을 입증한다.

그러나 공산주의 정권이 마르크스 사상을 그대로 적용한 것이 아니라 이
를 '변형' 시킨 것이라는 점은 반드시 지적하고 넘어가야 한다.

좀더 이론적인 면에서 살펴보자. 마르크스는 사회주의와 관련한 다수의
비혁명적 계획들을 일시적인 완화책이자 유토피아적인 발상이라고 비난했
다. 그러나 무계급 사회가 도래할 것이고 정부는 더 이상 필요 없는 기구
가 되어 점차 소멸할 것이라고 주장함으로써 도리어 자신이 비판했던 비
현실적이고 유토피아적인 경향을 드러냈다. 게다가 실제로도 상당히 모호
한 이데올로기 개념은 마르크스 사상 자체에도 해당될 수 있다. 마르크스
사상 또한 특별 변론의 한 형태이기 때문이다.

계급투쟁을 보는 마르크스의 견해는 사실을 지나치게 단순화한 결과다.

그는 오직 두 개의 계급만을 인정했으며 임금을 받아 생활하는 중간 계급의 피고용인과 전문직 종사자는 프롤레타리아트가 흡수할 것이라고 믿었다. 그러나 알다시피 그런 일은 일어나지 않았다.

자본주의를 비판하는 마르크스의 사상이 어느 정도 가치가 있을까? 가치가 있다고 생각한다면 어떻게 그런 판단을 내리게 되었는가? 여러분이 문제 해결에 접근하는 방법은 무엇인가? 마르크스는 어떤 식으로 대안을 제시했는가? 여러분의 방법론은 마르크스의 방법론과 어떤 점이 다른가?

마르크스 사상은 역사를 경제적인 측면에서 해석해야 한다고 강조한 점에 주된 가치가 있다. 오늘날 일부 역사가들이 역사적인 사건을 이해하려고 해당 사건을 이끈 경제 요인을 분석하는 것도 마르크스 사상의 소산인 것이다. 정치가들은 또 어떤가? 그들은 자신들의 가장 중요한 의무가 사회와 경제 전반을 발전시키는 것이라고 여긴다. 따라서 그들은 생각보다 더 많이 마르크스에게 빚지고 있는 셈이다.

마지막으로, 마르크스는 변증법적 유물론의 필연적인 결과로서 역사의 발전 단계가 미리 결정되어 있다고 주장했다. 이는 과학적인 사상이라기보다는 낙관주의나 유사 종교적 신념, 또는 숙명론으로 봐야 할 요소가 더 많다.

프리드리히

권력에의 의지

니체

Friedrich Nietzsche

곤경과 불행을 격찬하는 것을 훌륭한 삶으로 여길 수 있을까? 그리고 합리적인 사고, 냉정, 초연함, 문제를 끝까지 생각해서 합리적인 해결책에 도달할 수 있는 능력의 함양을 삶의 목표로 삼고 싶은가? 그리고 철학책은 사고의 발전을 정확하게 기술해야 한다고 생각하는가? 만약 그렇다면 다시 생각하라! 프리드리히 니체의 저서는 노골적이고 산만하다. 게다가 그는 자신과 의견이 다른 사람들을 거리낌 없이 '멍청이'라고 부른다. 여러분의 생각을 완전히 뒤집어놓으려고 한다. 그렇다고 그에게 휩쓸리지 마라! 그 대신에 정확하고 공평하게, 그리고 비판적으로 평가하라.

니체의 생애

니체는 1844년에 작센Sachsen에서 태어났는데 이곳은 오늘날 독일 동부 지역에 해당한다. 니체는 루터교 목사였던 아버지가 그가 다섯 살 때 사망한 뒤로 어머니와 할머니 손에 컸다. 집안 분위기는 상당히 종교적이었다.

1854년부터 1858년까지 고향에서 중등 교육을 받았으며 그 후 기숙사 학교에 입학했다. 일찍부터 그리스 사상에 감명을 받았고, 음악과 시를 좋아했다.

1864년에 본 대학에 입학해 철학을 공부했고 그 후 라이프치히 대학으로 옮겼다. 당시 그는 자신이 더 이상 기독교인이 아니라고 여겼으며 아르투르 쇼펜하우어Arthur Schopenhauer, 1788~1860의 추종자가 되어 그의 무신론에 심취했다. 니체는 박사 과정을 다 마치기도 전에 바젤 대학의 철학교수로 임명되었고 1869년에 그곳에서 첫 강의를 했다. 이듬해 프로이센·프랑스 전쟁이 일어나자 위생병으로 참전했다. 한동안 중병으로 시달렸으나 바젤로 돌아와 일을 다시 시작했다. 이 기간에 작곡가 리하르트 바그너Richard Wagner, 1813~1883 와 절친한 친구 사이가 되어 루체른 호수에 있는 그의 집에 자주 드나들곤 했다. 그러나 니체가 바그너의 일부 작품들이 '지나치게 기독교적'이라고 생각한 탓에 둘 사이는 시간이 지날수록 점점 멀어져갔다.

『반시대적 고찰Unzeitgemässe Betrachtungen』 같은 니체의 초기작들은 논쟁의 여지가 많아서 그에게 학문적 명성을 안겨주지는 못했다. 그의 철학 사상을 살펴보면 일관성이 전혀 없다. 예컨대 초기 저서에서는 소크라테스의 합리주의 정신을 공격하는 경향이 두드러지만 후기 저서에서는 소크라테스는 물론 프랑스의 계몽주의가 내세운 합리주의 정신을 높이 평가했다. 그러나 위대한 사상가의 사상은 발전하기 마련이다. 니체는 형이상학을 공격하고 유물론적인 도덕 기반을 추구하기 시작했다. 본래 선과 악이란 어떤 행동은 사회에 득이 되고 또 어떤 행동은 사회에 해가 됨을 지적하는 방식에 불과했다. 그런데 사람들이 도덕적 판단의 기초가 이같이 완전히 도구적이라는 사실을 잊자 선과 악을 절대적인 용어로 생각하기 시작했던 것이다.

니체는 건강이 악화되고 만사에 싫증을 느끼게 되자 1879년에 교수직에서 물러났다. 그때부터 방랑 생활을 즐기면서 요양할 만한 곳을 찾아다녔는데, 특히 산을 좋아했다. 1882년에 나온 『즐거운 학문 Die fröhliche Wissenschaft』에서 그는 기독교를 '삶에 적대적인 것'이라며 공격했다. 그 뒤로 니체는 시간에 계속해서 반복되는 주기들이 있다는 사상을 발전시켰다. 이 세상에 존재해온 모든 것은 필연적으로 반복된다는 것이다. 이것은 니체에게 특별한 계시의 힘으로 다가왔고, 그로 하여금 세상에 자신의 메시지를 전달하게끔 했다. 이 메시지는 『차라투스트라는 이렇게 말했다Also sparach Zarathustra』에 마치 페르시아의 현자 차라투스트라가 말하는 것처럼 쓰여 있다. 니체의 대표작으로 잘 알려진 이 책은 영혼 회귀와 초인Übermensch, 가치의 전복 등을 담고 있다. 그리고 니체 사상이 또 다른 단계로 진입했음을 상징하며, 낭독조와 예언자적인 어조로 표현한 사변적인 작품이다. 1886년에 출판된 『선악의 피안Jenseits von Gut und Böse』은 그의 사상의 주된 특색을 좀더 명확하게 보여준다.

그 후 니체는 자신의 저서에서 절친한 친구였던 바그너를 맹렬히 공격했고, 연이은 작품에서 정신 장애를 드러내기 시작했다. 1889년에 바젤에 있는 병원에서 입원 치료를 받은 뒤 퇴원하고는 누나와 함께 바이마르에서 살았다. 당시 이미 유명 인사였던 니체는 그때쯤 정신이상자라는 평판을 얻고 있었다. 그의 정신 장애는 젊었을 때 걸린 매독을 제대로 치료하지 않았기 때문이라고 추정하기도 한다. 니체는 평생 독신으로 살았고 1900년에 사망했다.

니체의 사상

니체의 사상은 '귀족적 무정부주의'라고 일컫는다. 그는 두 가지 유형의 가치를 지지했는데, 첫째는 전쟁과 무자비함, 사람됨에 대한 자만심 등이었고 둘째는 철학, 음악, 시 등이었다. 그는 또한 당시를 지배했던 정치적·윤리적·사회적 태도를 열렬히 반대한 철학교수였다.

니체의 동기는 윤리와 관계된 것이었다. 그는 우수한 자질은 매우 가치가 있지만 오직 소수만이 획득 가능하다고 주장한다. 반면에 다수의 사람들은 소수의 우수함을 증진시켜 실현 가능하게 만들어줘야 하며 행복이나 복지를 요구해서는 안 된다. 진정한 덕은 이득이 되는 것도, 신중한 것도 아니다. 덕을 실천하는 사람들은 다른 사람들에게서 고립된다. 덕은 명령을 거역하고 열등한 자들에게 해를 끼친다. 따라서 우수한 자들은 열등한 자들을 공격한다. 결국 한 시대의 민주주의 경향은 평범함을 조장할 뿐이다.

그렇다고 니체가 우수한 자들이 탐욕을 채우면서 살 수 있게 하기 위해 이같이 주장한 것은 아니었다. 그는 사람들이 고통을 가하는 것은 물론 그 고통을 참을 수도 있어야 한다는 스파르타의 규율과 사상을 신봉했다. 따라서 그에게 최고 덕목은 의지의 힘이었으며 동정심은 나약함을 뜻했다. 그리고 국가보다 영웅을 신봉했다.

니체는 여성을 경멸했다. 물론 이성이나 경험을 토대로 한 주장은 아니었다. 기독교 또한 "노예 근성"을 조장한다면서 적대시했다. 그렇다고 기독교의 진실됨이나 거짓됨에 관심이 있었던 것도 아니었다. 단지 기독교가 개개인이 지닌 가치의 근본 차이를 부정했기 때문에 적대시했을 뿐이었다. 예컨대 신약성서는 "완전히 천한 인간종"을 이상화했고, 그 목적이 인간의 심성을 길들임으로써 강자를 파멸시키고 그들의 영혼을 흐트러뜨려 권력에의 의지를 무력화한다고 생각했다. 물론 모조리 틀린 생각이었다.

그럼 니체가 주장하는 고귀한 인간은 어떤 인간일까? 자신의 동료인 인간을 희생의 제물로 이용할 정도로 잔인할 뿐만 아니라 훈련이 잘돼 있으며 전시에는 무력과 교활한 책략을 훌륭히 구사하는 인간이다.

니체의 가면

니체의 사상은 단계별로 변화를 겪었다. 초기 단계에는 합리적이고 비판적이었는데, 그는 이것을 자신의 진정한 본성을 꿰뚫기 위해 버려야만 하는 이심적離心的 태도로 기술했다. 니체는 이 단계를 '가면'으로 여겼으며, 그의 사상이 진보하고 참된 자아의 모습을 드러내기 위해 그 가면을 버려야 했다. 사람들이 본 것은 모두 가면이었다. 그 가면 뒤에서 니체는 자신의 사상을 발전시키고 적절한 시기에 형체를 드러냈다.

후기 단계에서 니체는 자기 자신을 시험했다. 즉 그가 인생의 매 순간 고통과 굴욕감을 참고 견디면서 삶을 긍정할 힘을 가지고 있는지 알고자 했다. 이것은 초인 사상으로 이어졌다. 초인 사상은 보다 높은 차원의 사람들이 자신의 잠재력을 개발하도록 하는 신화였다. 니체는 "진리의 척도는 의지를 증대시키는데 있다"고 말했다. 또한 '사고'를 개인이 자신만의 가능성을 성취할 수 있게 돕는 도구라고 보았다.

권력에의 의지

권력에의 의지는 본연의 존재와 당위의 존재의 원천이다. 대중 속에 존재하는 나약한 사람들은 삶을 긍정할 수 없다. 그래서 삶에서 도피하기 위해 도덕을 확립하고 이 도덕으로 힘을 획득한다. 그들은 연민이나 단결 등을 내세워 자신의 나약함을 더욱 드러낸다. 그러나 열정과 이기심의 힘인 육체적 쾌락을 실천할 수는 없다. 이는 오직 강자만이 행할 수 있는 것이다. 약자들은 무자비한 자들의 지배를 겪으며 산다. 그래서 그들은 고귀하고 건전한 자들을 금지의 끈으로 속박하고자 한다.

만약 약자들이 우수한 자들의 수준으로 자신을 끌어올릴 수 없다면 최소한 우수한 자들을 약자들 수준으로 끌어내리면 된다. 따라서 약자들은 비범한 자들을 향해서 분노를 표출한다. 우수한 자들을 파괴하고 경멸해서, 약자들의 나약함을 드러내는 우수한 자들의 능력이 표면화하지 못하게 막는다. 예컨대 공산주의가 위협하자 파시즘 fascism은 공산주의에 반발하는 하층 중산 계급의 분노를 자극했다. 그러나 강자의 영혼은 분노를 모른다. 강자는 권력에의 의지를 공공연하게, 그리고 솔직하게 인정하고 이를 자랑스럽게 여긴다.

W·O·R·K

차라투스트라는 이렇게 말했다 [Also sprach Zarathustra(1883~1885)]

산속에서 고독한 삶을 살던 차라투스투라는 '신은 죽었다'는 깨달음을 얻은 뒤 산에서 내려와 여행을 하면서 초인적인 이상에 대해 논한다.

· 삶은 권력에의 의지다. 진실된 삶을 영위하고 싶은 사람이라면 평

범한 인간들의 신념과 인습 등을 극복해야 한다. 즉 초인이 되어야
한다.

· 기독교의 덕목인 연민과 순종은 사람들을 타락시키고 의지력을 약
화시킨다. 이것은 인습에 충실한 삶을 사는 사람들을 순종하도록 만
들기 위함이다.

· 살아갈 용기가 없는 사람들은 잠을 잠으로써, 육체보다 정신을 높이
평가함으로써, 혹은 전쟁 대신 평화를 추구함으로써 자꾸 도망치려
고 한다.

· 초인은 신을 향한 믿음에서, 내세의 환상에서 자신을 해방시킴으로
써 덕을 쌓는다. 초인은 평범한 인간들을 참지 못한다. 그는 거짓된
희망과 신념 속에서 사는 사람들보다 뛰어나기 때문에 행복하다.

· 숭배란 유년시절로 되돌아가는 것이다.

선악의 피안 [Jenseits von Gut und Böse(1886)]

· 삶을 보호하고 개인의 힘을 증대시키는 사상은 논리학자나 절대적
인 것을 탐구하는 사람이 인정한 사상보다 더 중요하다.

· 의지의 자유에 대해 형이상학적으로 관심을 갖는 것은 의지의 힘을
위해 버려야 하는 태도다.

· 인간이 창조적인 삶을 영위하려면 인습적인 가치를 뒤엎어야 한다.
사회에서 중시하는 가치는 강자를 누르기 위해 약자가 만들어낸 것
이다.

· 과학 정신은 판단의 한계를 뛰어넘지 못할 때 나약해진다. 사람들은
의지를 부정할 때마다 삶 또한 부정하는 것이다.

> · 삶의 진보는 의지와 본능을 믿고 따를 준비가 된 적극적인 사람이 있
> 을 때 가능하다. 권력에의 의지가 저절로 밝혀질 때 인습적인 가치를
> 뛰어넘는 새로운 가치가 생겨난다.

모든 가치의 전복

권력에의 의지는 '가치의 전복'을 초래한다. 즉 현재의 도덕 판단이
폐지·정화되고 새 가치가 제기된다. 이로써 수 세기 동안 약자들의
음모로 금지되었던 것들이 장려되고 자랑으로 여겨진다. 이것은 훈
련과 고통, 성취의 신호이기도 하다. 따라서 개개인은 '너는 해야 한
다'는 규칙으로 시작한다고 할지라도 '나는 할 것이다'로 맞서야 한
다. 니체의 영웅은 스스로의 힘으로 동료들보다 우월한 수준으로 올
라간 사람을 뜻한다. 영웅은 또한 자신의 우수성을 변호하길 거부하
고 오히려 대담하게 이를 견딘다. 특히 건강에 유익한 특질은 견고하
고 무자비하며 엄격하다(1930년대 파시즘 조직들은 니체 사상의 이러한
측면을 대단히 높게 평가했다).

초인

19세기 사상가들은 다윈의 진화론이 인간의 지위를 손상시켰다고 생
각했다. 하지만 니체는 이러한 발전의 긍정적인 가능성을 과감하게
선포했다.

초인은 인류의 목적이다.

인간은 짐승과 초인 사이에 펼쳐져 있는 밧줄이다.

『차라투스트라는 이렇게 말했다』

　니체는 기존의 인간 집단이 다른 집단보다 생물학적으로 우수하다
고 말한 적도 없었고 아리아인의 우수성을 조장한 적도 없었다. 아니
오히려 독일 민족을 경멸했다. 다시 말해 그가 말하고자 했던 초인이
라는 존재는 인간이 스스로를 초월하는 법을 습득할 때 나타난다.

　초인은 생명력과 힘, 충만함과 자기표현 능력을 지닌 인물이며 이
모든 자질을 조화롭게 결합할 수도 있다. 그뿐이 아니다. 초인은 자
신감 있고 민첩하며 훈련이 잘돼 있고 강건한 일개인이기도 하다. 당
연히 일반 대중보다 훨씬 우수하며 일반 대중은 초인을 존경할 수밖
에 없다.

　니체의 사상을 서술하는 이런 글들에서는 성 차별적인 언어가 고
의로 사용된다. 니체가 사용하고 의도했을 언어가 바로 이런 유의 언
어이기 때문이다.

니체의 영향력

니체는 지대한 영향을 미쳤다. 그런데 철학자에게 영향을 준 경우는
드물었고 오히려 예술과 문학 분야에 많은 영향을 미쳤다. 그리고 살
아생전에는 세계대전 발발을 보지 못했지만 대규모 전쟁을 예언하기
도 했다.

　니체는 파시즘 사상가들에게 영향을 줬다는 비난을 받는다. 파시

즘은 '남성' 문화를 조장하고 인종의 우열을 나눠 '우수한' 인종을 지지했을 뿐만 아니라 훈련된 군국주의를 통해 시민 사회의 모든 측면을 공격했는데, 많은 이들이 파시즘에 영감을 준 주요 원천으로 니체를 꼽은 것이다. 그러나 아마 니체가 없었어도 파시즘은 출현했을 것이다.

파시즘 이론의 중요 부분을 대략적으로 살펴보자.

· 파시즘은 이성에 반기를 든 대신에 의지와 행동으로 스스로를 정당화했다.

· 복종은 도덕률에 관한 것이었으며 객관적인 의지에 속했다.

· 의무와 권위, 규율이 행복과 자유를 대신했다.

· 국가는 모든 것에 우선했고 경제 체제를 통제했다.

· 모든 경제 계급은 국가의 단합을 위해 서로 화해해야 했다.

· 사람들의 정력을 방출하기 위해 감정에 호소했다.

· 국회와 사법부가 독립해 존재하는 대신 행정부가 그 기능을 포함했다.

· 이상적인 조직 형태는 군율이었다.

· 국가는 지도자를 선별해서 그에게 복종하게 만드는 재능이 있다고 여겨졌다.

· 주요한 정치 원리는 '지도자가 있고 그 밑에 오름차순으로 된 개개인이 있다'는 것이었다.

· 인종의 순수성을 장려했다.

이 목록에는 니체가 동의하지 않을 요소들이 많다. 그는 독일 민족을 좋아하지 않았고 자신이 주장한 규율과 냉혹함은 집단이 아닌 개

인의 증진에 한해서였다. 그러나 파시스트들은 그의 사상에서 초인
사상 같은 '유용한' 견해들을 찾아냈다. 그러나 이것은 니체의 관점
이 아니라 그들의 관점에서 바라본 초인이었다.

철학자 _{바라보기}

니체 사상은 일개인으로서 자신이 무엇을 할 수 있는지를 깨닫기 위한 수단이었다. 즉 니체의 철학은 지식을 비판하는 철학이 아니라 영감과 비전, 충동의 철학이었다.

니체는 '다르게 생각하는 것'에 열정을 쏟았다. 그에게는 기존의 해결책이나 체계를 고려할 시간 여유가 없었다. 따라서 과거의 지배적인 사고 체계와 단절하고 열정적으로 새 사고 체계를 확립했다.

그의 '귀족적' 가치는 기본적인 도덕이었지 정치 이론이 아니었다. 그는 정부 이론을 제기한 적이 없었다. 그 대신에 '귀족적'이라고 불리는 유형의 사람을 존경했다. 이 말은 혈통이 귀족이 아니라 능력, 의지, 행동이 '귀족답다'는 뜻이었다. 따라서 그가 주장한 귀족은 의지력과 용기, 냉혹함을 소유했고 연민과 온화함, 두려움이 아닌 권력을 이용하고자 한다.

마르크스는 개개인의 욕구와 행동이 프롤레타리아 계급의 판단에 종속되어야 한다고 주장했지만 니체는 집단을 고려하는 것은 강한 개인의 욕구를 증진시키는 데 방해가 되므로 일축해야 한다고 주장했다.

도덕주의자들은 연민을 장려하고 고통을 비난하며 전 세계의 몫을 개선시키고 싶어 한다. 하지만 니체는 연민을 비난하고 고통을 찬양하며 타인에게 권력을 행사하는 사람을 좋아한다.

니체 철학은 합리적인 평가를 내리기가 쉽지 않다. 니체 사상이 완벽하게 합리적인 체계를 갖추지 않았기 때문이다. 본래 우리가 따져볼 객관적인 가치도 없고 선악에 관한 객관적인 지식도 없다. 따라서 사람들은 니체를 뒤로하고 부처나 예수 같은 존경하는 성인들이 전하는 교훈을 따르기

철학 지도 그리기

224

도 한다. 또는 자신의 감정에 충실하기도 한다. 예컨대 "나는 고통이 싫고 사람들이 좀더 연민의 정이 많았으면 좋겠어. 그리고 타인을 지배하려는 권력 행사를 거부해. 그래서 난 니체가 정말 싫어!"라고 말할 수도 있다. 그러나 이것은 니체 사상을 합리적으로 반박하는 것이 아니라 단지 개인의 선호도에 따른 것일 뿐이다.

끝으로 니체의 주장에 담긴 긍정적인 가치는 무엇인지 생각해보자.

루트비히
비트겐슈타인

언어는 그 자체가 삶의 방식이다

Ludwig Wittgenstein

루트비히 비트겐슈타인은 괴짜 철학자로 곧잘 묘사된다. 독창적인 사상가였던 그는 고도로 창의적인 철학을 하나도 아니고 둘이나 세상에 내놓았다. 그는 논리와 언어 문제에 관심이 많았다.

비트겐슈타인의 생애

비트겐슈타인은 1889년에 오스트리아 빈에서 태어났다. 아버지는 오스트리아 철강산업을 좌지우지하는 사업가였으며 집안도 엄청난 부호였다. 할아버지는 개신교로 개종한 유대인이었지만 가톨릭교도였던 어머니의 영향으로 비트겐슈타인은 가톨릭 교육을 받으며 성장했다. 그는 어려서부터 가정교사에게 교육을 받았으며 손재주가 남달라 고철을 활용해서 실생활에서 쓸 수 있는 기계를 만들기도 했다.

비트겐슈타인이 학교에 입학한 것은 열네 살이 되어서였다. 우연하게도 아돌프 히틀러Adolf Hitler, 1889~1945와 동문이 된다. 베를린에서 기술자 교육을 받기도 했으며, 그 후 영국 맨체스터에서 항공학, 특히 고압가스 연소와 관련된 전공으로 대학원 과정을 밟았다. 이 때문에 수학에 관심을 두게 되었고 이후 철학으로 전환하는 계기가 되었다.

비트겐슈타인은 처음에 수학과 논리의 기초를 다룬 책을 썼다. 이 책을 독일의 철학자이자 수학자인 고틀로프 프레게Gottlob Frege, 1848~1925에게 보여주었는데, 프레게는 비트겐슈타인에게 케임브리지로 가 버트런드 러셀 밑에서 수학을 배우라고 권했다. 영국의 철학자 러셀은 수학을 독창적으로 설명한 『수학 원리Principia Mathematica』의 저자로 수리논리학의 집대성자이기도 하다. 사제 간으로 맺은 두 사람의 우정은 오랫동안 지속되었다. 재미있는 일화가 있다. 어느 날 러셀과 조지 무어George E. Moore, 1873~1958가 신입생들 이야기를 하고 있었다. 무어 역시 트리니티 칼리지에서 철학을 가르쳤다. 그때 비트겐슈타인 애기가 우연히 나왔다. "난 그가 바보인지 천재인지 도대체 종잡을 수가 없어. 내 강의 시간에 항상 곤혹스럽다는 표정을 하고 있거든."

러셀은 비트겐슈타인이 천재임을 확신하고는 자신이 쓰고 있던 지식 이론 연구 성과물을 보여주었다. 그런데 비트겐슈타인은 이를 집요하게 비판했고 이에 넌더리가 난 러셀은 그 연구를 아예 그에게 떠넘겨버렸다. 비트겐슈타인은 종종 러셀의 집에서 밤새도록 거실을 왔다 갔다 하며 논리 문제를 붙들고 씨름하곤 했다. 비트겐슈타인은 자신의 '죄'에 대해서도 고민이 많았으며 극도로 불안해했다. 이를 지켜본 러셀은 그가 자살할까 봐 잠잘 시간이 되었다고 말하는 것조차 두려워했다. 결국 비트겐슈타인은 학사학위를 받지 못한 채 케임브리지를 떠났다. 그는 노르웨이로 갔고 혼자서 논리학 연구에 몰두했다.

1914년에 제1차 세계대전이 발발하자 그는 오스트리아 군대에 소총수로 지원한다. 전투에 직접 참전한 적은 거의 없었지만, 전쟁의 참담한 상황을 목격하게 된다. 그 와중에도 계속해서 자신이 생각한 논리 이론을 기록했다. 이것이 훗날 그 유명한 『논리·철학 논고 Logisch Philosophische Abhandlung』로 완성되었다. 전쟁이 끝날 때까지 이 기록을 군장에 넣고 다녔다고 한다.

그는 군인으로서의 경험과 용기, 그리고 가장 위험한 지역으로 보내달라는 고집 등으로 훈장도 몇 개 받았다. 이것은 그의 사상적 경향에 큰 영향을 미쳐 후에 논리학과 윤리학을 연구하는 데 반영되었다.

케임브리지 대학 출판부는 『논리·철학 논고』는 물론 그 외의 책들도 출판을 거부했다. 결국 책은 옥스퍼드에서 출판되었다. 따라서 언어 분석에 지나칠 정도로 심혈을 기울여 이룩한 그의 철학은 종종 '옥스퍼드 철학'이라고 불렸다. 실제로 그의 철학이 발전하는 계기를 제공한 곳은 케임브리지였지만 말이다.

당시 비트겐슈타인이 주장한 철학의 주요 의제는 말로 표현할 수 있는 것을 가능한 한 명료하게 표현하는 것이었다. 그리고 사유 가능한 것의 한계를 설정하는 것이었다. 그 외의 것들에 대해서는 침묵을 지켜야 하며, 이것은 아주 중요한 문제였다.

제1차 세계대전 이후 비트겐슈타인은 오스트리아로 돌아왔다. 1913년에 아버지가 사망하고 엄청난 유산을 물려받았지만 재산 대부분을 가난한 예술가들에게 나누어 준다. 그는 철학에 관련한 모든 문제를 해결했다는 결론에 이르렀고 더 이상 자신이 할 일이 없다는 생각에 학교 교사가 되기로 결심했다. 이후 여러 시골 초등학교에서 교편을 잡았다. 그는 남녀 학생 모두에게 복잡한 수학을 가르쳐야 한다고 주장했다. 당시로서는 아주 보기 드문 일이었다. 그는 학생들이 질문하도록 유도하고, 모형과 기계 등을 만들게 했는데 이를 본 교육 당국은 그를 재능 있는 교사라고 생각했다. 그러나 안타깝게도 학생들이 이해를 잘 못 할 때는 화를 참지 못했고 심지어 학생들을 때리기까지 했다. 시골 사람들에게 그는 권위적이고 배타적이며 비호감인 선생님이었다. 실제로 그는 어떤 사회에서든 사람들과 쉽게 잘 지내지 못했다. 어쨌든 교사로서의 실패는 그에게 깊은 좌절감을 안겨주었고 그 후 심신 회복을 위해 한동안 수도원에 은둔해 있기도 했다.

교사직을 포기하고 빈으로 돌아온 비트겐슈타인은 현대적이고 기능적인 주택 디자인에 관심을 쏟았다. 그는 자신의 누나에게 집을 지어주기도 했는데, 철저히 실용성에 입각해서 지은 간결한 건물로 아직도 빈에 보존되어 있다. 그는 누나의 친구인 마르그리트를 만나 사랑에 빠진다. 그러나 마르그리트는 기도에 너무 많은 시간을 할애하는 비트겐슈타인을 보고 자신이 무시당했다는 생각에 그와 헤어지게 된다. 이후 두 사람은 여전히 친구로 지냈지만 비트겐슈타인은 평생 독신으로 살았다.

당시 비트겐슈타인은 빈 학파 회원들과 만나곤 했는데, 이 학파는 철학을 과학화하는 데 관심이 많았던 사상가 집단이었다. 1929년에 비트겐슈타인은 케임브리지로 돌아와 『논리·철학 논고』를 학위 논문으로 제출했다. 논문 심사위원은 무어와 러셀이었다. 일화에는 비트겐슈타인이 자신의 논문을 변호해야 하는 구두시험에서 두 사람이 자신의 연구를 결코 이해하지 못할 것으로 생각하고는 그들의 어깨를 토닥이며 걱정하지 말라고 말했다 한다. 또 무어는 심사위원단에 제출한 보고서에 "내 소견으로는 비트겐슈타인의 논문은 가히 천재적이다. 어쨌든 케임브리지 대학이 요구하는 박사학위 기준에 손색이 없다"라고 썼다 한다.

드디어 비트겐슈타인은 케임브리지에서 철학을 가르치기 시작한다. 당시 그는 매우 검소하게 생활해, 방에 있는 가구라고는 탁자 하나와 접의자 몇 개, 야전 침대 하나가 고작이었다.

비트겐슈타인은 강의할 때 결코 형식에 얽매이지 않았다. 강의실에 서서 생각나는 대로 말했고 메모도 하지 않았다. 때로는 긴 침묵의 시간도 있었다. 종종 자신의 어리석음을 욕하기도 하고, 학생들과 논쟁을 벌이기도 했다. 그의 수업을 듣는 학생들은 매우 진지하고 독창적인 사상을 접한다는 인상을 받았지만 어떻게 준비해야 학위를 받을 수 있는지는 아무도 몰랐다. 그는 "머릿속에 넣어갈 수 없다면 손에라도 들고" 갈 수 있게 하기 위해 학생들에게 강의를 기록하라고 했다. 그는 두 개의 시리즈로 된 강의 내용을 하나로 엮어 나눠 줬는데 이 노트들의 겉표지가 하나는 청색이고 다른 하나는 갈색이었기 때문에 그의 사후에 『청색책 · 갈색책The Blue and Brown Books』이라는 제목으로 출판되었다.

제2차 세계대전이 일어나자 비트겐슈타인은 철학 강의를 거절하고 런던의 한 병원에서 짐꾼으로 일했다. 그러면서 두 젊은이와 사랑에 빠졌는데, 두 사람 모두 케임브리지 학생이었으며 한 명은 전쟁 중에, 나머지 한 명은 전쟁이 끝난 후에 만났다.

1947년에 교수직에서 물러난 비트겐슈타인은 아일랜드 서부 해안에 있는 외딴집에서 홀로 생활했다. 그리고 바로 이곳에서 대표작인

『철학적 탐구Philosophische Untersuchungen』를 집필했다.

그는 전립선암 진단을 받았고 1951년에 케임브리지에서 사망했다. 죽기 전날 의식을 잃을 때까지 철학을 계속 연구했다.

다시 부상한 논리학

논리학은 아리스토텔레스는 물론 중세 스콜라철학자들이 가장 중요시한 학문이었다. 명료한 사고와 타당한 논증, 확실한 결론을 확립하는 데 필요한 '도구'였기 때문이다. 그러나 19세기 후반까지 논리학은 무시당하기 일쑤였다. 논리학과 관련한 문제는 모두 해결했다는 인식 때문이다. 그러던 것이 19세기 후반부터 20세기 초반까지 논리학은 주요 철학 사조로 다시 그 모습을 드러냈다. 그 후 지금까지 논리학은 영국과 미국의 대학에서 중요한 위치를 차지하고 있다.

논리학 혁명에 시동을 건 사람은 바로 프레게였다. 프레게는 수학과 언어에 공통점이 많음을 발견했다. 그는 숫자가 그 자체로 존재하는 사물이 아니라 사물을 묘사하는 개념이라고 주장한다. 즉 개념은 그 자체로 존재하는 사물이 아니라 사물을 묘사하는 데 사용된다. 그리고 언어의 개념들이 모여 문장을 만들고 수학과 논리의 개념들이 명제라고 불리는 문장을 만든다.

프레게는 지시체Bedeutung와 의미Sinn를 논했는데, 지시체는 문장이 무엇에 관한 것인지와 관련이 있다. 예컨대 '고양이는 매트에 앉아 있었다'는 문장에서 '고양이'와 '앉아 있는 동작', '매트'가 지시체다. 의미는 이것들이 '서로 어떻게 관계 맺는지'와 관련이 있다.

프레게는 명제의 내용을 걱정하지 않고 언어와 수학이 행하는 것을 우리가 이해할 수 있다고 주장했다. 중요한 것은 그 요소들이 어떻게 결합되어 있는가이지 무엇을 언급하는가가 아니다. 따라서 프레게는 명제의 요소들이 결합된 방식을 기술하기 위해 완전한 상징 체계를 개발했다.

'고양이가 매트에 앉아 있었다'와 '개가 탁자에 앉아 있었다'는 문장은 구조가 동일하다는 것이 프레게의 생각이다. 그러면 '위원회가 보고서에 앉아 있었다'는 문장은 어떻게 생각하는가? 아마도 비트겐슈타인의 생각을 듣는 것이 좋겠지만 지금은 프레게에게 집중하자.

어떤 논증이 '논리적'인지 여부를 물을 때 고려할 사항은 각 요소들이 연관되어 있는 방식, 즉 '구조'다. 개별적인 명제가 지닌 의미를 걱정할 필요는 없다. 이것이 바로 '기호논리학'이다. 이로써 우리는 아리스토텔레스보다 더 정확한 방법으로 논증에 제시된 명제들을 분석할 수 있다.

비트겐슈타인의 제1철학

비트겐슈타인은 논리와 실재가 동일한 구조를 띠고 있음을 입증하기 위해 『논리·철학 논고』에서 논증을 제시했다. 이 책은 빈틈없이 제어된 작품으로, 극히 제한된 언어관을 상세히 설명하고 있다. 그는 명료하게 말할 수 있는 것과 표현할 수 있는 것의 한계를 정하는 것부터 시작했다. 그리고 언어에 관한 견해들 가운데 논리에 기초하지 않은 것들은 모두 비판했다. 뿐만 아니라 예술, 종교, 형이상학, 윤리와 같이 존재를 입증하기 힘든 주제를 말하려는 시도 역시 비판했다. 물론 이것들이 분명히 존재하지만, 논하는 가치들이 과연 확실하고 독립적이며 논쟁의 여지가 없는 토대를 갖고 있는가를 중요시했다.

만약 어떤 진술이 명백한 방식으로 이 세상에 실재하는 사물을 언급한다면 그 진술은 의미가 있다. 그는 '논리적 원자logical atom'를 말했는데, 어떤 사실이 의미적으로 다른 사실에 의존하지 않고 독립적임을 뜻한다. 따라서 '논리적 원자'는 더 작은 독립된 사실로 나눌 수 없다. 여기서 비트겐슈타인의 사상은 프레게가 말한 '지시체'에 집중한다.

『논리·철학 논고』는 주로 비트겐슈타인이 언어, 세계, 논리학, 수학 등을 어떻게 바라보는지를 담고 있지만 윤리학과 신비주의에 대한 견해들도 있다. 그는 이 책에서 하나의 유기적인 단위를 구성한 뒤 다시 일곱 개로 나누어 배열했으며 각 부분을 다시 여러 개로 나누었다. 모든 것이 질서 정연하게 정돈되어 있고 차례대로 번호가 매겨져 있다. 각각의 견해는 다른 견해들을 지지하기도, 다른 견해들에 의해 지지받기도 한다. 처음은 다음과 같이 시작된다.

1 세계는 사실인 것의 총체다.

1.1 세계는 사물이 아닌 사실의 총체다.

마지막은 다음과 같다.

6.54 명제들은 다음과 같은 방식으로 해명에 도움을 준다. 즉 나를 이해하는 사람이라면 누구든지 명제를 사다리로 이용해서 딛고 올라설 때 결국 그 명제들이 무의미하다는 것을 인식한다. (그는 사다리를 타고

다 올라간 뒤에는 반드시 그 사다리를 버려야 한다.)

그는 이 명제들을 초월해야 하며 이로써 세상을 올바르게 인식할 것이다.

7 우리는 말할 수 없는 것에 대해서 침묵해야 한다.

비트겐슈타인은 세계를 사물이 아닌 사실의 총체로 보았다. 사실이란 논리적 실체로서 단지 주장되거나 부인될 수만 있지 딱딱하거나 빨갛거나 둥그스름하지는 않다. 반면에 사물은 공간과 시간 속에 존재하며 형체, 색깔, 밀도 등을 갖는다.

사실은 그렇게 되지 않을 수도 있다. 따라서 다른 상황을 인식하든 인식하지 못하든 상관없이 사물이 그렇게 되지 않을 수도 있다고 생각해야 한다. 우리가 사실을 언어로 표현할 때, 사실의 그림은 우리에게 의미를 제공한다. 비트겐슈타인은 세계가 사슬처럼 연결돼 서로 조화를 이루면서 우리에게 사태事態, Sachverhalt를 제공하는 단순한 객체들로 구성되어 있다고 생각했다.

철학의 목적은 사고를 논리적으로 해명하는 것이다. 철학은 교육이 아니라 활동이다. 따라서 사물을 명료화할 때 우리는 철학을 한다. 논리학은 우리에게 논리 형식을 보여줄 뿐이다. 이 세계가 무엇으로 이루어져 있는지에 대해선 아무 말도 하지 않는다.

우리는 절대 가치를 표현하려고 할 때마다 다양한 방식으로 언어의 한계에 부딪힌다. 비트겐슈타인은 이것을 다음과 같이 표현했다.

1. 존재의 수준에서, 우리가 세계의 존재 자체에 놀라는 경우

2. 우리 자신의 주체성 수준에서, 무슨 일이 일어나든 우리가 완전히 안전하다고 느낄 수 없는 경우

3. 윤리의 수준에서, 어떤 경우든 우리가 결코 표현할 수 없는 절대적인 필수 조건에 미치지 못해서 죄책감을 느끼는 경우

우리는 언어나 세계의 한계는 입증할 수 없다.

비트겐슈타인은 명제는 그 명제가 묘사하는 것과 함께 반드시 논리 형식이 있다고 주장한다. 그렇다면 과연 기도, 도덕적 교훈, 모욕적인 언행 등의 논리 형식은 무엇일까? 이것들 역시 전달되는 것이므로 언어 형식이어야 한다. 그러나 이를 수용할 수 있을까? 비트겐슈타인이 말할 수 있는 것과 없는 것 주위에 걸쳐놓은 속박의 끈이 너무 팽팽하게 매여 있는 것은 아닐까?

W·O·R·K

논리·철학 논고 [Logisch-Philosophische Abhandlung(1921)]

· 세계는 '원자 사실atomic fact'로 구성되어 있으며 원자 사실은 그보다 더 본질적인 사실로 분석할 수 없는 사실이다.

· 명제는 사실의 논리적 그림이다. 명제와 명제가 그리는 사실은 공통된 논리 구조를 띤다.

· 그러나 명제는 가능한 사실 형태만을 보여줄 뿐이지 표현하지는 않는다. 만약 누군가가 명제의 일반 형태를 제시한다면 모든 기술과 이 세계의 본질을 말할 수 있을 것이다. 명제를 구상하는 방법에는 (1)

요소 명제들에서 도출하는 것과 (2) 상이한 논리 작용을 이용하는 방법이 있다.
· 철학은 의미를 명료화하는 과정이다. 자연과학에서 명제는 의미가 있지만 윤리학이나 미학, 형이상학에서는 의미 있는 것을 말하기가 불가능하기 때문이다. 따라서 이러한 시도는 모두 외부의 시각에서 안쪽의 세계를 논해야 하는 불가능한 임무를 수반한다.

비트겐슈타인의 제2철학

새 철학에서 비트겐슈타인은 프레게가 말한 '의미'에 집중했다. 그는 문장 즉 언어가 의미하는 것은 언어 세계 외부에 있는 것에 대한 언급이 아니라 말이 서로 연관되어 있는 방법이라고 생각했다. 언어가 작용하는 방법은 그것이 이상적인 논리로 작용하기 때문이 아니라 언어 자체의 작용을 따르기 때문이며 이로 인해 사람들은 언어가 작용한다는 사실에 동의한다. 형식적으로 일어나는 것이 아니라 언어의 공동체 속에 사는 사람들이 저절로 파악하는 것이다.

만약 누군가 "장난꾸러기 꼬마가 선생님을 속이려 했는데 믿기지 않겠지만 그러고도 벌을 받지 않았어!"라고 말한다면 이 문장의 의미는 '속이려 했다' 또는 '벌을 받지 않았다' 등의 논리 구조와 전혀 관계없다. 대신에 언어 공동체가 이 말들의 결합이 특정 사실을 의미하고 그 외의 것은 의미하지 않음을 받아들인다는 것과 관계가 있다. 그래서 비트겐슈타인은 언어 게임 Sprachspiel 을 말한 바 있다.

이제 우리는 '고양이가 매트에 앉아 있었다' 와 '위원회가 보고서에 앉아 있었다' 는 두 문장의 의미를 고찰하는 방법을 안다. 본래 두 문장은 동일한 논리 구조가 아니다. 언어 공동체는 '○○에 앉아 있었다' 가 각각의 문장에서 다른 의미로 사용된다고 반박한다. 그러나 그 차이점을 표시할 필요는 없다. 그렇게 하지 않아도 언어 공동체는 자동으로 언어 게임을 인식하고 수용한다. 이로써 비트겐슈타인의 제2철학은 자신의 제1철학을 약화시킨다.

우리는 언어 '외적' 실재에 대한 외부 언어를 결코 이해할 수 없다. 언어를 말하기 위해 언어를 사용할 뿐이며 모든 언어는 적어도 두 사람이 공유하기 때문이다. 따라서 '사적인 언어' 는 없다.

『철학적 탐구』는 비트겐슈타인이 공들여 쓴 책이지만, 각 문장들이 『논리·철학 논고』에서만큼 명료하고 예리하지는 않다. 대화문도 있고 다양한 명제들이 실려 좀더 장황한 반면, 논리적 상징은 없다.

『철학적 탐구』는 의미의 개념 즉 명제, 논리, 수학, 의식 상태 등 다양한 것을 우리가 어떻게 이해하는지를 다룬다. 비트겐슈타인은 언어와 삶의 방식 간의 연관성을 표현하고자 했다. 그는 우리가 언어의 혼란에 깊숙이 빠져 있다고 말한다. 하지만 언어의 혼란은 그런 식으로 생각하기 때문에 오히려 점점 더 증대된다.

W·O·R·K

철학적 탐구 [Philosophische Untersuchungen(1953)]

· 언어란 말을 도구로 사용하는 활동이다.

· 말은 다양한 방식으로 사용되는데, 말을 실제로 사용하는 '언어 게임'을 할 때 이 말을 이해한다. 말은 사물의 이름이 아니다.

· 말의 의미는 언어에서 말을 사용하는 방식이다.

· 감정에 관한 이야기를 이해할 수 있는 것은 감정의 문법이 있기 때문이다. 언어 게임을 아는 사람은 이 문법을 이해한다. 결국 마음에 담은 모든 것은 이런 식으로 이해할 뿐이다.

· 기대, 의도, 기억 등은 언어 때문에 가능한 삶의 방식이다.

· 언어는 그 자체가 삶의 방식이다.

철학자 바라보기

비트겐슈타인 이전의 철학은 감춰진 것의 본질을 밝히고자 애썼다. 그러나 비트겐슈타인이 치유의 형식으로 선보인 새로운 철학은 우리에게 설명하려고 하지 않았다. 감춰진 것이 전혀 없기 때문이다. 그 대신에 우리 앞에 존재하는 것이 무엇인지 해명하고자 했다.

비트겐슈타인은 언어라는 수단을 통해 지성의 마법에서 정신을 자유롭게 하는 기술을 강조하면서 비판하고자 했다.

순수한 사고는 없다. 사고가 언어로 전환되지도 않는다. 언어가 없으면 사고도 불가능하다.

비트겐슈타인은 '진실'을 일종의 언어 게임으로 생각했다. 그런데 언어를 생각할 때 우리는 언어 밖에 서 있는 우리를 상상한다. 즉 한쪽에는 언어가, 다른 한쪽에는 실재가 있다. 그렇다면 앞에 놓여 있는 책 한 권을 보자. 몇 가지 사물이 보이는가? 하나? 그러나 그 책에는 표지가 있지 않은가? 분리 가능한 표지는 안 달려 있는가? 그리고 쪽수는 얼마나 되는가? 과연 이 모든 것이 서로 다른 사물일까? 그 대답은 긍정일 수도, 부정일 수도 있다. 지금 이 순간 그 책을 보는 사람이 언어를 어떻게 사용할지 결정하기 나름이다.

비트겐슈타인은 오늘날의 '분석철학analytic philosophy' 또는 '언어철학linguistic philosophy'에 상당한 영향력을 미쳤다. 분석철학자들은 종종 '대륙철학자들'을 비판한다. 대륙철학자는 프랑스와 독일에서 확립한 사고 형식을 토대로 삼는 철학자들이며 헤겔과 마르크스 같은 사상가들의 영향을 많이 받았다. 그런데 분석철학자들은 대륙철학자들이 확실하게 설명하기 힘든 주제에 초점을 맞춘다고 지적한다. 사회학, 심리학, 무의식, 정치 투쟁 등이 좋은 예다. 분석철학자들은 이런 것들을 탐구 대상에서 배제한다. 이에 대해 대륙철학자들은 확실치 않다고 해서 중요하지 않은 것은 아니라고 반박한다.

　윤리학과 종교, 미학과 형이상학 등을 명확하고 논쟁의 여지가 없는 지식으로 얻을 수 있을까? 가능하다면 어떻게 얻을 수 있을까? 만약 불가능하다면 이 학문들에 관한 모든 논쟁을 단념해야만 할까? 이것들은 과연 가치가 있을까? 있다면 그 가치는 무엇일까?

마르틴
하이데거

우리는 존재를 잊었다

Martin Heidegger

마르틴 하이데거는 대단히 본질적이고 난해하며 논쟁을 좋아하는 20세기 철학자였다. 그의 저서들은 읽기가 불가능할 정도로 모호하다는 평을 듣지만, 20세기가 진행되면서 (비록 대부분 유럽에서 일어난 일이기는 하지만) 그가 점점 더 많은 사상가에게 지대한 영향을 미치고 있음이 분명해졌다. 그가 나치즘에 공모했다는 이야기는 더욱 흥미를 끈다.

하이데거는 장폴 사르트르Jean-Paul Sartre, 카를 라너Karl Rahner, 존 매쿼리John Macquarrie를 비롯한 다수의 신학자에게 많은 영향을 미쳤다. 그 외에도 자크 데리다Jacques Derrida, 미셸 푸코Michel Foucault, 한스게오르크 가다머Hans-Georg Gadamer, 자크 라캉Jacques Lacan 등이 그의 사상에 깊은 영향을 받았다.

하 이 데 거 의 　 생 애

하이데거는 1889년 독일 메스키르흐Meßkirch에서 태어났으며 독실한 가톨릭 집안 출신이었다. 프라이부르크 대학에서 철학을 공부했으며 철학교수였던 에드문트 후설Edmund Husserl, 1859~1938이 그의 스승이었다. 그 후 이 대학과 마르부르크 대학에서 강의했으며 1933년에는 프라이부르크 대학의 총장이 되었다.

　하이데거는 총장 취임식에서 열정적으로 나치 사상을 지지했는데, 나치가 독일에 뭔가 새로운 것을 가져다줄 것이라고 믿고는 '첫새벽'이 도래했다고 선포할 정도였다. 그로부터 10개월 후 그는 자신의 실수를 인식하고 총장직에서 물러났으며, 정계에서도 은퇴했다. 이후 자신이 태어난 고향 마을에서 점점 고립된 삶을 살았다. 한때 나치를 지지하는 바람에 30년 세월을 혹독한 비난에 시달리다가 1976년에 사망했다.

하이데거는 어느 인터뷰에서 초기에 나치즘을 지지한 것과 관련된 문제를 부분적으로 언급하기는 했지만 사후에도 이것을 발표하는 것을 허락하지 않았다. 많은 사상가는 그가 나치 지지를 사죄한 적이 없었다고 지적하면서 그의 심경 변화를 믿을 수 없다고 주장했다. 그리고 그의 사상에 나치 이데올로기가 배어 있음이 드러난 이상 서점이나 도서관 할 것 없이 철학책 코너에 있는 그의 책을 모조리 치워야 한다고 요구한 사람도 있었다.

하이데거의 언어 사용은 지극히 개인적이고 난해했다. 사용한 말들은 시간이 흐르면서 의미가 바뀌었고 과거에 사용하던 의미로 회귀하는 일도 종종 있었다. 합성어도 자주 만들어냈고, 현대의 전문 용어를 매우 광범위하고 일반화한 의미로 사용했다. 동음이의어도 활용했는데 이것을 전혀 다른 의미로 사용했다. 그가 천착한 주제는 논리학, 형이상학, 역사철학, 과학철학, 언어학, 시, 과학기술, 그리스 사상, 수학 등 대단히 다양했다. 그는 현대 사회가 과학기술을 장려하는 바람에 지나칠 정도로 많은 것을 과학기술에 위임했다고 느꼈다. 그리고 문명이 존재에서 떨어져 나와 존재를 잊어버렸다고 주장했다. 하이데거는 우리가 존재의 본질적인 신비 속에서 살고 있음을 누누이 강조하면서, 이를 설명할 수는 없지만 포기하지 않고 부단히 고찰하면 인식할 수 있다고 주장했다.

하이데거는 처음부터 자신의 스승인 후설의 사상을 추종했다. 후설은 의식은 해석이나 언어가 왜곡하기 이전에 사물을 있는 그대로 인식하기 위해 스스로에게 집중해서 스스로를 정화시킬 수 있다고 주장한다. 후설은 이 과정을 체계화해 현상학phenomenology을 창시했다. 의식을 추상적으로 분석하는 이 학문을 하이데거가 이어받았다.

현상학이 의식을 사고하는 이론을 주창했다면, 하이데거는 여기서 한 발 더 나아가 존재론을 주창했다. 현상학은 의식의 내용을 기술해야 한다고 주장했지만, 하이데거는 존재의 내용을 해석해야 한다고 주장했다. 하이데거는 조심스럽게 숨어 있는 신비로운 존재 속으로 뛰어들어야 한다고 주장했다.

하이데거의 글은 읽기가 거의 불가능하다. 철학자들은 하이데거가 선택받은 극소수의 사람들 사이에서만 자신의 사상이 안전하게 전수되기를 바랐기 때문에 고의적으로 그런 이해하기 어려운 글을 쓴 게 아닌가 생각한다. 그러나 하이데거 입장에서는 서구의 전통 철학자들이 전혀 생각하지 못했던 방식으로 사고했기 때문에 그 사고방식을 표현하려면 새로운 언어가 필요했다. 하이데거는 자신의 사상을 표현할 새롭고 전문적인 방식을 고안했다. 마치 현대 과학자들이 당대의 복잡한 과학 사상을 전달하기 위해 끊임없이 새로운 전문 용어를 고안하듯이 말이다. 그의 언어는 철학 '전문가'를 위한 것이라 할 수 있다.

존재

고대 철학자들은 '존재란 무엇인가?' 라고 질문했다. 이 질문에 뭐라고 대답할 것인가? 하이데거는 대답할 수 없다고 말한다. 그러나 더욱 심각한 것은 아무도 더 이상 이런 유형의 질문을 하지 않는다는 것이다. 이제는 존재가 무엇을 의미하는지조차 모른다.

우선 존재Sein 와 존재자Seiendes 는 무엇이 다른가? 존재하는 모든 것이 존재자다. 예컨대 지금 읽는 이 책, 모닥불, 내가 앉아 있는 의자, 내 앞에 놓여 있는 책상, 창밖에서 부는 바람, 나 자신을 잊지 않는 것 등이 모두 존재자다. 이제 모든 존재자와 그들이 지금 바쁘게 하고 있는 것을 명확히 구별하자. 존재자들은 지금 '존재하느라(있음)' 바쁘다. '있음' 이라는 '업무' 는 실제 행동과 다른 행동이며 실제 상태와 다른 상태로서, 모든 것에 우선하는 본질이다. 이것이 바로 존재다. 존재는 존재자가 아니라 존재자가 있음을 뜻하며 존재자가 있게 하는 모든 것이다.

우리는 아직 존재가 무엇인지 잘 모른다. 이것은 '수표책에는 수표가 없지만 머리맡 탁자 서랍에는 돈이 있다' 는 문장에서 사용하는 '있다' 의 뜻보다 훨씬 본질적이다.

지금 이 세상을 떠올려보자. 그리고 에펠탑이 없는 세상을 상상해보자. 아주 쉽다. 그럼 이번에는 건축물, 그다음에는 강아지가 없는 세상을 떠올려보자. 이런 단계를 거칠 때마다 그 무엇도 존재하는 않는 상태, 심지어는 공간과 시간도 존재하지 않는 무無에 점점 가까워진다. 그뿐이 아니다. 무를 상상하는 사람조차 존재하지 않는다. 그런데 모든 것을 가능하게 만드는 '존재' 의 의미를 이해하는 과정에서도 이와 유사한 상상력이 필요하다.

하이데거는 존재자를 있게 만드는 바로 그 존재에 세심한 주의를 기울이라고 요구한다. 그렇다고 이것이 원초적인 개념의 신을 뜻하는 것은 아니다. 신은 단지 요술 지팡이를 흔들어 모든 것을 원활하게 만들기 위해 도입된다. 하이데거는 또한 존재의 의미 속으로 나아가는 과정을 차근차근 느껴보라고 요구한다. 이때 존재는 물병이나 폭풍우, 여권 등의 의미와는 전혀 다르다(특히 여권은 공식적인 문서 그 이상의 의미를 지니고 있음을 기억하자. 이는 기능이고 가능성이며 한계이고 정체성이다). 요컨대 존재자로서의 우리는 존재와 밀접한 관련을 맺고 있고 존재를 탐구해야 한다.

사람들은 존재를 잊었다. 존재가 무엇인지 궁금해하는 것조차 잊었다. 존재자에만 집착하는 과학의 발전에 지나치게 몰두하기 때문이다.

현존재

현존재Dasein는 우리가 이 세상에 던져져 있음을 뜻한다. 우리 모두가 사회 환경 속에 던져진 상태라는 것이다. 사회 환경은 우리 주변에 던져진 '구속복拘束服' 같은 것이다. 따라서 젊은이들이 특정 방식으로 행동하고 반응하도록 하기 위해 사회 환경이 그들을 틀 지을 때 이것이 바로 현존재자가 된다. 그리고 각각의 현존재자가 지니는 존재 방식을 '세계-내-존재In-der-Welt-sein'라고 한다(하이데거는 이 개념에 붙임표를 그대로 살려 씀으로써 이 세계가 단순히 하나의 공간 개념이 아님을 강조한다). 즉 현존재는 인간이 존재와 연관된 구조를 뜻한다. 본질적인 존재 구조는 시간, 죽음, 근심 등을 포함한다.

　그러나 현존재자는 (책이나 탁자, 도구처럼) 움직이지 않는 존재자로 존재하지 않는다. 즉 현존재자의 특징은 존재가 있다는 것이다. 다른 말로 하면 현존재자라는 존재자는 존재자를 위한 존재가 있음을 뜻한다. 그리고 현존재자에게는 책이나 탁자 같은 가능성이 없다. 예컨대 책은 읽을 수도 있고, 냄비 받침대로 사용할 수도 있다. 탁자도 그렇다. 식사나 공부를 하기 위해 사용할 수도 있고, 심지어 그 위에 천을 덮어씌우면 그 안으로 아이들이 기어 들어가 자신만의 놀이 공간을 만들 수도 있다. 그러나 현존재자는 그렇지 않다. 현존재자는 그 자체가 가능성이다. 다시 탁자 얘기를 해보자. 탁자를 사용하는 방식은 웨이터나 학생, 아이들의 결정에 따라 달라진다. 즉 탁자는 이에 간섭할 권리가 없다. 그러나 각각의 현존재자는 무엇이 될 것인지를 스스로 결정한다. 이를테면 '아버지처럼 사무실에서 일할까? 아니면 내 스스로 결정하고 기회를 잡아 진정한 내가 되어볼까?' 하고 결심할 수 있다. 즉 어떤 것도 미리 결정된 것이 없다. 따라서 현존재자는 본질에 갇혀 있지 않다. 즉 현존재자의 존재 양태는 존재Sein에 대한 개방성Offenheit이다. 현존재자는 자신만의 의미를 창출해야 한다.

　현존재는 존재에 대한 개방성인 동시에, 다른 모든 존재자처럼 물질세계의 사실 요소다. 현존재자는 존재를 해석할 수 있고 이해할 수 있지만 존재와 연관된 방식은 현존재자가 성찰하고 이론화하기 이전부터 제자리에 놓여 있다. 따라서 제일 먼저 조사해서 해석해야 할 것은 세계-내-존재다.

실 존 을 초 월 하 기

세계-내-존재는 단지 움직이지만 않는 것이 아니다. 즉 수동적이지 않다는 말이다. 우리는 세계에 참여함으로써 세계와 접촉한다. 하이데거는 '존재한다Existenz, exist'는 곧 '탈존한다Ek-sistenz, ex-ist'는 뜻으로, 이는 자기 자신의 '외부에 서 있는' 거라고 주장한다. 현존재는 '함께 있음'을 뜻하며 세계 속에서, 즉 세계의 초월적인 현존자들presences의 현존 속에서 현존함을 뜻한다.

그러나 우리는 일종의 '일상성Alltäglichkeit'의 위험에 직면해 있다. 곧 수많은 사람이 걱정하는 위험과 우리가 일상에서 처리해야 하는 사소한 일들이 우리를 지배할 것이란 뜻이다. 우리는 도구적 지위로 전락할 위험에 처해 있다. 도구란 사람들이 목적에 맞게 사용할 때 의의가 있다. 따라서 일상성은 우리를 도구적 지위로 전락시키는 사건을 만드는 씨줄과 날줄이며 이로 인해 존재에 대한 개방성을 약화시키고 우리를 제한된 수평선에 가둔다. 그뿐이 아니다. 가능성을 축소시키고 존재자의 지위로 흡수되어 존재 의의를 상실하게 된다.

현존재는 스스로를 투사해서 그 가능성을 드러냄으로써만 그 자신이 될 수 있다.

본질적으로 나는 내가 누구인지 또는 내가 무엇을 하는지 등을 결코 생각해보지 못한 실존 양태, 즉 전혀 분석되지 않은 실존 양태를 지닐 수도 있고, 또는 실존 양태를 선택해서 의식적으로 다른 사람들이 모든 결정을 하도록 허용할 수도 있으며 나 자신의 삶을 책임지는 실존 양태를 선택할 수도 있다.

시간과 본래성

우리는 항상 뭔가에 몰두하지만 사고하는 시간은 거의 없다. 아마도 사고하지 않는 것을 더 좋아할지도 모른다. 하이데거는 이 태도로 인해 우리가 안심하는 경우가 많다고 말한다. 이로써 우리는 존재자들과 하나가 된다. 그러나 이것은 '있음'으로의 도주이며, '존재'에서는 멀어지는 것이다. 그리고 존재의 공허함을 자각함으로써 결국 고통을 초래하게 된다. 그러나 고통에 직면하는 순간 우리에게는 한 걸음 뒤로 물러나 본래성Eigentlichkeit으로 방향을 전환할 수 있는 기회가 생긴다. 즉 '나는 누구인가?', '나는 어디로 가고 있는가?', '왜?' 등과 같은 질문은 고통이 뒤따르지만 이를 통해 현존재의 본래성에 도달할 수 있다.

존재자는 시간 속에 존재하며 시간은 그들을 통제한다. 그러나 현존재는 시간에 참여한다. 그리고 스스로 무엇이 될지 결정하고 자신의 시간을 처리한다. 이처럼 시간 속에 존재하는 특별한 양태 때문에 현존재는 죽음과 특별한 관계를 맺는다.

따라서 현존재는 자신이 있음을 의식하는 유일한 존재며, 그에 대한 대가로 현존재는 자신의 죽음을 의식한다.

현존재는 자신을 통제할 수 있고 자신이 있음, 즉 자신의 가능성에 대한 책임을 떠맡는다. 그리고 자신에게서 도피하는 것을 중단하고 계획과 관심, 시간 속에서의 실존 등에 책임을 진다.

W·O·R·K

존재와 시간 [Sein und Zeit(1927)]

· 세계는 인간의 관심사 안에 있는 영역이다. 즉 우리는 세계-내-존재다. 따라서 세계에 참여해서 연관을 맺을 때 세계는 인간의 일부가된다.

· 우리는 특정 환경 속에 존재를 지니고 있으며 세계를 타인과 공유한다.

· 우리는 관심사의 창조물로서, 우리의 관심사는 그 환경과 관련해서는 실용적이 되지만 공동체와 관련해서는 개인적이 된다.

· 인간 됨의 본질적인 특성에는 세 가지가 있다.

  1. 사실성 : 우리는 세계와 연관을 맺고 있다

  2. 실존성 : 우리는 투영이며 가능성이다. 이것은 우리가 지금까지 존재해왔던 것과 우리가 앞으로 될지도 모르는 것을 포함한다.

  3. 타락성 : 우리는 세계의 현존자보다는 무無가 될 위험에 처해 있으며 우리의 가능성을 최대한 활용하고 있지 못하다.

· 우리는 근심을 통해 무와 만나고 유한성과 죽음의 필연성을 자각한다. 결의를 통해, 그리고 시간이 흐름에 따라 우리는 자신을 평가하고 존재의 총체성으로 선택해서 진정한 실존을 획득한다.

기 술 적 양 태 속 에 서 의 인 간

우리는 주로 기술적인 측면에 열중한다. 즉 주변에 놓여 있는 것에 다가갈 때마다 그 가치를 자원, 수단, 도구 등의 관점에서 평가하려고 한다. 항상 기술적 양태 속에서 지내는 것이다. 그런데 하이데거는 이 기술적 양태 속에 있는 것이 존재를 잊는 재앙을 불러온다고 주장한다. 인간의 역사가 시작된 이래로 우리는 계속 존재자를 개발하고 이용하는 데 집중해왔다. 처음에는 나뭇가지, 뼈다귀, 돌 따위를, 그다음에는 무기, 기계, 기술공학을, 지금은 컴퓨터가 대표적이다.

그러나 하이데거는 우리의 기술 지배력이 나선형을 그리면서 통제 범위를 벗어나고 있다고 말한다. 처음에는 자연과 조화를 이루면서 자원을 이용했지만 지금은 자연을 지배하기 위해 자원을 이용하기 때문이다. 기술적 양태는 비록 존재라는 가면을 쓰기는 했어도 존재자들과 함께 존재할 수 있는 방식으로 시작되었다. 그러나 현대의 삶은 기술의 헤게모니와 연관되어 있다. 이 같은 기술의 전지전능함은 다른 모든 가능성을 은폐한다.

하이데거는 "과학은 사고하지 않는다"라고 말했다. 과학은 존재자들을 조작하는 것과 관련이 있지 존재의 계시나 해석과는 무관하다. 우리는 자연의 정복자이면서 소유주가 되었다. 세계는 조작 가능한 일단의 객체들이며 이를 실행할 수 있는 최고의 방책을 계산하는 방법이 바로 우리의 기술이다. 그러나 사고는 계산, 즉 훨씬 효과적인 도구를 고안하는 것과 다르다. 사고는 움직이지 않고 조용히 있으면서 우리가 지금 어디에 있는지를 깨닫고, 일상성으로 인해 우리에게서 감춰진 본래성을 찾는다. 요컨대 사고는 깊이 숙고하는 것이고, 기술은 계산하는 것이다.

형이상학을 넘어서

하이데거는 개방성(있음의 본질인 현존을 선물함)을 존재에 의한 역동적이고 의지가 충만한 행동이라고 생각한다. 즉 존재는 그 자신을 증여한다. 따라서 의식은 더 이상 있음과 마주치지 않는다. 그리고 현존재에서 존재로 강조점이 바뀌었다. 더 이상 사고를 존재하는 것에 맞출 필요가 없는 것이다. 그 대신에 존재 자체가 내 사고의 성향에 도달하려고 애쓴다.

형이상학이 존재보다 존재자를 고찰할 때, 존재는 그 모습이 감춰지고 존재자로서 나타난다. 따라서 존재가 우리에게 모습을 드러내려면 형이상학을 뛰어넘어야 한다. 그리고 우리의 본성을 이해하고 이 문제를 해결하는 데 우리의 사고를 집중해야 한다. 그러나 그 수준은 형이상학이 잘못된 길로 빠지기 전에 애초에 도달하고 싶어 했던 수준에 맞춰야 한다.

하이데거는 오래된 형이상학 문헌을 다시 읽으면서 존재의 행동, 즉 감춤과 드러냄, 은폐와 탈은폐에 초점을 맞추었다. 존재의 역사는 플라톤과 아리스토텔레스, 데카르트와 니체 등에게 존재가 어떤 식으로 은폐되어 왔는가와 관련이 있다.

언어와 시

존재는 우리가 언어를 말하고 소유한다고 해서 자신을 드러내지 않는다. 오히려 '말하기'를 통해 자신을 드러낸다. 하이데거는 "언어는 존재의 집"이라고 말했다. 물론 사고하는 것 또한 존재에서 무엇이 나오는지를 말할 수 있지만, 말할 수 없는 것들의 언저리만을 표현할 수 있을 뿐이다.

언어에 숙달하고 있다고 해서, 또는 우리의 언어를 기술적으로 완전하고 타당하게 만든다고 해서, 우리가 존재를 이해할 수 있는 것은 아니다. 마치 시詩를 이해하기 위해서는 우리가 시의 구조물building 안팎에 우리가 들어갈 만한 영역을 만들어낼 수밖에 없는 것과 마찬가지다.

이른바 '삶에 대한 상식적인 태도'는 표면적인 것으로, 의미도 깊이도 의의도 없는 '바쁜 업무' 속에서 존재자들을 조정할 뿐이다. 진실은 시의 구조물 안에서만 빛날 수 있다.

철학자 ^{바라보기}

현상학은 무의식보다 의식에 초점을 맞춰 세계와 그 세계를 경험하는 감각들 간의 관계를 탐구한다. 세계와 그 세계 속의 우리가 사는 곳을 세세하게 분석하고 기술해서 사람들이 세계를 이해하는 유익한 방식과 무익한 방식을 모두 깨달을 수 있도록 돕는다.

비록 하이데거 자신은 강력하게 부인했지만, 사람들은 그를 '실존주의 철학자'로 분류한다. 그는 사상가들의 주요 관심사를 '의식'에서 '존재'로 전환시켰다. 이 말은 '있는 것'을 어떻게 인식할 것인가 대신에 '있음'에 집중해야 한다는 것을 뜻한다. 그럼에도 사상적으로 있는 것에 집중해온 철학 전체의 전통 때문에 존재를 올바르게 인식할 수 있는 능력이 훼손된다.

인간을 포함해서 사물들이 '있다'는 사실은 본래 경이롭고 이해가 불가능하다. 그럼에도 과거의 철학계는 항상 이것을 해명하고자 전력을 다했다. 따라서 존재를 본질 그대로 인식하려면 이 같은 전통을 뛰어넘어서 고찰해야 한다. 합리적인 탐구보다는 경이로움과 더 밀접한 관련이 있기 때문이다.

하이데거는 존재가 스스로를 드러냄을 분석하는 것을 목표로 삼았지만 인간 됨이 무엇인지를 현상학적으로 분석하는 차원을 뛰어넘지 못했다. 그가 말하는 존재가 무슨 뜻인지, 왜 우리가 존재를 잊어버리는 것이 문제가 되는지 모호한 경우도 있었다.

과연 존재를 통해 무엇을 이해할 수 있을까? 차라리 존재를 잊는 것이

나을까? 그렇다면 그 이유는 무엇인가? 존재는 말할 수 없는 것이라고 생각하는가? 그렇다면 또 그 이유는 무엇인가? 말하기는 힘들지라도 관심을 두고 탐구할 만한 주제일까?

지식은 경험으로부터 분리할 수 없다. 지식과 경험은 하나의 동일한 실체의 일부다. 우리가 삶에 대해 생각한다고 해서 반드시 우리 삶의 태도를 발전시켜야 하는 것도 아니다. 본래성은 사물을 당연히 여기는 태도를 거부한다. 즉 사물이 이미 이해되어 우리에게 전달된 것일 수도 있음을 거부한다. 중요한 것은 우리 삶과 주변의 세계를 우리가 결정할 수 있다는 것이다.

실존은 모든 것이다. 실존의 외부에는 아무것도 없다. 존재는 시간 속에서 일어나기 때문에, 시대가 변하면 그 변화에 맞춰 새로운 가능성을 최대한 활용해야 한다. 믿기로 결심하기 전에는 삶에 대한 그 어떤 해명도 있을 수 없다. 따라서 우리는 개별적으로 살아가면서 무엇을 해야 할지 결정하고 새로운 가능성을 시험해서, 새로운 가능성은 물론 그 한계성까지 자각해야 한다. 이것이 지금 해야 할 일이다. 흐르는 시간이 우리에게 재촉하고 있다. 이것은 도덕 체계를 암시하기도 한다. 그러나 하이데거는 도덕을 말하지 않았다. 그렇다면 본래적인 삶과 비본래적인 삶을 주장하는 견해들은 어떤 종류의 도덕 체계를 제시할 수 있을까?

하이데거의 추종자들은 그의 분석이 보여주는 냉철한 결단력, 사고 과정에서 보이는 위엄과 침착성 등을 높이 평가한다. 그는 존재가 말로서 발현되는 것을 이해했고, 그 말을 듣고 이해하는 것이 철학자로서의 자신의 임무라고 생각했다. 그럼에도 그는 철학계에서 비웃음의 대상인 '아케이넘arcanum(신비롭고 모호한 오성을 장려하는 소수의 비밀 집단)의 후원자'처럼

보인다.

하이데거는 혹독한 비난을 받아왔는데 철학을 다루는 그의 방식을 고려하면 이런 비난은 당연하다고 볼 수 있다. 예컨대 철학의 전통은 뭔가를 명료화하고자 심혈을 기울이는 것인데 오히려 그는 고의로 모호한 언어를 사용했다. 그리고 총장직에서 물러난 뒤에는 점점 비공식적으로 소규모 엘리트 집단에만 자신의 철학을 전수했다. 그러나 다르게 볼 수도 있다. 철학이 꼭 모든 이에게 공개적으로 문제를 제기해야 하는 것일까?

나치와 하이데거의 모호한 관계는 여전히 그대로다. 1933년에 그는 대학에서 중요한 직위를 맡았고 그때 자신의 학생들과 동료들에게 나치 이데올로기를 "독일의 현재와 미래를 보여주는 현실이며 법"이라고 격찬했다. 자신의 사상을 나치즘과 결합하는 과정에서 깨달은 것을 약삭빠른 전직의 기회로 여겼는지도 모른다(결국에는 그런 기회가 되지 못했지만 말이다). 그럼에도 그의 사상은 쉽게 이데올로기와 결합하지 않을뿐더러, 일단의 인식론이나 정치사상, 윤리사상 등을 전혀 갖추고 있지 않다. 하이데거를 두둔하는 사람들은 그가 10개월 만에 총장직을 사임했고 나치의 잔혹 행위에 적극적으로 가담하지도 않았다고 지적한다. 그러나 하이데거는 나치를 비난하지 않았다. 더욱이 훗날 자신의 과거사에 사과 한마디 없이 단지 더 이상 글을 쓰지 않겠다고, 그리고 뒤돌아보니 지금이 1934년이라면 그렇게 하지 않았을 것이라고만 말했다. 하이데거를 강도 높게 비판하는 사람들은 그가 반인류적인 범죄에 적극적·의식적으로 공모했다고 비난한다.

장폴 사르트르

실존이 본질에 앞선다

Jean-Paul Sartre

실존주의existentialism는 일종의 형이상학으로 장폴 사르트르와 함께 가장 대중적인 표현 형태로 자리 잡았다. 사르트르는 '실존주의의 교황'으로 알려져 있으며 영향력 또한 대단했다. 일반인 중에서도 그를 추종하는 사람이 상당히 많았다. 제2차 세계대전 이후에는 실존주의가 학문보다는 시대사조의 성격이 강했으며 강의실보다는 생제르맹데프레 수도원의 지하창고에서 더 많이 논의되었다. '실존주의자'라는 단어는 노래에서 패션에 이르기까지 모든 것을 포괄하는 데 사용되었다.

사르트르의 철학서인 『존재와 무L'Être et le Néant』와 『변증법적 이성 비판Critique de la raison dialectique』은 전문적이고 난해해서 독자들에게 인기가 없다. 심지어 『변증법적 이성 비판』은 '해독 불능의 괴물'로 불릴 정도다. 그는 다수의 소설과 희곡 작품도 출판했는데, 소설 중에는 『구토La Nausée』, 『자유의 길Les chemins de la liberté』 등이 있고 희곡에는 〈파리떼Les Mouches〉, 〈닫힌 문Huis clos〉 등이 있다. 독자들은 이 작품들을 통해서 실존주의가 무엇을 말하는지 알게 되었고, 많은 이들이 그를 뛰어난 희곡 작가로 지지하고 있다.

사르트르의 생애

사르트르는 1905년에 파리에서 태어났다. 아버지를 일찍 여의고 알자스 출신인 어머니의 손에서 자랐다. 할아버지는 학교를 운영했으며 알베르트 슈바이처Albert Schweitzer, 1875~1965의 먼 친척이었다.

사르트르는 1924년부터 1928년까지 에콜 노르말 쉬페리외르École Normale Supérieure(고등사범학교)를 다녔다. 그리고 이곳에서 시몬 드 보부아르Simone de Beauvoir, 1908~1986를 만났다. 보부아르는 사르트르의 평생 동료였고 후원자였고 협력자였으며, 두 사람이 그런 용어를 쓰지는 않았지만 '영혼의 친구'였다.

1928년 사르트르는 교수 자격 시험인 아그레가시옹-agrégation에 응시했다. 여기서 자격증을 취득한 교사들을 아그레제agrégé라 하는데 국립고등학교나 대학에서 강의할 자격이 주어진다. 가르치는 일은 매우 적게, 연구와 집필 활동은 많이 하도록 되어 있다.

사르트르는 아그레가시옹을 취득한 뒤 르아브르Le Havre와 랑Laon에서 학생들을 가르치다가 다시 파리로 전근을 갔다. 1933년부터 2년 동안은 독일에 연구생으로 가 있었다. 그 후 파리로 돌아와 리세 콩도르세Lycée Condorcet에서 다시 교편을 잡았다. 전쟁이 발발하자 프랑스 군대의 기상 관측병으로 징집당했는데 1940년에 연합군이 패주할 때 적의 포로가 되었다가 이듬해에 풀려났다. 이후 다시 교편을 잡았고 레지스탕스(제2차 세계대전 당시 독일 및 비시 정권에 대항한 지하 저항 운동)에 동참하기도 했다. 사르트르는 본능적으로 파시즘을 증오했다.

전쟁이 끝나고 월간지 《현대Les Temps modernes》의 창간과 편집에서 중요한 역할을 맡았다. 이 평론지는 사회주의와 실존주의 문제를 집중적으로 다루었으며 오늘날까지 계속 발행되고 있다. 사르트르는 공산주의에 관심이 있었지만 공산당에 가입하지는 않았다. 그리고 공산주의와 실존주의를 결합해보려는 시도도 단념했다. 둘은 서로 양립할 수 없는 것이었다. 그는 독립심이 강해 편견의 틀에 갇히는 것을 완강히 거부했는데, 이와 관련해서 가장 유명한 일화가 노벨 문학상을 거부한 것이었다.

그의 사상은 프랑스인들이 말하는 이른바 '좌익gauche'이었다. 좌익은 비공식적인 집단으로, 급진적인 사상을 가졌으되 항상 더 급진적이기를 열망했다. 그러나 극좌 사상은 정부에 저항하는 것 외에는 정부에 대해 어떤 일관성 있는 계획이 전혀 없는 것처럼 보였다. 한번은 파리 대학의 대강당에서 1968년의 학생혁명을 주제로 '이론적' 담론을 벌였는데, 이때 사르트르는 자신의 탁월함을 과시했다. 그는 드골Charles de Gaulle, 1890~1970은 물론 1958~1969년에 드골 정권이 펼친 정책들을 근본적으로 반대했다. 드골은 사르트르의 인기와 영향력을 인정했다. 한 정부 각료가 사르트르가 시민 불복종을 조장한다면서 체포하려고 하자 "볼테르Voltaire, 1694~1778를 체포하지는 않는다"라고 말하며 넘어갔다.

사르트르와 보부아르는 자신들의 삶을 공개하면서 살았다. 즉 자신들의 삶에서 일어나는 모든 것을 작품 속에서 설명하고 묘사했다. 정치색을 띤 사르트르의 작품은 그에게 커다란 실망감으로 되돌아왔다. 그가 지지했던 주장들이 대중의 공감을 얻지 못했기 때문이다.

말년에는 시력이 크게 악화되었다. 그는 1980년에 사망했는데, 노쇠한 탓도 있었지만 처방약을 과잉 복용해서 건강이 더 악화되었던 탓이다. 그는 한 번도 대학에서 일하지 않았으며 결혼도 하지 않았다. 보부아르에게 청혼했지만 보부아르는 결혼 같은 중산층의 관례를 따르고 싶지 않다며 거절했다고 한다.

실존주의란 무엇인가

실존주의란 철학의 과잉 체계화에 반기를 들고 일어난 일종의 저항 운동이다. 실존주의 사상의 흐름은 덴마크의 사상가인 쇠렌 키르케고르Søren Kierkegaard, 1813~1855로 거슬러 올라가며 이후 니체, 카를 야스퍼스Karl Jaspers, 1883~1969, 하이데거 등이 이어받는다. 그러나 니체는 키르케고르가 누군지 몰랐으며, 하이데거는 실존주의자임을 완강히 부인했다.

실존주의는 실존existence이 본질essence에 앞선다고 주장하는 사상적 경향이다. 이를 입증하기 위해 사르트르는 칼을 한번 생각해보라고 한다. 칼은 어떤 장인이 만든 제품이다. 그런데 이 장인은 그 칼을 만들기 전에 이미 이 칼을 알고 있었다. 또한 그는 왜 칼을 만들고 싶은지, 그것을 어떻게 사용하고 싶은지도 알고 있었다. 이로써 칼의 본질인 칼의 용도, 모양, 생산 방식 등을 생각한 것이 실제로 만든 칼, 즉 실존보다 앞섰다. 그러므로 이와 같은 관점에서 본질이 실존에 앞선다고 정의한다.

만약 우리가 그 장인을 생각하고 신을 알고 있다고 한다면, 장인은 창조할 때 이미 무엇이 창조될지를 정확하게 아는 신과 동일하다. 따라서 그 '마스터플랜'은 신의 마음속에서 먼저 나왔다. 본질이 실존에 앞선 것이다.

18세기 무신론을 살펴봐도 계몽주의 사상가들은 단순히 신에 대한 관념만을 억눌렀을 뿐 인간 본성에 대한 관념은 계속 유지했다. 예컨대 개개인은 인간 존재가 무엇과 같아야 하는지를 보여주는 우주적 마스터플랜의 구체적인 사례라고 주장했다. 따라서 본질이 여전히 실존에 앞섰다. 그러나 사르트르는 신은 존재하지 않으며 따라서 마스터플랜 역시 있을 수 없다고 선포했다. 그러나 그와 동시에 실존이 본질에 앞서야만 하는 존재가 최소한 하나 있다고 주장했다. 사르트르에 따르면, 그것이 바로 인간이다.

사르트르는 실존이 본질에 앞선다고 말한다. 그는 "인간은 무엇보다 먼저 존재하고 그다음에 자신을 만나고 이 세계로 밀려들어 오며 그 후에 자신을 정의 내린다"라고 말한다. 인간 존재는 무이며 무엇이 되어야 하는지 미리 결정된 계획은 없다. 이렇게 계속 무인 상태로 있다가 나중에 스스로의 힘으로 자신을 만든다.

이것은 우리가 어떻게 아는지, 혹은 무엇을 알 수 있는지 등을 논하는 것이 아니라, 인간 됨이 무엇을 의미하는지를 성실히 고찰해서 인간은 무엇을 해야 하는지, 무엇을 할 수 있는지, 나중에 무엇이 되어야 하는지를 묻는 것이다. 즉 '어떻게 아는가?' 라는 질문에 전념하는 철학과는 그 성격이 다르다.

무신론과 가치

실존주의의 기저를 이루는 기본 가정은 '신은 존재하지 않는다' 는 것이다. 이것은 사르트르에게 더없이 자명한 일이었다. 인간의 존재는 신의 존재를 배제시킨다. 또한 미리 존재하는 인간 본성 같은 것은 없다. 인간은 인간의 미래임과 동시에 그들 스스로가 만드는 것이다. 따라서 실존주의는 휴머니즘이다.

사르트르는 인도주의 가치를 옹호하는 모든 시도를 대체로 경멸했다. 그 가치란 것이 미리 존재하는 인간 본성을 가정하기 때문이다. 인간은 책임이 있고 자유롭도록 운명 지어져 있다. 인간 됨이 무엇인지와 같은 추상적인 문제를 제기할 것이 아니라, 구체적인 상황 속에서 존재의 문제를 해결해야 한다. 우리에겐 늘 주변 상황이 주어져 있다. 즉 구체적인 상황과 관련이 없다고 주장할 수 없다. 이로써 우리는 어쩔 수 없이 선택을 해야 하지만, 이 또한 우리의 자유에 기초한 것이다.

노동자가 재료의 본을 떠서 용도에 맞는 상품으로 만들듯이 인간은 행동을 통해 자신이 직면한 현실을 만들어간다. 이때 진정한 행동은 개개인이 자신이 처한 상황에 책임을 지고 행동을 통해 그 상황을 극복하는 것이다. 이러한 행동만이 가치를 지닌다. 일단 행동으로 옮기면 뒤집을 수 없다. 그 행동이 우리를 판단한다. 좋은 의도라도 호소할 수 없고 우리 자신에 대해 만들어놓은 견해에도 호소할 수 없다. 그런 호소는 잘못된 신념이다.

실존주의는 행동에 토대를 둔다. 그럼에도 스스로에 대한 자각은 실존의 부조리 l'absurde를 경험한 것에 기초한다. 즉 우리는 존재 이유가 없는 우연한 존재다. 진정한 행동에 참여하고자 마음먹는 순간 우리의 선택이 어떤 근거에서 비롯되는지 의문을 품게 된다. 도대체 진정한 행동의 기준은 무엇인가? 사르트르는 없다고 단언한다. 그는 전통 가치를 거부한다. 예컨대 (실존은 본질에 앞선다와 같은) 선악 관념을 절대 가치로 인정하지 않는다.

나란 존재는 단지 나의 자유를 실행할 뿐이다. 그러나 내가 뭔가를 결정하는 순간 나의 결정은 다른 사람들에게 영향을 미친다. 타인의 자유에 영향을 미친다는 것이다. 이로써 나의 행동을 근거로 삼을 가치가 없다는 필연성과 나의 자유가 타인의 자유를 제한한다는 필연성이 서로 팽팽히 맞서 고통을 초래한다. "인간은 무익한 열정의 소유자다"라는 사르트르의 말처럼 말이다.

W·O·R·K

존재와 무 [L' Être et le Néant(1943)]

· 존재는 자신의 현상적 측면 때문에 소진되는 일이 결코 없다. 특정한 관점으로는 존재의 총체적인 특성을 드러낼 수 없다.
· 즉자 존재en-soi는 고정되고 완전하며, 전적으로 외부 세계에서 주어진 것으로 완전히 우연적이며 존재에 대한 이유가 전혀 없다. 이것은 대상과 사물로 이루어진 비활성의 세계와 대체로 동일하다.
· 대자 존재pour-soi는 불완전하고 불확실하며 유동적이다. 이것은 인간의 의식을 소유한 존재다.
· 즉자 존재는 대자 존재에 앞서고 대자 존재는 기원에서 즉자 존재에 의존한다. 대자 존재는 무화nihilation 작용(실제로 있는 것을 없는 것으로 간주하는 행위)에 의해 즉자 존재에서 파생되어 나온다.
· 자유는 인간에게 가장 중요한 것이다. 인간은 불안 속에서 자유를 자각하고 그들 스스로가 자신의 존재를 전력을 다해 책임져야 함을 인식하며 즉자 존재와 불가능한 결합을 추구한다. 그리고 절망 속에서 자신들이 타인들과 영원토록 조화를 이룰 수 없음을 인식하는데, 이는 타인들이 그 시선만으로도 특정 개인을 위협해서 물건처럼 만들어버리기 때문이다.

인간은 자유롭도록 운명 지어졌다

사르트르는 희곡 〈파리떼〉에서 오레스테스Orestes 이야기를 재구성한다. 트로이 전쟁에서 승리하고 돌아온 아가멤논Agamemnōn은 부인인 클리타임네스트라Klytaimnestra에게 살해당했다. 그리고 클리타임네스트라의 연인인 아이기스토스Aegisthos가 아가멤논 대신 왕이 되었다. 그러자 아가멤논과 클리타임네스트라 사이에서 태어난 엘렉트라Electra와 오레스테스는 자신들의 어머니를 죽이고 도시에 만연해 있는 파리떼의 역병을 몰아냄으로써 아버지의 원한을 갚아야 했다. 엘렉트라는 오레스테스를 설득해서 행동으로 옮기게 했다.

사르트르는 오레스테스의 행동이 신의 실존과 양립할 수 없는 인간의 자유를 상징한다고 본다. 이 자유는 진정한 행동으로 표현된다. 이는 자신이 직면한 상황에 책임을 지고 선과 악이라는 전통 가치와 무관하게 행동하는 것을 뜻한다. 물론 복수의 세 여신인 에리니에스Erinyes가 오레스테스의 행적을 추적하지만, 그렇다고 해서 오레스테스가 승리를 거두지 못했다고 말할 수 있을까? 이 작품에서 제우스Zeus는 아이기스토스에게 일단 자유가 인간의 영혼 내에서 폭발하면 신조차도 그에게 아무것도 해줄 수 없다고 말한다. 인간은 자유로운 존재이기 때문이다. 설사 인간들이 이를 깨닫지 못하더라도 말이다.

이 작품은 프랑스가 나치 점령하에 있을 때 초연되어 더욱 흥미를 끈다. 당시에 나치의 검열을 피할 수 있었던 것은 이 작품을 그리스 신화를 재연하는 것으로 알았기 때문이다. 물론 관객들은 자유롭지 못한 정치 현실을 신랄하게 비판하는 것으로 받아들였다.

도덕에 대한 생각

사르트르는 '해독 불능의 괴물'로 불리는 난해한 철학 용어를 사용해서 학술서를 집필했다. 한편으로는 이야기를 지어내거나 희곡을 써서 철학 난제들을 해결하거나 철학의 딜레마를 제기했다. 따라서 그의 윤리학 '이론'을 읽는 대신에 그의 문학작품들을 읽어보는 것도 좋을 듯하다. 이 시점에서 윤리학은 옳고 그름을 판단하는 원리를 탐구하며 선, 복종, 의무 같은 개념을 다룬다는 점을 다시 한 번 확인하고 넘어가자.

제2차 세계대전 당시 나치가 프랑스를 점령하고 있을 때였다. 한 젊은이가 사르트르에게 조언을 구했다. 그의 형은 전쟁 초기에 전사했고 어머니와 사이가 안 좋은 아버지는 점령군과 협력할 가능성이 높았다. 이런 상황에서 그 젊은이는 영국으로 가서 자유 프랑스 군대에 입대하고 싶어 했다. 그런데 그렇게 하려면 어머니 곁을 떠나야 했다. 아버지의 배신행위에 이미 속이 많이 상해 있는 어머니는 유일하게 남아 있는 자식마저 떠나고 나면 보호도 받지 못한 채 혼자 지내며 심한 우울증을 겪게 될지도 모를 일이었다. 그 젊은이가 지금 정신적·물질적으로 어머니의 유일한 보호자이기 때문이다.

그는 어떻게 해야 하는가? 그리고 그가 선택할 수 있으려면 어떤 도움을 받아야 하는가? 기독교 교리에서는 너의 이웃을 사랑하고 좀 더 험난한 길을 선택하라고 말하지만 좀더 험난한 길은 어떤 것인지, 그가 사랑해야 할 이웃이 타국에서 전쟁을 치르는 동료 병사들인지, 아니면 그의 어머니인지는 말해주지 않았다.

가치는 모호했다. 그는 자신의 직관에 의존할 수밖에 없었다. 결국 중요한 것은 감정이었다. 감정이 더 치우치는 쪽으로 선택할 수밖에 없었다. 그가 어머니를 더 사랑한다고 느끼면 어머니를 위해 다른 이들을 저버릴 것이고, 그 정도까지 어머니를 사랑하는 것이 아니라면 군에 지원할 것이다.

이 이야기의 주인공은 자유와 자기 정직을 고민하고 있다. 여기서 사르트르는 도덕법 같은 것은 없음을 강조한다. 즉 사랑 같은 원칙들은 우리가 무언가를 결정할 때 도움을 줄 수 없으며 도덕에 입각한 각각의 결정은 그와 관련된 개인에 의해서만 가능하다. 그 개인은 다른 그 누구도 아닌 자신을 위해 결정할 수 있다. 그러나 문제는 그런 견해가 타인에게 미치는 영향을 염두에 두지 않고 행하는 행동까지 정당화할 수 있다는 점이다. 이렇게 이 이야기는 자유뿐만 아니라 고통까지 설명하고 있다.

타인이 지옥이다

사르트르가 인간의 조건을 어떤 식으로 생각했는지는 〈닫힌 문〉을 통해 대략적으로 알 수 있다. 그런데 그가 말하는 지옥은 신학에서 말하는 영원한 처벌을 받는 장소가 아님을 유념해야 한다. 그는 신의 존재를 믿지 않기 때문에 당연히 천국과 지옥도 없다. 이 세상에서 지옥이란 타인의 시선을 의식하며 사는 것이다. 즉 타인의 평가를 받고, 타인을 고려해야 하는 삶을 뜻한다.

〈닫힌 문〉에는 가르생Garcin과 에스텔Estelle, 이네스Inès라는 주인공 세 명이 나온다. 가르생은 자신을 영웅이라고 생각하는 겁쟁이고, 에스텔은 유아 살인범이며 사랑하는 연인의 죽음에 죄책감을 느끼고 있다. 이네스는 남자를 증오할 뿐 아니라 자신이 존재하기 위해 다른 이가 고통스러워하는 모습을 꼭 봐야 하는 사람이다.

세 사람 모두 죽어서 한방에 갇혀 있다. 처음에는 모두 진실을 말하지 않고 스스로를 실제보다 더 잘난 인물로 꾸며댄다. 그러나 시간이 흐르면서 그들의 결점이 서서히 드러나고 서로를 괴롭힌다. 그들은 결코 혼자 있을 수 없고, 항상 상대방을 고려해야만 한다. 결국 "타인이 지옥!"이다.

문학비평

사르트르는 제2차 세계대전 직후 시기에 지대한 영향력을 미친 사상가였다. 그의 작품 중에서 어떤 것이 그의 철학적 신념에 속하는 작품인지, 당대 미국 소설을 대단히 높이 평가했던 점으로 미루어 볼 때 외부 영향을 받은 것은 어떤 작품인지, 그리고 자신의 성격에서 기인한 것은 또 어떤 작품인지 등을 가리는 일은 쉽지 않다. 예를 들어 그의 철학 사상은 문학작품을 읽다 보면 점점 더 분명하게 드러나지만, 철학 사상 또한 그 문학작품에 영감을 주고 활기를 제공한다. 그가 쓴 문학작품들은 당대의 사회 문제를 직접 다룰 뿐만 아니라 삶과 공고히 연관을 맺고 있다.

사르트르는 자신의 사상을 설명하기 위해 다른 사람의 작품을 활용했다. 실제로 그는 뛰어난 문학비평가였으며 다수의 작가를 연구한 결과물도 출판했다. 샤를 보들레르Charles Baudelaire, 1821~1867 연구물은 1947년에, 장 주네Jean Genet, 1910~1980는 1952년에, 귀스타브 플로베르Gustave Flaubert, 1821~1880 연구물은 1970년대 초반에 각각 출판했다. 1947년에 나온 『문학이란 무엇인가?Qu'est-ce que la littérature?』는 문학과 관련된 주요 비평을 담은 그의 대표작이다.

말년의 사르트르

말년에 접어든 사르트르는 문학이 지닌 힘에 회의를 느꼈지만 철학의 경향은 여전히 잘 알고 있었다. 무엇보다도 실존주의의 극단적 주관주의를 반대하는 비판을 잘 알고 있었다. 그는 생애 마지막 몇 년 동안 급진적인 정치운동에 헌신했으며, 《인민의 대의La cause du peuple》와 《리베라시옹Libération》 같은 좌파 신문과 평론지를 발행했다. 그는 권위에 도전하는 것이면 무엇이든 지지했다. 심지어 《인민의 대의》가 검열에 걸려 발행이 취소되자 파리 시내에서 직접 신문을 팔기도 했다. 그렇다고 해서 그가 공산주의자들에 동조한 것은 전혀 아니었다. 오히려 그들을 이데올로기의 적으로 여겨 끝까지 맞서 싸웠다. 그는 전 세계의 인권을 지지하기 위해 부단히 행동했다.

철학자 바라보기

우리는 철학자들을 통해 우리가 어떻게 해서 알게 되는지, 안다고 언제 말할 수 있는지와 같은 진술을 접한다. 그러나 사르트르와 만나게 되면 우리는 인간 됨이 무엇인지에 대해 조망하게 된다.

실존주의가 철학이라기보다 경향이라고 말하는 것은 꽤 타당하다. 그러나 실존주의가 인식론의 형태는 아닐지라도 일종의 형이상학임은 틀림없다.

사르트르는 제2차 세계대전을 직접 목격했고 전쟁 포로가 된 적도 있었다. 그래서 자신은 물론이고 전 세계가 역사의 잔혹함과 포로수용소, 핵무기의 개발로 직접적인 위협을 받고 있다고 생각했다.

따라서 세계를 바라보는 사르트르의 전망은 어두웠다. 세계가 이처럼 야만의 상태로 회귀함으로써 그는 인류를 대신해서 인간의 운명이 지닌 의의를 문제 삼지 않을 수 없었다. 실존의 현실을 양심적으로 신중하게, 그리고 명석하게 비판해서 비극적이고 부조리한 것들을 강조하는 것이 지식인 자신의 의무라고 여겼다. 실제로 그의 작품들은 당시의 시대상을 철저하게 도덕적으로 성찰했으며 형이상학과 관련한 비방을 긍정하는 것이었다. 만약 현재 살고 있는 세계를 깊이 성찰한다면 형이상학과 관련한 비방을 긍정하게 되는 것일까? 아니면 더 낙관적이 될까? 이러한 성찰이 행동주의나 수용으로 기울게 만들 수 있을까? 희망을 품어볼 만한 근거는 없을까?

사르트르 사상은 엄격하지 않다. '신은 없다'는 공준은 단지 공준으로 남아 있을 뿐이다. 그는 이것을 자명한 것으로 여겼고 그의 사상은 모두 그 공준에서 출발한다. 그런데 신을 무조건적으로 거부하는 것이 신의 실존을 인정하는 것보다 훨씬 수월하게 입증될 수 있을까? 사르트르의 세계는 초월성이 사라지고 모든 필연성이 제거되었으며 인간 존재가 내던져지고 버려진 세계다. 이것이 단지 일개인의 생각일까, 아니면 정말 사실일까?

15

자크 데리다

해체

Jacques Derrida

이제 마지막으로 자크 데리다를 만날 차례다. 그는 아주 흥미롭고 말도 많은 언어철학자다. 아, 언어철학자가 아니라 의미 철학자던가, 아니면 텍스트 철학자던가? 그가 당대의 가장 위대한 철학자였다고 말하는 사람이 있는가 하면, 그렇게 말하는 것은 그를 전혀 이해하지 못하는 것이라고 주장하는 이들도 있다. 서점 주인들은 그가 쓴 책이나 그에 대한 책을 어떻게 분류해야 할지 모르겠다고 말한다. 철학서인지 문학비평서인지 헷갈린다고 한다. 데리다는 언어가 생각을 표현할 때마다 언어가 그 생각을 변화시킨다는 명석한 통찰력을 보여줬다. 심지어 텍스트는 특정 단계에서 그 텍스트가 말하는 것처럼 보이는 것과 정반대의 것을 진술해서 무수히 다양한 의미를 만들어낸다고 한다.

혹자는 데리다가 진정한 철학자가 아니라고 말한다. 반면에 그가 모든 철학적 노고 가운데 가장 핵심적인 일을 수행했다고 주장하는 사람도 있다. 데리다는 비판 정신을 발휘해 관심이 가는 모든 문제를 해결하려고 했다.

데 리 다 의 생 애

데리다는 1930년에 알제리의 수도 알제Alger 근교에서 태어났다. 당시 알제리는 프랑스의 식민지였으며 제2차 세계대전 당시에는 비시 Vichy 정부(나치가 프랑스 북부를 점령했을 때 프랑스 남부에 세운 친독일 정권)의 통치하에 있었다. 유대인이었던 데리다는 비시 정권의 반유대주의 법규 탓에 어릴 때 정규 교육에서 배제되었다.

다소 혼란스러운 중등 교육을 마치고 1949년에 프랑스 본토로 이주한 데리다는 에콜 노르말 쉬페리외르에서 철학을 공부했다. 처음에는 사르트르의 실존주의 철학을 열정적으로 수용했다. 그러면서도 키르케고르, 하이데거, 제임스 조이스James Joyce, 1882~1941 같은 여러 철학자의 책을 비롯해 폭넓게 독서를 했다. 1957년에 아그레가시옹 자격증을 취득했고 그해 마르그리트 오쿠튀리에Marguerite Aucouturier와 결혼했다. 알제리 전쟁(1954~1962) 중에 군 복무를 했으나 전투 부대가 아닌 교육 담당 부서에서 근무했다.

데리다는 에콜 노르말 쉬페리외르의 조교로 초빙되었다. 1960년부터 10년 동안 다수의 책과 기사를 출판했으며 이로써 그는 후기 구조주의 사상가라는 명성을 얻었다. 처음에 집필한 세 권의 책은 『글쓰기와 차이L'Écriture et la différence』와 『목소리와 현상La Voix et le phénomène』, 『그라마톨로지에 대하여De la grammatologie』였는데, 모두 1967년에 출판되었다. 그는 1984년이 되어서야 파리 대학에 박사학위 논문을 제출했다. 데리다는 베를린 대학에서 세미나를 열었고, 미국 존스홉킨스 대학에서 강의했으며 후에 어바인의 캘리포니아 대학에서도 강의했다. 명문 콜레주 드 프랑스Collège de France에서 강의한 적도 있었다.

그러나 다른 프랑스 대학들은 데리다에게 의혹의 눈길을 보냈다. 이것은 영국의 케임브리지 대학도 마찬가지여서 1992년에 데리다에게 명예박사 학위를 수여하자는 제안이 들어왔을 때 어쩔 수 없이 투표에 붙여야 했다. 찬성 336표, 반대 204표를 얻어 겨우 학위를 받았다. 그러나 그 외의 전 세계 대학에서는 이보다 훨씬 관대한 태도를 보였다.

1970년대 초반에는 다소 진지한 주제를 다루는 신문사와 잡지사에서 그의 기사를 실었다. 그는 문학 이론에 관심이 많았으나 필리프

솔레르Philippe Sollers, 1936~ 와 문학 이론가들로 구성되어 전위적인 평론지《텔 켈Tel Quel》을 발행하던 '텔 켈' 그룹과는 상당한 의견 차를 보였다. 데리다는 처가가 체코와 연관이 있었기 때문에 1980년대에 박해받던 체코의 반체제 지식인들을 돕기 위해 얀 후스 협회l'association Jean-Hus 를 창설했다. 한번은 불법 모임으로 프라하에 감금당하기도 해 프랑스 정부의 개입으로 간신히 풀려나기도 했다. 이후 데리다는 파리 근교의 라빌레트la Villette 과학공원에 흥미를 느끼고는 건축을 주제로 한 글을 쓰기도 했다. 점령지에 있는 팔레스타인 지식인들과도 교류를 맺었다.

데리다의 주요 저작으로는 『그라마톨로지에 대하여』, 『글쓰기와 차이』, 『철학의 여백Marges de la philosophie』, 『산종La dissémination』, 『회화의 진리La vérité en peinture』, 『마르크스의 유령들Spectres de Marx』 등이 있다.

데리다는 1992년에 프랑스 최고 훈장인 레지옹 도뇌르Légion d'honneur 훈장을 받았고 2004년에 사망했다.

구 조 주 의

구조주의structuralism 는 1960년대에 유행했던 철학적이고 방법론적인 견해로, 언어와 사회, 화가와 소설가의 작품을 연구하는 이론이다. 구조주의는 실체가 사물이 아니라 관계로 이루어져 있다고 주장한다. 구조주의자는 우리가 어떤 사물을 보고 느끼고 냄새 맡고 생각할 때, 우리가 그것을 지각하고 있는 한 그 사물은 거기에 있는 것이라고 말한다. 그러나 이와 동시에 그 사물의 실체가 주어진 시간에 항상 존재하는, 그러나 개개의 지각자는 인식하지 못할 수도 있는 '전체 체계와의 관계'로 이루어졌기 때문에 그 사물은 거기에 있지 않기도 하다.

구조주의는 페르디낭 드 소쉬르Ferdinand de Saussure, 1857~1913의 사상에서 시작되었다. 그는 스위스의 언어학자로서 언어학 연구를 통시적通時的 방법에서 공시적共時的 방법으로 전환했다. 즉 그는 학자들이 언어의 역사 발전에 집중할 것이 아니라 각 요소들이 주어진 시간에 어떻게 결합되어 언어가 그 순간에 제 기능을 발휘하도록 하는지에 집중해야 한다고 주장했다. 그가 이를 바탕으로 혁신적인 강의를 한 것은 1907년에서 1911년 사이였다. 소쉬르가 쓴 『일반언어학 강의 Cours de linguistique générale』는 그의 사후에 한 학생의 강의노트를 재구성한 것으로 1916년에 출간됐다.

구조주의는 세계를 이분법적 분류, 즉 최소 대립쌍으로 나눈다. 예컨대 좋음/나쁨, 옳음/그름, 익힌 것/날것, 진실/거짓, 남성/여성, 밝음/어두움, 왼쪽/오른쪽, 사실/허구, 천성/교육 등으로 나눈다. 그리고 사물의 뒤편이나 기저에 놓여 있는 구조를 분석하며, 역사를 불신하는 대신에 주어진 시간에 적용되는 유형들의 망에 집중한다.

그러나 이 견해에 반대한 사람이 데리다였다.

로고스중심적 편견

데리다는 서구 문명의 위대한 정신에는 사상과 저작 전반에 걸쳐 왜곡된 편향이 존재한다고 믿었다. 음성을 선호하고 글을 경시하는 편향 때문이다. 데리다는 이런 유형의 글을 '로고스중심적logocentric'이라고 한 뒤 '해체déconstruction'가 필요하다고 주장했다.

간단히 말해서 로고스중심주의란 우리가 관념을 올바른 말로 잘 선택하기만 하면 의미의 본질에 도달할 수 있다는 주장이다. 우리가 말할 때는 관념에서 한 걸음 떨어져 있지만 글을 쓸 때는 두 걸음 떨어져 있다. 따라서 말할 때가 글을 쓸 때보다 의미의 본질에 더 가까이 있기 때문에, 음성이 글보다 우위에 있다. 그리고 이러한 고정된 의미들은 인간의 이성으로 확실히 인식 가능하다. 그런데 데리다는 바로 이와 같은 시각을 반박한 것이다.

데리다는 또한 확실성을 추구하는 것이 오히려 확실히 인식할 수 없는 것을 모두 배제해 서구의 지적 생활과 사고를 압제적인 통제하에 가둬놓았다고 믿었다. 여기에는 시와 윤리학, 신비주의까지도 가끔 포함됐다. 따라서 데리다는 이런 태도가 로고스중심주의의 횡포에 속한다고 단언했다.

데리다는 소크라테스가 글쓰기 자체를 거부한 것은 철학이 사고하는 사람들 간의 살아 있는 만남이라고 생각한 때문이라고 주장한다. 이것은 플라톤이 '대화' 형식으로 글을 쓴 이유이기도 했다. 그럼 아리스토텔레스는 어떤가? 그는 정신에 내재된 사고는 사물과의 직접적인 접촉인데, 음성은 우리의 사고에서 한 걸음 떨어진 기호고 글은 사고와 사물과의 접촉에서 보다 멀리 떨어진 기호의 기호라고 말했다. 성직자와 율법학자는 힘을 획득하기 위해 일반인을 희생시켰다. 주로 법, 기록, 글쓰기를 통해 언어를 통제했고 그 결과 일종의 부정직을 초래했다. 그 후 사상가들은 읽기와 쓰기 학습을 자신의 운명을 통제할 수 있는 일종의 해방으로 여겼다.

현대인들은 어떤 것을 지칭하는 말이 없다면 그 어떤 것은 존재하지 않는다고 생각한다. 말은 사물을 있는 그대로 자각하기 위해 필수적이다. 따라서 언어를 통제하면 사물을 통제하는 것과 같다. 더욱이 로고스중심주의는 이분법적 대립쌍의 양극단에서 어느 한쪽에 더 많은 가치를 부여하려는 경향이 있다. 어두움보다는 밝음에, 날것보다는 익힌 것에, 여성보다는 남성에, 노동보다는 자본에 더 가치를 둔다. 물론 정반대인 경우도 있다.

로고스중심주의는 문어보다 구어를 더 중시할 때 일어난다. 말하기는 현전présence(눈앞에 존재함)의 기호다. 우리가 누군가와 말한다는 것은 그 누군가와 함께 있다는 뜻이기 때문이다. 반면에 누군가에게 글을 쓰는 것은 그 누군가와 떨어져 있음을 뜻하므로 글쓰기는 부재의 기호가 된다. 따라서 글쓰기에 많은 말들이 갇힐수록 그 말들은 실제 사물이라기보다는 복사한 것들이 된다고 로고스중심주의는 주장한다.

데리다는 음성이 글보다 우위에 있다는 이 주장을 반박했는데, 주로 현전과 기원 이론을 공격했다. 물론 그가 역사적 관점에서 자신의 견해를 주장한 것은 아니다. 즉 태초의 인류가 말하기 이전부터 글을 쓸 수 있었다고 주장한 것이 아니다. 데리다는 음성과 글 두 가지 모두 기호이며 둘 다 현전과 부재를 부분적으로 드러낸다고 말했다. 둘 모두 상관관계에 있다는 것이다.

여기서 한 걸음 더 나아가 글쓰기가 음성에 비해 더 파생적이라고 주장하는 사람들은 자신들이 글쓰기를 공격하면서 글을 쓰고 있다고 지적했다.

글에 대한 음성의 우위성을 공격할 때 데리다는 절대성을 운운하는 견해들을 공격했다. 그에게 음성과 글은 모두 기호며 둘 다 반복해서 사용하기 때문에 유용한 것이다. 우리는 본래의 현전이나 의미에 결코 다가갈 수 없다. 따라서 언어는 부분적으로 현전이면서 동시에 부분적으로 부재다.

차 연

구조주의 언어학에서는 기호들 간의 차이 때문에 의미가 발생한다고 한다. 예컨대 친구가 나에게 허리가 아프다고 호소한다면 그것이 무슨 뜻인지 알 수 있다. 내가 '허리'와 '머리'의 차이점을 인식하기 때문이다. 즉 나는 어떤 말의 의미를 곧바로 이해하는 것이 아니라 일련의 가능한 관계들 간의 '차이점'을 구별하는 것이다. 따라서 데리다는 의미는 결코 즉각적이지 않고 항상 '지연된다'고 주장한다.

　만약 이분법적인 결정을 할 수 없는 상황에 직면한다면 그와 관련된 문제들은 결정이 불가능하며, 확립된 질서를 엉망으로 만든다. 예컨대 공포영화는 종종 확립된 질서를 무너뜨리고 혼란을 야기할 뿐만 아니라 이분법적 논리에 적합하지 않는 상황을 이용한다. 소설 『프랑켄슈타인Frankenstein』(1818)이 바로 그 예다. 소설 속의 괴물은 사람도, 기계도, 동물도 아니다. 우리는 이분법적 질서가 회복되는 순간이 돼야 편안함을 되찾는다. 그런데 이분법적 질서가 회복되지 않는다면, 그래서 결정 불가능성이 규범이 된다면 과연 어떤 일이 일어나겠는가?

　데리다는 실은 결정 불가능성이 서구 전통 철학의 한 요소인데 전통 철학에서는 이 기본적인 사실을 거부한다고 주장한다. 서구 전통에는 모호한 말, 즉 선악으로 해석할 수 있는 말이 대단히 많다. 텍스트들은 종종 이 모호성을 인식하지 못해서 의미의 이분법적 극단 중 어느 하나를 잘라내버린다. 영어의 '드러그drug'를 예로 들어보자. 이 단어는 '치료약'이라는 뜻도 있고 '무질서한 남용'의 뜻도 있으며 심지어 '마약'이라는 뜻도 있다.

데리다는 글에는 구조주의의 반대자들을 무너뜨릴 특성이 있다고 본다.

물론 말은 일의적이지 않다. 말은 뜻이 하나만 있는 것도 아니고, 고정불변인 것도 아니다. 영어에서 '펜pen'은 필기도구도 되고, 백조의 암컷도 되며, 짐승의 우리를 뜻하기도 한다. 따라서 문맥을 통해야만 의미가 파악된다.

그러나 일부 언어는 차이점이 너무 작아서 이것저것 썼다가 은근슬쩍 다시 그 반대로 쓰기도 쓴다. 예를 들어보자.

사물의 끝은 그 사물의 완전성이다. 죽음은 삶의 끝이다. 따라서 죽음은 삶의 완전성이다.

여기서 앞에 나온 '끝end'은 '목표'를 의미하고 뒤의 '끝'은 '종말'을 의미한다. 그러나 이 진술은 그 차이를 인식하지 못할 때 효력을 발휘한다. 그 차이를 인식한다면 진술은 타당성을 잃게 된다.

은유적인 의미들도 있다. 은유적인 의미는 글자 그대로의 의미와는 다르다. 예컨대 어떤 사람이 '십대들에겐 공간이 필요해'라고 말했다고 하자. 이것은 십대들이 자신들의 흔적을 남겨놓을 수 있는 자신만을 위한 방이 필요하다는 뜻일 수 있다. 그러나 또한 자신의 생

각을 시험해보고 자신의 창의성을 개발할 자유가 필요하다는 뜻일
수도 있고, 실수를 웃어넘길 수 있는 여유가 필요하다는 뜻일 수도
있다.

방금 살펴본 예들은 모두 명료하다. 그러나 본래 우리의 삶은 혼란
의 연속이고 우리는 그 속에서의 '미끄러짐glissement'을 인식조차 하
지 못한다.

데리다는 언어에는 기본적인 결정 불가능성이 있으며 이것은 언어
틀의 일부라고 강조했다. 결국 기저를 이루는 최종의 의미에 도달할
수 없다는 것이다. 따라서 데리다는 언어에 관한 모든 불확실성을 '해
체'하고 언어의 작용을 규정하는 결정 불가능성의 특성을 드러낸다.

데리다의 책들은 틀에 박힌 학문적 유형의 논증을 제시하지 않았
다. 오히려 플라톤이나 후설, 소쉬르 등의 텍스트를 조사해서 결정
불가능한 것들이 작용하는 곳, 그리고 그 텍스트가 그 자체로 불분명
한 곳을 지적했다. 데리다는 자신이 서구 합리주의자들의 형이상학
적 토대를 침식시키는 것이라 주장했다.

일단 언어가 공공 영역에 들어오면 말하는 사람이나 글 쓰는 사람
은 언어의 통제력을 상실한다. 예를 들어 신간 서적, 영화, 노래가 공
개되자마자 평론가들이 어떻게 이해하고 오해하는지, 또 어떻게 해
석하고 오역하는지 한번 살펴보라.

이제 데리다의 신조어 '차연différance'에 대해 알아보자. '차이'란
뜻의 프랑스어 '디페랑스différence'가 있다. '디페레différer'는 '연기하
다'란 뜻의 동사이며, 이 동사의 현재분사형이 '디페랑différant'이다.
데리다는 이 두 단어를 합쳐 '디페랑스différance'란 신조어, 즉 '차연'

을 만들어냈다. 그는 이 신조어가, 그 말이 존재하지 않는다는 사실에 의해 누락되는 모든 의미를 포괄하도록 했다. 디페랑스différance와 디페랑스différence는 정확히 똑같이 발음된다. 두 단어는 글로 쓸 때만이 구별할 수 있다.

차연은 새로운 개념을 나타내기보다는 오히려 결정 불가능성의 개념 주위에서 작용한다. 언어와 사고, 의미는 모두 불안정한 상태에 놓여 있고 그 자체도 불안정하다. 이 때문에 언어에 의존해도 되는지를 자문하게 되고 결국 의미에 대한 최종 결정은 지연될 수밖에 없다.

텍스트는 새롭게 반복·변화된다

우리는 대부분 다양한 의미를 포함한 말이나 문장을 쉽게 해석할 능력이 있다. 말을 컨텍스트(정황, 맥락)에 비추어 파악하려고 애쓴다. 그러나 컨텍스트가 항상 우리에게 그 의미를 알려줄까? 이를테면 법은 특정 컨텍스트가 고려된 상황하에서 통과된다. 그러나 만약 그 법이 입법자가 전혀 예상하지 못했던 특이한 상황에 적용된다면 과연 무슨 일이 일어날까?

데리다는 글을 '매번 새롭게 반복·변화될 수 있는' 것으로 간주한다. 글은 항상 종국에는 글을 보낸 사람과 받은 사람에게서 자유로워진다. 그런 다음에 결코 의도하지도 않았던 제삼자가 그 글을 읽는다. 이에 대한 반응은 종종 색다른 양상을 띤다.

호메로스가 쓴 『일리아스Ilias』를 예로 들어보자. 호메로스는 지금은 사라진 문명 세계의 시인이었다. 그는 장님이었기 때문에 평범한 사람은 볼 수 없는 불가사의한 세계를 꿰뚫어 볼 수 있었다. 『일리아스』

에 나타난 옳고 그름의 판단은 명예나 용기 같은 전사 계급의 '영웅적' 관념과 관련이 있다. 그리고 이 작품은 당시 사람들이 대부분 읽지도 쓰지도 못했기 때문에 공동체의 축제일에나 읽혔을 것이다. 아니 오히려 암송되거나 노래로 불린 적이 더 많았을지도 모른다.

그럼 지금은 어떤가? 고전문학을 전공한 특권층의 구성원들이 냉난방이 되는 쾌적한 연구실에 앉아 이 작품을 읽는다. 그들은 모두 집과 자동차를 소유하고 있으며, 전쟁이 일어난다는 것은 곧 전면전과 전멸을 뜻한다는 현대의 전쟁관을 갖고 있다.

모든 동기를 '경제적 측면'에서 고려하는 사람은 또 어떤가? 그는 아마도 헬레네Helenē를 유혹했다는 것을 전쟁의 명분으로 삼는 것은 번영하는 경쟁국을 공격해서 재물을 빼앗으려는 구실에 지나지 않는다고 생각할 것이고, 따라서 작품을 다른 관점에서 읽을 것이다.

여성을 소유물로 생각하는 사고방식을 참지 못하는 여성운동가 역시 이 서사시를 남다른 시각으로 읽을 것이다.

『일리아스』를 기원전 800년에 읽었던 방식과 동일하게 2007년에도 읽을 수 있는가?

문학은 해체의 정중앙에 있다

데리다는 문학작품의 특이성을 주장했다. 그는 작가가 글을 쓸 때 언어가 그 작품 속에서 재창조되는 것을 보았다. 그래서 수많은 작가의 작품을 읽으면서 '시인'에 관심을 두었다. 시인은 작품을 다듬는 과정에서 언어와 격전을 치르기 때문이다. 데리다는 또한 언어에서 무슨 일이 일어나는지를 이론적으로 고찰했다. 데리다에게 언어는 유령이었다. 언어는 계속해서 그 자체 그대로 반복되지만, 각각의 상황마다 다른 모습으로 나타나는 것이었다. 시인, 작가, 극작가 등은 언어의 재능에 끊임없이 감동받았으며 그와 동시에 끊임없이 언어에 영향을 미쳤다.

데리다는 텍스트의 개념을 재고찰했다. 그는 텍스트를 결과물로 쓰여 나온 대상의 물질성으로 환원할 수 없는 일련의 흔적으로 간주했다. 실제로 우리는 이 새로운 개념을 통해서만 언어 저편에 있는 것에 접근할 수 있다. 이것이 바로 "텍스트 바깥에는 아무것도 없다"는 그의 말이 뜻하는 바다.

데리다는 '서명signature'에는 세 가지 유형이 있다고 주장한다.

1. 책에 적힌 저자의 이름

2. 텍스트 전반에 드러나는 단일 특성인 스타일. 운율, 어구의 길이, 어휘 선택 등을 포함한다.

3. 작품에 서명이 없다면 그 작품은 신뢰 속에서 '가상의 독자'에게 전달 되어야 하며, 가상의 독자는 이제 이를 받아들일 책임뿐만 아니라 중복 서명하고 이 메시지가 진짜임을 증명할 책임이 있다.

데리다와 종교

종교를 생각할 때 데리다는 출발점이 필수적임을 강조한다. 그런데 이것은 이분법적 대립이 필요하다는 게 아니다. 예컨대 이분법적 대립이라면 한쪽은 종교, 다른 한쪽은 이성과 마르크스, 니체, 프로이트Sigmund Freud, 1856~1939 같은 사상가의 종교 비판으로 서로를 대립시키는 것이다. 그러나 데리다는 종교와 이성이 동일한 근원에서 비롯된다고 믿었다. 그것은 바로 '반응'이다.

　어떤 사람들은 신앙의 중요성을 무시하기 위해 늘 이성을 부추긴다. 또 어떤 사람들은 신앙이 삶을 충동하며 동시에 죽음도 충동한다면서 신앙을 부추긴다. 이때 삶에 대한 충동은 신성한 것, 구원받아야 할 것, 순결한 것, 결백한 것 같은 개념을 동반하고, 죽음에 대한 충동은 희생이란 개념을 동반한다. 그뿐만 아니라 신앙은 성스러운 것도 허용한다. 데리다는 종교가 보편적인 희생의 개념을 수반한다는 바로 그 이유를 들어, 모든 신자에게 악에 대해 성찰해보라고 권한다.

　정말로 어려운 문제는 '신'이라는 이름에 있다. 신을 우리가 아닌 타자Other로 생각할 때 더욱 그렇다. 그런데 데리다는 불타는 떨기나무의 일화에서 신이 모세에게 "나는 스스로 있는 나다"(「출애굽기」 제3장 14절)라고 말한 진술에서 타자 개념을 발견한다. 언어는 우리 앞에서, 그리고 우리가 없을 때 시작되었으며 신학자들이 신을 발견한 곳이기도 하다. 그렇다면 언어도 '신학적 생성'의 개념과 일맥상통하는 점이 있다. 종교는 신을 이야기하는 것이고 이로 인해 신은 언어가 된다. 언어를 말할 때, 또 언어의 바깥에는 아무것도 없다고 말할 때 우리는 이미 신학을 이야기하는 것이다.

　데리다는 신과 종교를 고정된 개념으로 보지 않았기 때문에 종교라는 개념을 피하고자 했다. 따라서 신학을 대하는 그의 견해를 파악하기는 쉽지 않다. 그러나 해체에 대한 사고 행위와 부정신학에 대한 사고 행위가 서로 밀접한 관계에 있음을 인정했다.

부정신학否定神學

인식할 수 없는 신을, 구축된 모든 감각 범주를 초월해서 바라보는 방식이다. 신은 무엇이라고 규정하는 긍정신학과는 달리, 신은 무엇이 아니라고 부정하여 긍정적인 '규정'을 뛰어넘고자 하는 방식.

한편 데리다는 해체를 통해 부정신학의 원칙이 의문시될 것이라고 주장한다. 그는 신성한 현전을 경험한 신비주의자는 아니었다. 그러나 신비주의는 또한 분리, 초연함, 포기에 대한 경험 등을 지지한다. 데리다는 비록 무신론자였지만 유대인 전통 속에서 '받아들임'과 '예'라고 말하기 등을 경험했음을 인정했다.

받아들인 것을 선택하고 걸러내고 해석하고 변형하고 기형화했다. 이러한 행동은 전통에 충실한 것임과 동시에 전통을 거스르는 것이었다.

해 체

이제 '해체'가 무엇인지를 말할 시점에 온 것 같다. 데리다는 마치 이성의 지배하에 있는 서구의 전통 전반에 대항해서 끊임없이 전투를 치르는 것 같다. 그는 이 전통을 확실성을 부정직하게 추구하는 것으로 여겼고, '로고스중심적 탐구'라고 불렀다. 로고스중심적 탐구란 내면의 사고를 표현할 수 있는 가장 적합하고 올바른 말을 찾는 것이며 이 말을 통해 이성을 지각할 수 있다.

로고스중심주의는 세계의 현전이나 말의 본질처럼 현실 세계를 완벽하게 표현하는 가장 합리적인 언어를 찾는다. 데리다는 그런 그림은 사실상 불확실한 모든 것을 억눌러야 실현이 가능한 '횡포'라고 지적했다.

이런 이유로 일부 사상가는 독단적으로 각종 학문을 인식 가능한 것에서 배제하고, 지식에서 배제했다. 플라톤은 시詩를, 흄은 신학과 윤리학을, 비트겐슈타인은 예술과 종교, 형이상학, 윤리학을 배제했다. 그들은 이런 식으로 상이한 형태로 사고의 통제를 강요했다.

의미는 기호에 내재된 것도, 기호의 외형 뒤에 숨어 있는 것도 아니다. 구조주의 언어학에 영향을 받은 사상가들은 의미가 기호들 사이의 관계로부터 나온 것임을 일관되게 지적해왔다. 그러나 데리다는 여기서 한 걸음 더 나아갔다. 의미의 구조에는 의미를 탐구하고 창조하는 사람들을 포함해야 한다고 주장했다. 우리에게는 의미를 과학적으로 평가할 수 있는 의미 '외부'의 합리적인 관점이 없다. 우리는 의미를 추구함과 동시에 우리가 확립한 의미와 관련을 맺는다. 데리다가 "텍스트 바깥에는 아무것도 없다"고 말했을 때 이것은 우리가 사용하는 해석 관행 모두를 뜻했다. 예컨대 〈빨간 모자Le Petit Chaperon rouge〉 동화책을 읽고 그 책은 아이들에게 숲과 같은 위험한 장소에 가면 안 된다고 주의 줄 때 읽어주면 좋다고 말한다면, 나의 해석은 텍스트가 담고 있는 의미의 일부이지 텍스트 외부에 있는 것이 아니다. 이때 이 이야기를 처음 지어낸 사람들이 이야기가 읽히길 원했는지 원하지 않았는지는 전혀 중요하지 않다.

철학자 바라보기

데리다는 해체를 통해 텍스트가 어떻게 확립되어 있는지를 해명하고 감춰진 의미를 드러내고자 했다. 각각의 텍스트는 의미의 층으로 이루어져 있는데, 이 층은 이후의 역사적 환경과 서로 다른 문화 환경하에서 텍스트가 반복되어 읽히면서 점점 증대된다고 한다.

보통 언어 체계는 자연적인 것이라고 생각하지만 사실은 압제적인 권력 체계 같은 역할을 수행하는 구조물이다. 따라서 다양한 해석을 드러낼 수단을 개발해야 한다.

텍스트란 단순히 종이에 쓰인 글이 아니다. 의미를 담고 있는 구조물은 무엇이든 텍스트라고 할 수 있다. 따라서 텍스트에는 인터뷰, 대화, 그림, 음악 등이 포함되며 굳이 글의 형태로 쓰일 필요도 없다. 그런데 모든 것은 결국 그 자신과 모순이 된다. 그리고 모순을 세심하게 조사해보면 저자와 텍스트가 독자를 조정하는 방식을 발견할 수 있다.

텍스트를 읽는 독자들은 특정한 가정하에 텍스트에 접근하는데, 이러한 가정은 저자가 텍스트에서 말하는 것만큼 중요하다. 또 의미도 함축하고 있다. 따라서 안정된 의미를 담은 텍스트는 결코 존재하지 않는다. 주어진 텍스트에 내가 부여하는 가정과 의미는 동일한 텍스트임에도 다른 사람이 부여하는 가정과 의미와 전혀 다르다. 게다가 텍스트 해석은 문맥에 따라 또 다르다.

데리다의 책에 담긴 의의는 무엇보다도 진리나 절대 가치의 가능성을 약화시킨다는 점이다. 즉 확실히 아는 것은 아무것도 없으며, 도덕적 판단도 불가능하다.

데리다는 해체를 "불가능성에 대한 일정 정도의 경험"이라고 말한 바 있다. 그는 서구의 지적 전통이 지닌 지지 구조를 훼손했다. 그가 그렇게 한 것에 무슨 특별한 이유가 있을까? 과연 우리는 문화적 또는 지적 배경에서 벗어난 채로 추론할까? 이 배경이 파괴되어도 추론할 수 있을까? 만약 배경이 부적절하다면 바로잡아서는 안 될까? 그럼 누가 바로잡고 또 어떤 관점에서 바로잡아야 할까?

데리다의 텍스트 이론은 중요하지도, 철학적이지도 않다고 말하는 사람들이 있다. 그가 진지한 철학 탐구를 왜곡해서 불온한 이데올로기에 대항할 방어책들을 빼앗아 갔다고 주장하면서 말이다. 그렇다면 그런 주장을 펴는 이들은 그런 방어책의 근원과 타당성을 어디에서 발견하는 것일까?

철학에 대한 관심이 계속되기를 바라며

　　서양철학사를 간략하게 살펴보면서 철학자들
이 공들여 쌓아 올린 사상들을 어느 정도 이해했
으리라 본다. 이제 철학이 무엇인지 말할 수 있다고 생각할지도 모르
겠다.

소크라테스에게 철학은 주로 윤리 문제를 놓고 씨름하는 것이었다.
그런데 그는 사람들이 올바른 선택을 하려면 올바른 지식을 소유해
야 한다고 확신했다. 즉 그에게 윤리학은 앎의 문제였기 때문에 '내
가 어떻게 아는가?' 와 '내가 무엇을 아는가?' 같은 질문을 제기했다.
물론 다른 철학자들처럼 소크라테스도 당대의 사회 혼란 속에서 자
신의 사상을 확립했다. 원래 철학자들은 주변 문제로부터 자신을 보
호해줄 고치 속에서 살지 않는다. 바로 그 문제들 때문에 다른 누구
보다도 먼저 질문하는 이들이 철학자니까 말이다. 소크라테스는 동
일한 견해를 놓고 찬반의 논증을 동시에 펼 수 있는 '기술'을 가르쳐

야 한다고 주장하는 사람들의 부정직성에 당황했다. 그는 어떤 종류의 '진리'가 그 안에 담겨 있는지 참으로 궁금했다. 그의 방법론은 질문하는 것이었다.

플라톤은 지식 이론을 심도 있게 주장했고 이데아론을 개발하기도 했다. 이것은 사물의 영원불변한 형상은 무엇인지, 사물을 그 자체이게 하는 것과 그 자체로 유지하는 것은 또 무엇인지, 그리고 사물을 있는 그대로 인식하는 것은 무엇과 관련되는지 등을 이해하는 것이다. 이에 대한 플라톤의 응답은 비록 신비주의적이긴 했어도 그 영향력은 무미건조한 지식 이론의 차원을 훨씬 뛰어넘는 것이었다. 이상 사회는 물론 이상 국가에 관한 매우 구체적인 견해도 포함했다. 여기에서 인간의 본성과 재능, 그리고 그 재능을 어떻게 하면 최대한 활용할 수 있는지에 대한 일련의 성찰들이 흘러나왔다. 그뿐 아니라 정의는 무엇인지, 누가 통치해야 하는지, 국가는 어떻게 통제해야 하는지, 스스로를 통제한다는 것은 무슨 뜻인지 등 무수한 성찰이 쏟아져 나왔다.

아리스토텔레스의 접근방식은 스승보다 훨씬 실용적이었고 덜 신비스러웠다. 그리고 훨씬 분석적이었다. 그는 광범위한 정보 목록을 작성하길 좋아했는데, 보편적인 규칙을 입증할 사례로 삼기 위해서였다. 그는 지식은 언제 어디서나 진실인 것에 적용된다고 말했다. 그러나 우리 같은 사람들은 진실을 찾으러 다닌다 해도 단지 개별 상황과 사물만을 만나게 될 뿐이다. 어떻게 하면 개별 사건과 사물들의 혼란에서 보편타당한 지식을 습득할 수 있을까? 아리스토텔레스는 '체계'를 중시했다. 그는 무엇이 진실인지, 그리고 왜 진실인지를 알고자 했고, 문제를 명료하게 제기하고 이에 적합한 언어를 기술하고자 했다. 따라서 그는 사물들이 작용하는 원칙들을 밝혀내 질서 정연하게, 그리고 등급별로 검토하고 기술하기 위해 노력했다.

아리스토텔레스 이후에 등장한 두 명의 사상가 에피쿠로스와 제논은 정신적으로 서로 다른 기질을 지닌 사람들이었지만, 바로 이들 덕분에 관심의 초점이 공동체에서 벗어나 일개인에게 집중되었다. 에피쿠로스에게는 쾌락이 유일한 선이었다. 따라서 중용을 지키는 삶을 살라고 조언했지만 동시에 쾌락과 조화를 이루어야 했다. 그의 이런 조언들은 개인들을 대상으로 한 것이었다. 따라서 사회 전체를 조직화하고 통제하는 거대한 계획은 뒷전으로 밀려났다. 제논 역시 마찬가지였다. 제논 역시 산산조각 난 세상에서 특정한 형태의 구원을 받는 방법을 개인들에게 충고했다. 결국 이는 개개인의 안락을 위한 철학임과 동시에 고통스럽기만 한 세상에서 은둔하려는 움직임이었다.

토마스 아퀴나스 때는 세상이 많이 달라졌다. 거대한 로마제국이 등장했다가 사라졌으며 수 세기 동안의 혼란 끝에 기독교 문명이 형성된 때였다. 이제는 교회가 권력자였다. 아퀴나스는 당시에 재발견된 아리스토텔레스의 저서들과 이미 확립된 기독교 신앙을 종합해서 당대의 상황에 맞섰다. 다시 한 번 '체계'가 중요한 의제로 떠올랐다. 아퀴나스는 혁신자로 여겨졌다. 기독교 사상을 철학적 추론의 토대로 삼았기 때문이다. 신학에는 삼위일체, 속죄, 구원같이 신앙을 토대로 해야만 주장과 수용이 가능한 것들이 있다. 그러나 아퀴나스 덕분에 그런 개념들이 합리적이고 비판적인 체계와 결합했고, 그것은 아리스토텔레스의 체계였다. 아퀴나스 이후 철학 체계는 기독교의 계시 이론을 토론할 수 있는 지적 기반을 제공했다. 이 견해는 오늘날에도 여전하다. 20세기의 수많은 신학자에게 그 토대를 제공한 하이데거 철학이 좋은 예다.

데카르트는 자아를 철학 성찰의 정중앙에 자리매김했다. 윤리적 핵심이 아니라 지식 추론의 방법적 토대로서였다. 그는 의심을 철학의 출발점으로 삼았으며, 의심의 행위로 확립한 결론들은 그 자체로 의심할 수 없다고 확신했다. 완전히 확신하려면 모든 것을 의심해야 하며 이 행위를 하는 자신은 유일하게 확실한 것임을 발견한다. 데카르트는 반박할 수 없는 이 사실로부터 사상 체계를 차근차근 세워나갔다. 그는 깊이 성찰하면서 각각의 진리를 구체적인 증거를 통해 입증했다. 그러나 각 요소가 적절한 때에 유효하려면 이를 보증할 외부적 준거가 필요했고 데카르트는 이것을 신에게서 발견했다.

로크와 몽테스키외의 사상은 근대 자유주의 국가의 탄생에서 핵심 역할을 했다. 국가는 사상을 강요하는 도구가 아니다. 기독교 사상이든, 카리스마가 있는 지도자의 사상이든, 혹은 카스트나 특정 경제 계급의 사상이든 예외가 없다. 오히려 국가는 자유로운 개인의 자유로운 결합이다. 로크와 몽테스키외는 우리가 특정 사회 조직 내에서 살지 않는다면 수많은 위험에 처할 것임을 인식했고 따라서 개개인이 그런 결점을 보완하려고 함께 모여 일련의 제도에 합의했다고 주장했다. 그들의 사상에는 최소한의 국가 개념, 권력의 적용 측면, 외부적으로 부과된 권력에서의 자유 측면 간의 적절한 균형을 포함했다.

스피노자의 기본 개념은 실체다. 그는 실체는 그 자체로 자명한 진실이라고 주장했다. 그리고 더 나아가 오직 하나의 실체(신 또는 자연)

만이 존재한다고 생각했으며, 존재하는 것은 무엇이든 신에 속한다고 보았다. 우리는 신을 이야기할 때 원인의 측면에서 생각하지만 자연을 이야기할 때는 결과물의 측면에서 생각한다고 한다. 이런 면에서 스피노자의 체계는 기계적이고 비인격적이라 볼 수 있다.

데카르트와 스피노자는 합리주의 철학의 사례를 성찰했다. 합리주의 철학자들은 우주가 합리적인 방식으로 작용하며 이 작용의 기저를 이루는 원칙은 오직 이성의 힘으로 인식할 수 있다고 믿었다. 이러한 주장의 출발점은 논리학이었으며 수학에서 파생한 기술들을 적용했다.

흄을 통해서는 매우 특이한 형태의 사상을 만날 수 있다. 경험주의의 도전은 아주 단순했다. 전통 철학들은 한결같이 신의 실존과 힘을 가정하는 토대 위에 확립되었다. 그런데 경험주의자들은 전통 형이상학의 발밑에 놓여 있는 신학적 카펫을 제거해버렸다. 그들은 모든 것을 경험에 의존했다. 즉 뭔가에 대한 감각과 인상을 갖고 있을 때만 알 수 있다고 했다. 예컨대 얼굴에 떨어지는 빗방울을 느끼기 때문에 비가 온다는 사실을 안다. 그런데 흄은 이를 원인에까지 적용해서 아주 우스운 상황을 만들었다. 그의 결론에 과학적 실험 결과를 대면시키면 바로 알 수 있다. 그 결과들은 흄이 거부했던 바로 그 원칙을 적용함으로써 얻어낼 수 있는 것들이었다.

칸트의 사상은 과학의 성공을 축하하는 것이었으며 경험주의 사상을 강력하게 비판하는 것이었다. 칸트에게 과학이 기술한 자연 법칙은 사실이고 보편타당하며 선험적인 것이었다. 즉 자연 법칙의 사실성과 보편성은 필연이었다. 과학은 우연히 성공한 것이 아니라 밝히고 설명되어야 할 필연성이 숨어 있기 때문에 성공한 것이다. 따라서 철학자들은 왜 과학이 성공하는지 이해해야 한다. 그러나 그와 동시에 도덕과 예술, 종교 등이 결국 과학적 방법론에 종속될 것인지, 아니면 다양한 사고의 형태들이 자율적·합리적·필수적인지 자문해봐야 한다.

철학에 접근하는 마르크스의 방식은 아주 독특했지만 그의 출발점은 여느 철학자들처럼 형이상학이었다. 마르크스는 종교를 비난했으며 그 자리에 역동적인 유물론을 앉혔다. 유물론은 헤겔의 변증법에 맞춰 작동했다. 현실은 고정불변하지 않으며, 진행 경로는 계속 상승하다가 갑작스러운 극적 도약과 함께 진화한다. 이 변화는 계급투쟁을 통해 일어나며 필연적으로 봉건주의에서 공산주의로 진화한다. 따라서 마르크스 철학은 사회가 어떻게 작용하고 변하는지를 논한다.

마르크스가 혁명적 대중 예언자였다면, 니체는 고귀하고 냉혹할 정도로 독립적인 '새 인간'의 예언자였다. 새 인간은 권력에의 의지가 있고 모든 가치를 재고하며 초인을 목표로 삼아야 한다. 그리고 이 세계에서 자신이 처한 상황을 혼자 받아들여야 하고 자신의 가치를 창조해 상황과 조화를 이루는 삶을 터득해야 한다. 그뿐 아니라 자신의 내부는 물론 타인의 내부에 잠재해 있는 나약함을 경멸함으로써 한계 상황을 극복해야 한다. 이로써 니체 사상은 독립적인 개인의 철학이 된다.

분석철학은 비트겐슈타인과 함께 탄생했다. 분석철학은 비트겐슈타인 이전의 철학자들, 그리고 과학과 논리에서 방법론과 논증의 영감을 얻었던 모든 철학자의 도그마적인 학설과는 전혀 무관하다. 비트겐슈타인은 자신의 사상이 무엇에 관한 것인지를 이해하기 위해서는 자신의 사고에 내재된 어떤 것을 독자가 인식해야 하는데, 이미 독자는 자신도 모르는 사이에 그와 동일한 것을 생각했었던 것이라고 주장한다. 그는 언어에 초점을 맞추고 언어를 분석하는 방법에 초점을 맞추었다. 즉 언어가 작용하는 방식을 다룬 두 가지 유형의 철학에 집중했다. 분석철학은 모든 철학 문제를 언어 문제로 여기는 경향이 있다. 이것은 말해질 수 있는 것의 한계를 짓는 이론이며, 부분적으로는 말해질 수 없는 것의 한계를 짓는 이론이기도 하다. 비록 어떤 것을 말할 수 없는지에 대해 많은 사상가들이 발표하고 있음에도, 인간의 영혼은 여전히 그에 대해 말하려고 열심인 듯하다.

말해질 수 없는 것은 하이데거의 존재 철학에서 대성공을 거두며 화려하게 복귀했다. 세계-내-존재는 단순히 비활성의 현존이 아니라 완전한 참여임과 동시에 초월자가 머무르는 세계를 초월하는 것을 뜻한다. 우리의 실존은 이 세계의 다른 초월적인 현존자들과 함께 현존하는 세계에 거주하는 공동의 존재자다. 사람들은 반드시 존재와 존재자를 '없음'이 아닌 '있음'에 이르게 하는 존재의 사실을 의식해야 한다. 존재는 단순히 '있는' 존재자와 구별된다. 하이데거는 전통 형이상학은 존재를 잊었다고 한다. 존재와 존재자의 차이를 구별하지 않음으로써, 그리고 고의적인 무관심으로 형이상학은 타인들 속에서 객체에 불과한 존재자의 과학이 되었다.

부조리를 주장한 사르트르는 형이상학을 새 방향으로 인도했다. 형이상학을 질서를 확립하는 데 사용한 것이 아니라 미리 예정된 질서의 총체적인 불가능성과 우리 자신이 확립한 질서의 부조리를 입증하는 데 사용한 것이다. 우리는 스스로의 힘으로 확립한 의미와 목적을 선택해야만 존재할 수 있다. 우리의 실존에 어떤 의미를 부여하든 우리가 불러올 수 있었던 다른 어떠한 의미보다 결코 더 낫지 않다. 우리의 문제는 의미를 자각하지 않고는 존재할 수 없다는 점이다. 의미 없이 살 수 없고 그 어떤 의미도 우리 삶에서 작용해야 하는 기능을 충분히 실행하지 못한다. 우리의 실존에는 어떤 목적도 없지만 우리는 우리의 실존에 목적을 제시하는 그 불가능한 방법을 결정해야만 한다. 아, 이 얼마나 부조리한가!

데리다는 텍스트의 의미를 따진다. 그는 언어는 고정되거나 안정된 의미를 지칭할 수 없다고 강조했다. '해체'는 텍스트에 근거한 의미를 해결하기 위해 사용한 것으로, 이는 언어가 사실일 수 없는 가정들로 이루어져 있음을 입증하려는 것이었다. 텍스트의 의미는 그 텍스트 저자의 의도에 의해 제한될 수 없다. 서구 철학은 신뢰할 만한 의미를 찾아야 하는 강박 관념에 사로잡혀 있었는데, 데리다는 이 탐색이 거짓이라고 주장했다. 언어는 그 언어와 함께 의미를 전달하지 않는다. 대신에 의미의 또 다른 가능성을 운운하면서 의미를 전달하는 그들의 능력을 연기하고 지연시킨다. 요컨대 언어는 상관적인 것이다.

우리는 이제 세계를 보는 근대적modern 관점에서 멀리 벗어나 있다. 현실이 관찰 가능한 자연 체계에 제한되어 있고, 인간이 가장 고귀한 존재며, 과학적 방법이 지식을 습득할 때 유일하게 적합한 것으로 여기는 관점 말이다. 근대적 관점은 진보를 믿었다. 개개인이 독립적이고 자유로우며, 객관적인 증거를 근거로 혼자 결정하고, 시간과 공간이 부여한 조건에서 해방되었기 때문이다. 개인들은 사물을 있는 그대로 인식했다. 외부의 모든 권위는 의심받았으며 이로써 세밀한 조사를 받아야 했다.

20세기 후반에 인류는 포스트모던postmodern이라는 특정한 사고방식을 채택했다. 이것은 지식의 객관성과 확실성을 부인한다. 형이상학적·종교적·역사적인 설명을 모두 포괄하는 체계를 구성하는 것은 불가능하다. 포스트모던 시대의 개인들은 지식이 본래 선한 것임을 받아들이지 않는다. 진보에 대한 믿음도 포기했으며 진리를 이성이 아닌 직관과 같은 다른 경로로 인식하는 경우도 점점 늘어나고 있다. 진리와 지식은 특정 공동체에서 수용하는 신념으로 여기기도 한다.

이런 설명들이 포괄적이고 전반적이긴 하지만 아마도 이러한 사실들을 천천히, 은밀히, 단편적으로 받아들이는 과정에서 데리다가 어떤 역할을 했는지 알 수 있을 것이다.

인류는 지난 2,500년 동안 철학을 연구해왔지만 아직까지도 정확히 철학이 무엇인지 합의점을 찾지 못했다. 그럼 이것은 어떨까? 과학, 신학, 신비주의, 윤리학의 토대 위에서 우리가 사는 세계의 본질과 우리의 실존에 궁극적인 목적이 있는지를 깊이 성찰한 후에 서로 혼합한 것이 바로 철학이라고 한다면 말이다. 모든 사상가와 체제의 공통점은 '성찰'이다. 초기 사상가들은 심도 있고 일관되게 생각하면 사물의 본질이 드러난다고 가정했다. 뒷세대 사상가들은 철학은 세계를 성찰하는 것만 아니라 관찰과 유익한 실험을 수반한다고 주장했다. 또 그다음 세대 사상가들은 분석이란 언어를 사용하는 것과 관련되며 언어가 작용하는 방식을 분석하는 것이 철학적 성찰의 필수 조건이라고 주장했다. 그다음에는 어떤 텍스트도 독자가 읽을 때까지는 아무런 의미가 없다는 주장을 제기했다. 뿐만 아니라 독자는 자신의 관심사와 가정, 직관을 통해 그 텍스트가 말하려고 했던 것을 미세하게 바꾸며, 의미는 미리 결정되는 것이 아니라 잠재적인 것이라고 주장했다.

이 책은 철학이 무엇인지 말하려고 애쓰기보다는 철학자들의 업적을 보여주는 데 더 심혈을 기울였다. 철학은 지식이라기보다는 활동이다. 그리고 철학의 남다른 특징은 논리적이고 잘 훈련된 논증을 활용한다는 점이다. 사람들이 철학에 관심을 보이는 이유 중 하나는 '지혜를 찾기' 위함이다. 그러나 너무 큰 기대는 금물이다. 사람들이 일단 사고를 분석하고 분류하기 시작하면 이미 발견한 것에 만족하지 못하고 좀더 나은 것을 얻고 싶어 하기 때문에 점점 더 철학에 매달리게 된다. 따라서 철학은 비판적이면서도 건설적인 기능을 수행한다.

철학자는 일상생활에서 우리가 당연하게 여기는 것들을 생각하고 논증한다. 예컨대 삶의 의의, 옳고 그름, 정치, 주변 세계의 본질, 정신, 예술, 과학 등등 무수히 많다. 그들은 기본적인 신념에도 의문을 제기한다. 살인, 절도, 거짓말이 왜 나쁜가? 그런 행위가 올바른 때는 과연 없는가? 만약 있다면 어떤 상황에서 그러한가? 그리고 그 한계를 어떻게 설정할 것인가? 이런 질문이 정당하다고 생각하는가? 이런 의문들 말이다. 철학 탐구는 선입견에 대해, 즉 우리가 하고 있는 일을 정확히 왜 해야 하는지를 확실히 생각하도록 도와준다. 그리고 우리도 철학을 탐구한다. 분석되지 않은 삶은 살 가치가 없다고 여기는 소크라테스의 생각에 우리 또한 동의하기 때문이다. 물론 철학을 통해 생각하는 법을 배우기 때문이기도 하고 철학이 즐거움을 주기 때문이기도 하다.

철학자들은 항상 자신들이 대답할 수 없는 질문을 두고 논쟁을 벌이는 것처럼 보인다. 이 문제와 관련해서는 두 가지 사고방식이 있다. 첫째, 그런 질문은 허용할 수 없다는 것으로, 매우 편협하고 비철학적인 접근방법이다. 둘째, 그와 관련된 질문을 다른 방식으로 계속질문하고, 분석 방법을 바꾸고, 그 질문의 상태를 재평가하는 것이다. 우리가 찾는 해답이 우리가 원하는 해답이라고 보장할 수도 없다. 철학은 옛 사상에 대한 불만족과 질문을 인식하고 문제를 해결하는 새로운 방식을 추구한다. 따라서 철학은 반성과 변화를 동시에 함축한다.

철학은 또한 형이상학적 성찰은 물론, 우리가 알고 믿는 것을 판단하는 방법, 우리를 제일 먼저 지식으로 안내해줄 과정을 판단하는 방법 등을 '비판'하는 것까지 모두 포함한다. 하지만 철학은 가치를 인정하는 것과도 관련이 있다. 이 책을 읽은 독자라면 아직 철학이 무엇인지 말할 수 없더라도 철학의 어떤 면이 자신의 관심을 끄는지 정도는 말할 수 있을 것이다. 그 철학 탐구가 계속되길 바란다.

데릭 존스턴

ㄹ

ㅁ